紫微斗數

入門初階講義

增訂版

新編紫微星宿論命，
剖析人性無往不利！

不求人，不疑惑，
讓你擁有圓滿成功的人際關係！

淺顯易懂・初階入門・快速理解

易學佛堂・黃四明◎著

CONTENTS 目錄

CONTENTS 目錄

CONTENTS 目錄

CONTENTS 目錄

序論

找對人最重要！

生活中運勢總會有起伏高低，常使人們遭遇各種大大小小的煩惱和疑惑，不知該如何獲得解決的方法，因此有人會到廟宇求神問卜，祈求菩薩的指示解答，有些人會另外尋求命理學說的幫忙，求得解決問題的答案。

但是當想要採取命理的方式時，又會產生另外一個問題：到底該找哪一位算命師、命理館，或是上網用電腦程式來幫我解答迷津呢？有的人會建議用卜卦的方式，直接又簡單；有的人會建議用子平四柱八字，論斷事情較準確；甚至有人也會建議用紫微斗數，分析人生方向較客觀！

各式各樣的命理方式，反而讓人更加霧煞煞，不知所措呢！

以老師多年的經驗來看，有煩惱要尋求幫忙，重點不在於哪一種方法，而在於找了哪個「人」！最近看了《白色巨塔》電視劇，有個很深刻的體驗：「名醫並不等於良醫！」

如果有心要幫你，就算是不具有命理能力的「生命線」義工，或是某位知己好友，想必都可以對你有很大的幫助。因此先找對人、找對地方才是最重要的！

看到許多雜誌、網路上的命理廣告，誇稱如何神準、如何能幫你改運，買什麼改運商品、刻改運印章，紅包費用少則三、四千元，多者甚至數萬元！不知那些大師的心態是如何？來求助者絕大部分是辛苦、困難的人，怎麼還狠得下心欺騙、榨取他們呢？這樣豈不是再次落井下石嗎？

回想起老師民國八十四年剛發願要出來服務時，「觀音菩薩」就清楚明白地指示老師，一定要確實遵守三個戒律：

一、戒財。個人不能收取信眾的紅包和供養，但要鼓勵信眾發心佈施，捐助各公益團體和護持佛法。

二、戒色。不可和女信眾或是女學員交往，而有任何男女朋友關係的發展，防範那時還單身的老師，避免各種桃花情色的魔考和誘惑。

三、戒私欲。不可藉機找學員、信眾，幫忙做我私人的事情，或是個人的錢財來往借貸，更不能藉機攀關係、套交情，去擴展所謂的個人社交資源。

一路走來二十多年，才深深體悟到菩薩的慈悲，為何當初會要求老師謹守這三大戒律，因為「權勢真的會腐化人心、挑起欲望」！

難道老師這些年來在為人批論服務的過程中，不曾起過任何私心欲念嗎？看到某人苦苦要求老師幫忙，不會想好好討他一個大紅包嗎？其實都是會的！幸好有菩薩叮嚀在先，所以才能克制住魔考的欲望誘惑，堅持願力不走偏掉！

至那些「命理大師」們，能否安然順利地通過種種魔考欲望的考驗，不去追求名利、財色而迷失了濟世助人的初衷精神，說一套做一套？如不然，那些向他們求助的眾生們，豈不是變成一隻隻任其剝削的肥羊了嗎？

可惜的是，如此好的命理學術，只因後人懷寶自密和以利益為重的自私心理，導致無法普遍化、大眾化，一千多年來並沒有多少相關的經典流傳下來，甚至蒙上一層神祕的面紗，更淪為江湖術士招搖撞騙的工具，以至於迷信、騙術、宿命的印象總是揮之不去，如惡影緊隨而行。

是宿命論，還是知命改運論！

古人說：「來時歡喜去時悲，空向人間走一回！」人們總是會以財富多寡、骨肉親情的親疏以及壽命是否善終，作為生命價值的總結論。所謂「三分天注定，七分靠打拚」，「一命、二運、三風水、四積德、五讀書」。天命不可違，雖然冥冥之中自有定數，但若人的一生禍福早已注定，那我們為什麼還要為理想而努力奮鬥，所有努力豈非不再具有任何意義了嗎？

其實生命的價值觀在於「知命與改運」，學會掌握命運的變化，當知道命運起伏的吉凶走勢，進一步應用自己的優點及缺點，隨著生命的變化發揮潛能、優點，將美夢化為真實，開創人生的價值和生命的意義。

所以「赫賽」曾說：「此生是什麼，不是我的責任。如何安排此生卻是我的責任！」生命有限，不是只能認命，更應該用方法努力成就生命，解決人生的問題。

邵子曰：「象起於形，數起於質，名起於言，意起於用，天下之數出於理，違乎理則入於術，世人以數而入於術，故不入於理也。」

雖然在講求科學的現代，命理學被某些人認為是「迷信、反智」，但命理學可以相當準確地驗證人們生活中許多吉凶禍福的變化，卻也是不爭的事實。因此如果不把命理學用來故弄玄虛、裝神弄鬼，甚至作為行騙的工具，那真的是一門幫助人生趨吉避凶的最好參考。

紫微斗數對命局的推論，常會因為研究者本身的學識程度、生活經驗，甚至本身修養的不同而有所不同。畢竟從古時儒家思想背景的社會環境，到今日早已經是完全不一樣的太空科技時代。從君權、父權的封建時代，到目前標榜兩性平權的時代，一切的社會背景、典章制度，都已經與一千多年前完全不一樣了！因此紫微斗數各星宿所反映的吉凶特性，也必須加以修訂，絕不可拘泥於古書的解說論述。

紫微斗數推論的準確度，的確會產生一些誤差，這就是一個重要的科學概念，而不是一個絕對的宿命論。科學家在研究任何學問時，都必須接受可能會產生的誤差及不準確性，運用紫微斗數來瞭解命格也是一樣的道理。所以老師常對學員說；任何命理學的準確度，了不起都只有百分之七〇至八五而已，剩下百分之十五至三〇在於先天靈識所帶來的業力因果，以及後天所做的努力改善程度。

因此所有的命理學如八字、紫微斗數，也可以說是一種「哲學」，基本的精神就是要善導人生、修心善性、知命立命，樂觀進取地美化人生。

如同墨子所言：「是窮人所術，非仁者之言也。」邵子說：「天命我是知道的，至於世俗所說的運命，我就不得而知。」紫微斗數能夠推斷一個人關鍵性的命運趨勢，進而教人如何趨吉避凶，只是此種關鍵性的轉變掌握，往往繫於人的一念之間而已！其實這就像佛法中所說的「因果」，即使有惡因、厄運在，若能以自己的善念而行，或是依佛法努力修行，則「善緣自生，惡緣不起」，命運便因此而發生改變了！正如紫微斗數中有福德宮，就是告訴人得要「惜福積德」，才能真正有福德。

孔子曰：「不知命，無以為君子。」但是莫忘了他又說：「君子學易為使易，小人學易為易使！」就是告訴我們「知命」也要努力去奮鬥，不能因為知命卻又被命運困惑，這就失去學習命理的本質精神了。

趨吉避凶與三世因果

大多數人算命的目的是想要趨吉避凶，但個人以為算命的最終目的是讓人相信三世因果。因為相信三世因果，使人知道其今生的種種苦難與逆境，乃前世所種惡因，所以今生因緣到了才會有惡報現前，是自作自受，哪能怨天尤人，或想要假外力而得以免受痛苦呢！應當要勇敢承擔下來，若能當下承擔，接受逆境苦難，為自己以前的行為負責，內心自然就會踏實；面對逆境苦難，不怨天尤人、逃避排斥，受苦一分則消一分業障，內心自然欣喜。

因為相信三世因果，因此知道：要得什麼果，就要種什麼因。不種善因，何來善果，豈能不勞而獲；不種惡因，自無惡報，何需要花錢消災。

人只要深信三世因果，命運就能掌握在自己手裡。要好命，自己創造，不必求神拜佛以消災賜福，或是算命來趨吉避凶了！

不管是研究命理幫人論命者或是求問者，雙方都應具備正確的心態，如此才能互蒙其利。論命者幫人排解困惑、指點迷津是功德一件，求問者不迷信於老師、神佛，不妄想假借外力，透過改運商品如天珠、水晶或改名，還是作法劃符咒等邪術，達成目的或改運，就不會被有心人利用此弱點騙財騙色。

只有相信三世因果，才能找到自信，當下承擔才能站穩腳步；接受苦難逆境，心存感恩與包容才能克服人生的挑戰，開創美好的未來。

四明不才

民國九十五年十一月六日台中

易學佛堂

楔子

一片柔情廉貞女，怎堪浪子貪狼來拖磨！

淑臻哭紅了眼，不管淚水早已遮蒙了眼前的視線，跌跌撞撞地抓起皮包，還穿著室內脫鞋就一路狼狽地跑下樓梯、衝出了巷口，一招手就趴進剛好開到的計程車內，似乎把司機都給嚇了一跳：是不是又發生什麼搶車還是凶殺事件了？

只見淑臻一面顫抖地哭著，蜷縮在後坐上哽咽地說：「到火車站，謝謝！」司機很關心地問：「小姐，還好吧？需要去找警察嗎？」可見這個司機不但心腸很好，而且好像還挺有經驗的。

沉靜的車內只聽到稀疏哽咽的哭聲，好一會，才聽到一聲微弱的回答：「謝謝，不用，沒事。」在冬天凌晨的深夜裡，冰冷的空氣凸顯這位蜷縮在後座的小姐，是因為天冷，還是因傷心驚嚇，而不斷地淒苦顫抖著！

車子很快就到了台北火車站，淑臻毫不思索地買了任何一張可以南下的深夜火車，又是踉踉蹌蹌地一路晃到月台上，等著火車的到來。

坐在月台椅子上緩緩神，淑臻像個驚慌失措的難民，看到其他旅客用奇怪又關懷的眼神看著她，才意會過來自己的狼狽，又是衣衫凌亂、滿臉淚水，又是神思驚嚇、臉色蒼白，才趕緊到化妝室整理一下。看著化妝鏡裡自己臉上火紅的手掌印，嘴角還微滲著血絲，淑臻捧起一把把冰冷的水潑在臉上，心裡不斷地問著自己：「還不醒嗎？還不醒嗎？真的還不清醒嗎？還要再被折磨到什麼時候呢？」

夜車的車廂內沒幾個乘客，深夜的火車好像開得特別緩慢，一種又緩又靜的死寂中，只能稍稍聽到鐵軌聲一陣、一陣沉悶地咚咚響著，攤在座椅上的淑臻歷經一番折騰後，此時才能在這一片冷冽的死寂中，緩緩讓空白的腦袋慢慢有了一點轉動的思緒，悲哀地想起《神鵰俠侶》那句感人無奈的話：「問世間情是何物，直叫人生死相許！」

淑臻是專業護士，生性溫柔善良的她，從學校畢業後就跟同學一起進醫院服務，一做也有六、七年了，總覺得能夠照顧病人，看著一個個病人康復出院，心中便感到很大的快樂和滿足，雖然工作量滿大的，而且要輪值夜班，但淑臻卻比其他護士更喜愛這樣的工作。

可是淑臻最近卻發現生活中的煩惱愈來愈多了！也不知道是否因為工作太多、壓力太大，精神老是很恍惚，生理期也混亂起來，老是覺得會聽到奇怪的聲音，全身上下都不舒服，但又說不出哪裡有病痛，有幾次還差點拿錯要幫小孩打的預防針藥劑，幸虧現在有嚴格的核驗程序，最後家長還要核對針劑與樣品，才及時發現拿錯了藥劑！雖然一再地提醒自己小心、再小心，可是仍然渾身上下都不對勁，小錯誤時有發生。

但更糟糕的是和建華的感情也出現嚴重危機。建華是淑臻已經同居兩年的男朋友，是淑臻醫院護理長的弟弟，人長得很帥氣、高大，像個模特兒一樣搶眼，令人注目。其實淑臻長得也很好看，臉蛋秀氣標緻，身材苗條，個性又溫和有氣質，滿像孫燕姿的，甚至大家都說她比孫燕姿還漂亮呢！

建華是醫療器材和藥品的業務，所以常常往醫院走動，一回生、二回熟，自然就和淑臻交往起來，慢慢成了男女朋友，最後也住在一起了。淑臻覺得既然已經認定建華就是她一生的伴侶，有沒有正式結婚不算太重要，只要兩人情投意合、深愛對方，就已經是實質上的夫妻了。可是這樣相處下來兩年不到，感情的發展似乎不像淑臻所想的那麼單純、簡單了。

火車隆隆地走著，累壞的淑臻也半睡半醒半迷糊地想著、睡了、醒了，精神還是恍惚著。到台中站時都已快清晨了，幸好一上火車就有先打電話給表姊，不然這樣一個寒冬冰冷的清晨，出了車站搞不好連計程車都叫不到呢？豈不是更加可憐了！

一遇到表姊，也沒多說什麼，表姊只是問：「他又打妳了？」「嗯。」「唉！孽緣。妳真是欠他的前世債哦！」

一覺睡醒已經是下午了，可見昨晚是多麼地折磨人啊！表姊是虔誠的佛教徒，常常隨著慈濟的師兄姊們到處去做義工，心腸非常熱心慈悲，所以淑臻一有委屈煩惱，幾乎第一個念頭就是來找表姊訴苦、找依靠，跟家裡的父母、姊妹反倒很少有這樣的聯繫。

吃完了一碗麵，表姊說：「整理一下，待會帶妳去佛堂拜拜，順便去請示一下菩薩和一位黃老師，看妳這段感情債到底要還到什麼時候才會完呢？」

「咦，表姊，怎麼菩薩也有在給人家請示這種感情問題嗎？」

「當然有啊！諸佛菩薩是大智慧者，人世間有什麼事情是祂不知道的呢？而且人的所有煩惱，還不都是來自因果業障，順便去占察一下妳的『三世因果』，看到底有什麼惡果、惡業，才會受到這樣的折磨和痛苦。」

淑臻一臉困惑地問：「什麼是『占察三世因果』啊？是不是通靈呢？」

「哎呀，不是通靈的啦，我們佛門弟子是不談通靈的。我也是最近才認識結緣一位『易學佛堂』裡的黃老師，他有在研究命理學和佛法，所以將命理學以佛法中的因果學來解釋運用，說得非常有道理，讓人一聽就能夠瞭解。

他還深入研究『地藏王菩薩』所傳《占察善惡業報經》裡的『占察木輪相法』，專門用來占察每個人的『三世因果』裡有哪些業力和福報。我也有去占察過，真的是非常神奇靈驗。許多出家師父也常到易學佛堂拜訪過黃老師，請他占察三世因果呢！」

佛堂位在台中市區鄰近中國醫藥大學，一間複合式燒烤餐廳的頂樓上，由餐廳大門進去，順著樓梯往上走到四樓，還真的稍微有一點喘，不過一轉進四樓拉門，豁然開朗的寬闊佛堂，就有讓人精神一振、眼光一亮的開闊感。而且整個佛堂很溫暖、舒服、清靜，跟樓下的餐廳完全是不一樣的感覺，就像鬧市中寧靜的小淨土一般。

一進佛堂，有位慈悲的師姊馬上微笑著過來招呼；「阿彌陀佛，林師姊妳好。下午怎麼有空過來佛堂禮佛呢?咦，這位師姊也是我們的同修嗎?」可見表姊已經是這佛堂的常住同修護持信眾了。

「阿彌陀佛，張師姊妳好。這是我表妹，發生了一些事情，想來請教黃老師。不知道下午來請示的信眾多不多啊?」

「嗯，還好，今天下午人不多，大概等一會就可以和黃老師聊一聊了。不過一般最好還是先打電話來預約了解一下，免得像上次人多，要等到晚上八、九點，就很累人了。」

只見佛堂大殿上有三組神桌供奉著三尊佛菩薩，每張桌上都供著鮮花、素果，並沒有烏煙瘴氣的濃烈香火煙塵，或是擠滿神桌上、莫名奇妙不協調的大小神尊、天珠或水晶之類。滿桌潔淨的鮮花，滿室陣陣清雅脫俗的花香，感覺就是一種舒服、靜謐、安穩、簡潔的暖和，也不會讓人有過於莊嚴、壓迫的不自在感。

在大殿一旁另擺放著一組典雅的桌椅，一位看起來沉靜、不太老、穿著樸素唐裝的老師，正在和一位師兄輕鬆談論著，應該就是黃四明老師了吧!

在等待中，張師姊很快端來熱茶和一些點心，也親切地和表姊寒暄問候:「看起來林師姊的表妹真的是有心事喔!臉色幽幽沉沉的，昨天好像也沒睡好吧?」

「是啊!我這個表妹淑臻啊，昨晚才從台北坐夜車下來，真是欠了她那個男朋友的前世感情債。唉!冷得要死的大半夜，哭著從台北跑下來，等下真的需要請黃老師好好幫她看一下，到底是有什麼因果這樣折磨人呢?」

「是啊，林師姊、淑臻，這個『因果業力』，黃老師常跟我們說是不能輕忽的。尤其又因為看不到、摸不到，大家好像覺得那都是上輩子的事了，跟這一輩子哪有什麼關係呢？所以往往不願意面對、接受，甚至等到許多果報都不幸發生了，才拿因果當藉口，真是讓人覺得好可惜又好可憐呢？其實我們大可以事先瞭解是哪些因果，然後再來做預防改運的措施。」

淑臻聽張師姊說著關於「因果」的事，也好奇地問說：「張師姊認為『因果』是可以事先瞭解的嗎？可以看出來自己到底有哪些『因果』嗎？」

「哎呀，每個人的因果，每天都嘛在自己的面前給自己看，只是沒人點破而已。不要說用『唯識學』和『占察木輪』來占察，或用四柱八字、紫微斗數命盤來看，其實黃老師常說，『因果』最基本的表現，就是每個人的『習性』、『欲望』、『生活習慣』，甚至包括『興趣』、『嗜好』等，無一不是因果所顯現出的一種情況。」

換另一個角度來說，因果中的『因子』，不就像我們身體中的『基因』、『DNA』一樣嗎？有這一些基因，才會造就今天這個人的長相、容貌、高矮、胖瘦和美醜。所以心理學才可以順著一個人的行為、興趣、喜好，進而推演出一個人面對事情時可能的反應，以及此種反應是否會造成事件成功或是失敗。

只是心理學的推論系統還不夠完整，而命理學中就有較完整的歸納架構，可以將一個人有什麼基因、因子，以星宿來表達，顯現一個人究竟存在什麼樣的『因子』，而這樣的『因子』又會產生怎樣的

『果報』來。」

因果就是基因

基因在命理學上就是用星宿來表示。淑臻本身是護士，今天第一次聽到師姊說「因果」中的「因子」，就像人的基因DNA一般，頓時精神興趣都上來了。

淑臻趕緊接著問：「那命理學怎麼表達一個人的『基因』呢？是不是可以藉由對『基因』的瞭解掌控，就可以改運了呢？就像只要掌握某種病毒的DNA，針對此種DNA給予處理，就可以將病治好了一樣。」

看著大家愈聊愈起勁，黃老師剛送走上一位師兄，聽到淑臻的問題，也順勢坐下來說：「咦！這位師姊的小妹滿有慧根的喔！一問就問到重點了。其實以往大家都將命理學當成追問事情、運勢吉凶的一種『算命術』，只是一味地去追求表相的好壞『結果』，往往忽略了有『因』才有『果』。

所以菩薩常說：『世人都只怕果報，而菩薩最怕的卻是種因呢！』因為『基因』才是根本嘛！命理學最大的主軸精髓，在於論述一個人是由哪些『基因』組成的，這些『基因』會影響外表長相，內在無形的個性、興趣、道德觀，甚至磁場的類別和強弱，以及某種靈性業識的根因。

醫學裡要表達基因、DNA，會用許多符號如X、Y、Z來代表運用和計算；在命理學中則運用許多文字代名詞來表達，如：

天干——甲、乙、丙、丁、戊、己、庚、辛、壬、癸。

地支——子、丑、寅、卯、辰、巳、午、未、申、酉、戌、亥。

就是最基本的兩大類代名詞。」

林師姊突然笑著說：「啊，原來甲、乙、丙、丁，不是用來編班和打分數的喔？是基因和磁場的運算符號，我今天才知道呢！」

「其實，在命理中帶入基因的概念是因應近代科學的發展，以前的人都只想著用來算命而已，哪會知道什麼基因呢？只有我們老師才會這樣教。」張師姊幫林師姊補充說明一下。

像林師姊這樣對命理學不瞭解，將「甲、乙、丙、丁」當成編班、打成績用的錯誤認知，是非常普遍的情形。

「是的，許多學問並不是一般人所想的那麼膚淺、表面化，包括命理學、佛學這類學問常常也都被簡單、膚淺化了。命理學就是用來算什麼時候賺錢、結婚、犯桃花？佛學就是如何念經、拜拜、辦法會？這都是很狹隘的看法。

其實這些學問都有很深的學理科學基礎，和繁複的理論演算，也都能夠符合真理和科學的邏輯應證，所以才能夠和現代的科學理論絲絲入扣，環環相接。」

星宿的運用與個人心理學

黃老師接著說：「在命理學中，基因的邏輯架構是很完整有系統的，除了所謂的『天干、地支』外，還有許多『星宿』的擬像運用，都是用來代表各種基因的代名詞。

在四柱八字有所謂的『十星宿』——正財、偏財、正官、偏官、正印、偏印、比肩、劫財、食神、傷官。

在紫微斗數有所謂的『十四主星』和『甲、乙級輔星』——紫微、天機、太陽、武曲、天同、廉貞、天府、太陰、貪狼、巨門、天相、天梁、七殺、破軍等。

這些星宿都可以稱為『基因星宿』，就像是組成一幅圖畫或是一盤菜的基本材料，經過一番組合調配之後，就會形成一幅幅各具特色的圖畫。

每一個基因星宿都有它的特性反應，就像每一種材料都有其獨特屬性一般。只不過有些基因星宿所產生的反應效果是我們所喜歡的，就將它稱為吉星，有些基因星宿所產生的反應效果是我們所不喜歡的，就將它稱為凶星。所以，充分瞭解掌握每個基因星宿的特性，就是我們命理學的入門重要課題了。

聊了那麼多，我們還是來看看淑臻的紫微命盤吧！命理學不像一般的心理學，只是說一大堆的道理，聽起來都很有理，可是自己一遇到事情就統統不管用。所以老師才將一般的心理學稱為『通論心理學』，而將命理學稱為『個人心理學』呢！因為命理學是針對每個人不同的狀況來解說處理的。」

紫微斗數 林淑臻 命盤案例一

<table>
<tr>
<td>天同廟
陀羅陷
36-45 己巳
田宅
9.21.33.45.57.69</td>
<td>武曲旺
化祿
天府旺
文昌陷
右弼
陰煞
祿存廟
46-55 庚午
官祿
8.20.32.44.56.68</td>
<td>太陽得
太陰平
擎羊廟
56-65 辛未
僕役
7.19.31.43.55.67</td>
<td>貪狼平
化權
文曲得
化忌
左輔
天馬
天鉞
紅鸞
66-75 壬申
遷移
6.18.30.42.54.66</td>
</tr>
<tr>
<td>破軍旺
26-35 戊辰
福德
10.22.34.46.58.</td>
<td colspan="2" rowspan="2">農：68年5月26日8點辰時
姓名：林淑臻
陰女 屬羊
生年：己未〈火〉
命局：火六局
命主：祿存
身主：天相
子年斗君：子
武曲：化祿
貪狼：化權
天梁：化科
文曲：化忌</td>
<td>天機旺
巨門廟
76-85 癸酉
疾厄
5.17.29.41.53.65</td>
</tr>
<tr>
<td>地劫
16-25 丁卯
父母
11.23.35.47.59</td>
<td>紫微得
天相得
身宮
86-95 甲戌
財帛
4.16.28.40.52.64</td>
</tr>
<tr>
<td>廉貞廟
鈴星廟
天喜
天福
6-15 丙寅
命宮
12.24.36.48.60</td>
<td>火星得
116-125 丁丑
兄弟
1.13.25.37.49.61</td>
<td>七殺旺
天魁
106-115 丙子
夫妻
2.14.26.38.50.62</td>
<td>天梁陷
化科
96-105 乙亥
子女
3.15.37.39.51.63</td>
</tr>
</table>

關於淑臻的紫微命盤基本資料如下：

國曆：六十八年六月二十日八點生

（農曆六十八年五月二十六日辰時）

命宮 廉貞廟、鈴星廟，在丙寅位。

命宮主星是「廉貞」，表示淑臻的為人態度本性，有著強烈「廉貞」的特性，對事執著，工作盡職不馬虎，謹守本分，生活也很單純認命。但是廉貞陰沉、剛烈的缺點，又因為和「鈴星」同宮，所以會被強化出來。

畢竟鈴星是一顆凶星，有著個性火爆多疑卻又陰柔、陰沉的特性，許多事情會在內心想得多、悶燒著不講，然後情緒一來又有衝動控制不住的情形，容易招惹肢體上的暴力行為。

聽完老師對命盤初步的解釋，林師姊興奮地說：「黃老師你真準欸！淑臻就是有這一種悶騷、多疑的壞毛病，看起來溫溫柔柔的，一凶起來也滿潑辣的，所以才會常被她的男朋友K呢！」

那淑臻的夫妻宮：「七殺」旺。

更加重廉貞的殺氣，本來廉貞就帶有一半的「殺氣」，現在加上七殺，更是雪上加霜；而且淑臻的對象也會是比較具有「男子氣概」的類型。

「老師。我的確是比較喜歡有男子氣概的人，不喜歡過於斯文、娘娘腔的男人。可是難道就注定感情會起波折，又常會被打嗎？」

「不要太緊張。紫微有十二宮位，要綜合幾個宮位的吉凶才能論斷，不是一看到夫妻宮有凶星，就說有凶運。一般命盤主軸要先看『命宮三會宮』和『四正宮』。三會宮是命宮、財帛、官祿，再加上遷移就成為『四正宮』。所以，妳的紫微命盤四正宮主星為命宮有廉貞廟、鈴星廟，在丙寅位。財帛宮有紫微得、天相得。官祿宮有武曲旺化祿、天府旺、文昌陷、祿存廟、右弼、陰煞等。遷移宮有貪狼平化權、文曲得化忌、左輔、天馬、紅鸞、天鉞等。

綜合來論，淑臻的財帛和官祿都滿不錯的，都是大吉星入宮，財帛宮的『紫微、天相』雖然不是很旺，但是屬於很穩定的吉星，所以一生的財富可以累積儲蓄，算是滿保守的理財觀念，因此不會有破財、大起大落的煩惱；而且紫微是專業技術性質，所以也不必擔心景氣環境的變化。

而官祿宮的『武曲、天府、右弼、祿存』，更是對工作上有極大正面的幫助，武曲能實幹吃苦，天府有管理能力，右弼可得到同事的相互協助，祿存有貴人提拔可使工作職位提升，所以當上護理長是指日可待的。只不過有『陰煞』，要很注意沖煞的干擾影響哦！

遷移宮的『貪狼、文曲、左輔、天馬、紅鸞、天鉞』吉凶星參雜在一起，表示淑臻與人私下相處的態度，其實是有點混亂、不明、曖昧、起伏變化大的，有的很好、很親切、溫柔，有的卻是冷漠不理睬，不像處理公事那樣清楚、理性、明白。是否也因為如此，造成男友誤會和吃醋，才會引起衝突吵架呢？」

「經老師這樣一說，我開始有點瞭解為何和男友的吵架，都是因為他很看不慣我和某位醫生的互動，老覺得我和那位醫生有什麼曖昧。但是以我所謂的廉貞個性，根本就是不可能的嘛！也因此常常一言不合就吵架，然後我會丟東西、摔東西、抓他，他也會推我、打我，都不管我是女生呢！」說著說著，淑臻的眼淚又滾流了下來。

「唉！不要哭了。黃老師，淑臻這樣的問題，該如何解決呢？」

「其實以傳統的命理學來看，不論是八字或紫微，都是著重在『診斷』，也就是說出此人命局的吉凶狀況，至於要如何化解是方法不多的。真正不合，就再換一個男朋友了，哈、哈！」

「黃老師不要開我們玩笑了。淑臻都那麼老了，再換下去都快五十歲啦！」

張師姊一聽林師姊說完，很認真地瞪著淑臻看著說：「哪有老啊？看起來像個小女生，還不到二十五歲吧？」一看到張師姊認真又疑惑的表情，大家都笑了起來，真是服了張師姊單純又可愛的態度。

改運之道，在於先知因果

「關於要如何改運，這真的不是那麼容易。像《了凡四訓》的袁了凡，雖然發願行三千件善事後，隔年的運勢就開始有很大改變，產生了改運的功。效，可是他的發願花了整整十年時間才完成，所以想要改運不是那麼容易的。

這也說明，坊間那麼多人在算命，自稱大師的人那麼多，又有幾個人真正能夠改運成功呢？那些『改名』、『戴水晶、天珠』、『換風水』真正的功效很有限，幾乎都是江湖術士騙錢唬人的把戲罷了。」

「聽黃老師這樣一說，那我們證嚴上人講得真對。只要一心向佛，時時做好事，事事慈悲對待，自然日日是好日，年年走好運，什麼好命、壞命都無所謂了。」

「林師姊說得很對。不過這還是有點過於理想了一點，畢竟世間凡夫俗子，每個人的七情六欲和因果還是很重，絕對無法一下子就領悟這些道理，因此我們還是要以其他善巧的方法，慢慢引導眾生知道自己的業力煩惱所在。

所以地藏王菩薩才會傳下《占察善惡業報經》的『占察木輪相法』，其實就跟我們中國命理學是一樣的道理，先幫助我們明白自己的業力習性是什麼，吉凶善惡在哪裡，才有改運、求智慧、求法的覺悟和動力。所以這部經典才稱為『占察』，就是先以『占卜』的方式來『檢查』自己一番。」

「聽完表姊和黃老師的說明後，我覺得黃老師說的比較有意思，能夠一下子就深入切中我的內心，讓我想要進一步知道，到底如何改善自己的厄運遭遇。以前表姊跟我講了好久的佛法啦、菩薩啦、法會啦，感覺都不是那麼真實貼切。所以，黃老師可以給我什麼建議嗎？」

「想要改運雖然不容易，但是方法卻非常多，也需先將每個人的因果命局，區分為輕度、中度、重度的程度，才能找出合適的改運方法。像淑臻算是輕度厄運的命局，要改運就簡單很多。

首先要化解『廉貞、七殺』的殺氣，才不會常常和男友起莫名的衝突。可以每天持念『觀世音菩薩』佛號二千聲和『六字大明咒』二千聲，應該能有效緩和衝動的殺戾之氣。

另外遷移宮中的『貪狼、左輔、紅鸞』，使淑臻帶有小桃花而招引莫名的騷擾，因此最好能一陣子就調換單位，絕對不要和男同事有私下單獨的聚會、吃飯，因為極容易引起誤會和衝突。而且以大運、流年來看，淑臻也快要換單位升官了。」

「哇，黃老師你真的很準呢！醫院老早就要我升到另一單位去做組長，只是因為最近感覺特別累、又好煩，因此就很懶，不是很想調動，一直拖著。那我是不是要調到那一單位去呢？」

「嗯，能夠調動是最好，而且目前現在做事的單位，好像也不是很適合妳，尤其官祿宮中有陰煞，命宮主星又是廉貞，也很容易被沖煞干擾，會導致精神情緒變得浮躁、不安、懶散、恍神。淑臻，妳最近有沒有這樣的現象呢？」

「真的有欸，我還以為是生病了呢！最近精神超差的，有時還會聽到、看到一些晃影，情緒好煩躁，才會昨天晚上又和建華吵架。老師，那要怎麼辦啊？」

「還好不是很嚴重，這也是妳的體質較為敏感所引起的，等一下請張師姊幫妳處理一下，妳的精神就會好很多了。然後每天還要再加念『大悲咒』四十九遍，就可以有效保護妳的心神，不會那麼容易受到干擾沖煞了。」

大家聊了一個多小時，淑臻跟表姐說：「感覺佛堂真的很不一樣，跟想像中的那種『算命館』完全不同，和一般的佛堂、寺院也有很大差異，黃老師也不像其他師父說來說去就是那一套念佛啊、做好事啊、多佈施啊，有點不自在和八股。現在這種感覺務實多啦！」

淑臻和建華的後續結果如何？請繼續看紫微案例中的解說吧！

學習導讀

先建立起正確的命理觀念吧！

算命實在是很有趣的一種東西。相信它的人，不用怎麼解釋，就是信到骨子裡去；不相信的人，再怎麼解釋說明，不相信就是不相信。只是，不論做學問、修行或是研究科學，對於任何一種「學問」，總是要先瞭解後，才能對它有所批評。

就像愛因斯坦說過：「對一件你不瞭解的事，就妄下評語，是一件很不科學、很不道德的行為。」因此，我們就慢慢來瞭解一下「紫微命理」到底是怎樣的一種東西，再好好來批評它吧！

算命，是先查查你這個人的性能、規格

以老師二十餘年的心得，可以將算命、四柱八字、紫微命理、卜卦用一種最新的看法來形容，就是「查看看你的性能如何」。

不妨將命運當成一株果樹或盆栽來看。如果我們想種一棵果樹，是否得先知道它的基本特性呢？像水蜜桃好了，這是溫帶的水果，所以要種在中低溫的山上，光線不能太強，雨水不能太多，也不耐強風吹，絕對不能隨便亂種的，否則根本種不活，更不用期待開花結果了。

也可以將命運當成一輛車來看。看到朋友買新車，我們常會問：你這部車，性能如何？馬力多大？跑多快？什麼品牌？有沒有四輪越野能力？耐不耐操？

所以，你不覺得，人跟車和樹，其實差不多嘛！同事新交了男朋友，大家不也是興致勃勃地追問：個性好不好啊？有沒有不良嗜好啊？體貼嗎？浪漫嗎？小氣嗎？有錢嗎？做什麼工作呢？

只不過，「車」有非常清楚明白的性能規格，看規格表就可以事先知道它能跑多快，有什麼設備，有沒安全氣囊、ABS，是不是四輪傳動，可以跑山路嗎，可以載多重，大概可以用幾年，什麼時候零件需要保養、需要換新。

但是對於「人」，卻很難掌握自己或是男朋友這些相關的性能、規格，而事先去做一些規畫和安排，往往在相處後才發現男友原來很花心、自己根本不適合做勞累的業務工作，或是單調的行政文書。而這就是命理學最大的功能所在了：事先讓我們瞭解這個「人」的基本規格、性能是什麼！

好命、壞命和改運的正確觀念

既然一個人的「命」，是我們最基本的性能、規格，那難道只有「好命」才能成就大事嗎？錯！

錯！錯！就好比說，難道只有上千萬的保時捷、法拉利，才能跑出二百五十公里的時速嗎？當然不是。國產車也可以啊！

雖然不同的車有不同的基本性能和「出身」，但是絕不保證「貴的就是好車」，就一定可以跑出好成績，因為這也跟開車的人有非常大的關係；或許只能說，他比較容易做到吧！

所以，命好的人或許比較容易成功，但是並不保證「絕對成功」。相對的，命不好的人也會成功，只是需要更加努力或是懂得方法，知道該如何「改裝」、「改運」，照樣可以跑得像法拉利那樣快。

你的性能和規格，知道了嗎？

想要改裝車子的人，通常一定要先知道這部車到底哪裡需要改，才可以跑出自己的理想。是要將底盤改高，以便適合越野，還是要將底盤改低，再加上渦輪，以便提高跑速。

研究紫微命理，就是要先瞭解自己的性能和規格，然後訂定未來的理想目標，再針對不符合的性能加以改善，這就是「改運」的最基本道理。

研究紫微命理，就是要先知道自己以下的性能、規格：

※性情、性格　※個性、EQ　※才能、興趣　※學識、才藝

※感情觀　※錢財價值觀　※家庭觀　※社會觀

再貴的車也有它的缺點

世上絕對沒有十全十美的人，所以心理學上常說：「要使一個人完美，不是抹煞掉他的缺點，而是要發揮他的優點，如此缺點就會被優點掩蓋掉了，雖然它仍然還是存在著。」

在紫微命理的運用觀念裡，也是沒有絕對的好或壞，這才是我們研究紫微命理最重要的重點吧！充分地認識自己、瞭解自己，然後將優點充分發揮出來，自然就能改善自己，讓自己走向更美好、理想的人生。

命理學的基本概念與架構

中國的命理學常常被人搞得很神祕，這也是老師最看不下去的地方。

當你向那些自稱大師的人求問時，他們總是神祕地說：「天機不可洩漏。算命是要替你背業、洩漏天機的，所以非收個大紅包不可。」

你若有興趣、想要學的話，「這些都是家傳絕學，先繳個八萬、十萬的學費再說吧！」

那自己到書店買書來看總可以吧？天啊！書架上五花八門、林林總總的命理書籍，都說是「白話解說」、「輕鬆入門」，卻沒幾本看得懂的。難道這些八字、紫微、《易經》命理學，真是我們的「文化國粹」，那麼的「博大精深」嗎？

其實根本就不是如此。關鍵在於那些大師們，不願將這些學問道理給說明白、理清楚，否則讓大家都學會了，那他們還要如何收大紅包、搞神祕呢？

命理學的基本架構概念，其實是非常簡單易懂的。為何卜卦的經書要取名為《易經》，不叫《難經》啊？因為只要把基本概念搞懂，三十分鐘就可以入門了。老師在教初階的學生時，通常到第三節課，就幾乎都能看得懂八字、紫微的命盤和《易經》的卦象了。

基因星宿

生命的組成根本在「基因」。

什麼是基因呢？就是生命的根本組成因素，萬物都有它們專屬的基因，人類也有屬於自己的基因組合，也有人將基因稱為DNA，人類總共有二十三對基因組合。

基因中幾乎包含著組成每個人生命的程式和密碼，基因科學家甚至只要憑一滴血、一根頭髮、一口唾液，就可以將男女性別、形體外貌給重新塑造出來，這就是基因科學的偉大。

而八字、紫微既然是研究生命的道理、學問，其實它的概念和基因科學是完全一樣的。每個人肉體的基因組合都是不同的，從這些基因不同的排列組合中，塑造出了每個人不同的肉體形貌結構。

每個人的八字或紫微命盤，其實就像一張基因組合表，透過命盤裡的「基因星宿」排列組合，構成一個人的外表形體、內在心性、行為觀念和磁場磁性，藉由這些組成星宿，就可以進一步判斷一個人今生發展的吉凶、好壞變化。

排列多重組合的概念

人的心性是「多重」組合，而不是「單一」存在的。

多重基因排列組合的概念，是我們第二個要建立起來的重要概念，也就是說，組成人的基因，是多對組合而成的，絕不是某一種因素單一存在。

相同的，「四柱八字命理」為何稱為「八字」呢？那就是說，一個人的命格組合，也是由「八個」不同的基因元素排列組合而成的。

紫微斗數中十二個宮位的吉凶，也是由每個宮位中的一個、二個或三個星宿組合而成，以此論斷這個宮位的運勢吉凶；然後將十二個宮位分為四個小組，再組合一遍，由此論斷這個人今生的運勢吉凶發展。因此，幾乎都是經由不斷組合、再組合來運用。

每個基因元素都有其特性，在這些星宿基因元素的組合中，就會產生所謂主要的元素特性、次要的元素特性，或是顯性的元素特性、隱性的元素特性等分別。

這說明一個人的心性、觀念、行為等，絕不會是「單一」特性存在，而有著多樣性的表現，只是有一個主要的觀念行為較明顯、強烈，呈現出「顯性」的表現，而其餘星宿的特性暫時被掩蓋住，而成為「隱性」的特性罷了。

所以紫微斗數中才會將許多星宿，明白地區分為「主要星宿」、「甲級輔星」、「乙級輔星」等，就是要分別出它們的強弱性、顯隱性的差別。

因為這樣的顯隱特性，才會造成某些人平時都很善良、溫和、乖巧，有天卻發現原來性侵女孩的「士林之狼」竟然是他。說明這個人其實早就潛藏著「性欲望」的凶性星宿基因，只是被掩蓋而成為「隱性」，然後在某個特定時間或環境的刺激下，被激發誘引出來，才會做出令人訝異的行為舉動。

其實每個人幾乎都有這樣的行為傾向，只是強弱不同罷了。所以有時候壞人也不會一直都在做壞事；相對的，好人有時候也會做出壞事來。這就是八字命理在判斷吉凶變化上，由「組合性」進而延伸出「顯隱性」這麼一個重要的邏輯概念。

在不斷組合的過程中，就會產生所謂「三年一轉運、五年一小運、十年一大運」的運勢吉凶變化，也說明了吉中帶凶、凶中轉吉的變化性，因為組合中可能會有吉星和凶星的存在，吉、凶星會輪流出場展現它們的威力。

擬像法——命理學運用的最大特色

你是像石頭還是大樹？或是命中有著「貪狼」的野狼獸性呢？

既然想要瞭解自己的「性能和規格」，那該從哪裡學習起呢？「擬像法」的概念運用，是我們第三個要建立的重要基本邏輯概念。人體的基因有二十三對，要如何表達呢？我們會運用許多字母如X、

Y、Z等符號來記錄運算，這就是一種「代名詞」的擬像運用概念。

有心想要學習命理的人，不管是星座、四柱八字或是紫微斗數，這些命理學都有一個很大的共同特色，就是「擬物法」或是「擬像法」的運用。

當你想像一頭「獅子」時，你會感覺到什麼？很勇猛、很霸氣、高高在上。當你想到一棵「大樹」時，又會感覺到什麼？很挺拔、很直朗、很有生氣、很有穩固感。

這就是「擬物法」，藉由一個有形存在的物體或形象，讓你直接去想像它在你心中感覺所代表的意義，然後以這個意義來描述你的「個性」。因為人的許多「性情」都是無形、抽象的，藉由這種有形的物像，才有辦法在很短的時間內，讓別人知道他的特性、習性。

其實在許多計算或是表達上，大家早已熟悉使用這樣的方法，譬如看到一個漂亮的女孩，該如何形容呢？不如直接比擬說：「就像林志玲那麼漂亮吧！」大家馬上就可以意會到：身材很高眺、苗條、氣質很好、臉蛋嬌美。

或是朋友問說：「妳的男朋友個性怎樣啊？」妳回說：「他是個標準的獅子座。」朋友也絕對不會把他想像成溫柔、可愛、木訥那一型的人。星座學用白羊座、金牛座、雙子座、巨蟹座、獅子座、處女座、天秤座、天蠍座、射手座、魔羯座、寶瓶座、雙魚座十二個星座，來形容每個人不同的習性、觀念，完全是「擬像法」的運用。

同樣的道理，八字、紫微也是使用「擬像法」的邏輯概念，來表達一個人的行為、個性，和會遭遇到什麼的吉凶運勢。

紫微斗數用了十四顆「主要星宿」，和將近三十個「甲、乙級輔星」星宿，來形容每個人不同的習性、觀念。（紫微中另有丙、丁、戊級星宿，一般作用性已經不大，參考參考就可以了。）

四柱八字則是用了「十天干」和「十星宿」等二十個基因星宿，來形容每個人不同的習性、觀念。所以接下來的紫微斗數命理課程，就是要教會大家：這十四顆「主要星宿」和將近三十幾個「甲、乙級輔星」星宿的基因元素，各自具有什麼樣的特性和優缺點，經過在「十二宮位」之中的排列組合後，如何評斷一個人的基因星宿組合中，到底有啥好的因子星宿，有啥壞的因子星宿，將來又會產生什麼樣的吉凶運勢。

四柱八字的二十個基因星宿

十天干：甲、乙、丙、丁、戊、己、庚、辛、壬、癸。

十星宿：正財、偏財、正官、偏官〈七殺〉、正印、偏印、比肩、劫財、食神、傷官。

請看上面這二十個基因元素，熟不熟悉呢？會比十二星座的水瓶座、牡羊座等難記嗎？

哦，原來我們以前常用來編班的甲、乙、丙，根本就是八字命理拿來當作擬像代名詞的符號，這一組符號我們將它稱為「天干」。天干其實代表著十大類的特性，包含人的特性和各種東西物品的特性。

十星宿不也是簡明易懂嗎？只要稍做說明，很快就可以將它們給記住了。許多人來請老師批論八字，最喜歡問：「有沒有財運？」「有沒有事業運？」「什麼時候可以結婚？」那十個星宿中，不是清楚有著「正財」、「偏財」、「正官」、「偏官」嗎？就是用來代表「財運」、「事業運」等運勢的。

所以可以說十個星宿基因，同樣也代表著十大類和我們息息相關的吉凶事情。

紫微斗數命理的基因星宿

十四顆主要星宿：

紫微系主星：紫微、太陽、武曲、天機、天同、廉貞，六顆。

天府系主星：天府、太陰、天相、天梁、巨門、七殺、破軍、貪狼，八顆。

感覺上比四柱八字的十星宿難記一點，不過只要多看幾遍就會熟悉瞭解了。這也是紫微的優缺點之一。

甲級輔星：

〈六吉：文昌、文曲、左輔、右弼、天魁、天鉞〉，〈六凶：地劫、地空、擎羊、陀羅、火星、鈴星、〉，〈四化：化祿、化權、化科、化忌〉，和天馬、祿存等。

在紫微斗術中，甲級主星和輔星大約有三十二顆星宿，分別落在十二宮位中，因此要先瞭解這些星宿到底代表什麼吉象和凶象，各有什麼優點和缺點，這是學習紫微命盤很重要的功課。

請不要過於用腦死記這些專有名詞。請閉上眼，慢慢用想像的，將這些物像想像得愈深入、愈精彩，保證你絕對可以學得更輕鬆、更愉快。

對於紫微命理裡的專有名詞，也要用這樣的「想像法」和「聯想法」。紫微命理最主要的專有名詞為以下兩類：「星宿」和「宮位」。

想要學會紫微命理，星宿名詞所代表的意義，一定要充分瞭解。**再次叮嚀大家：請不要死記**。當然紫微命理的內容規則，比星座學多很多，這也是紫微命理不好學的地方，但是只要依照老師的安排進度，循序漸進慢慢學習，相信不出幾日，你就可以成為紫微命理高手了。

現在我們很快把八字、紫微的基本邏輯概念給建立起來，再複習一遍：

1.「星宿基因」概念

八字、紫微基本是以星宿來代表基因元素，以組成每個人不同的個性、觀念和吉凶等運勢變化。

2.「多重排列組合」的概念

每個人基因元素的組合都是多樣性的，所以存在多種心性、特性，好壞、吉凶是交雜摻和在一起的，並且進而產生「顯、隱性」的交互吉凶影響，隨著成長時間和變化顯現出來。

3.「擬像法」的概念運用

八字命理有「十天干」和「十星宿」二十個基因元素。紫微斗數則是以「主星和甲級輔星」約三十二個星宿，以及大約三十二個「乙級輔星」星宿，擬像表達一個人的個性、觀念和好壞、吉凶運勢的發展。

4.星宿和宮位間的生剋、旺衰互動

陰陽五行的生剋旺衰變化，可說是中國命理學最偉大的地方，也是中國命理學不同於其他命理學的地方。雖然西方的星座學也有運用以上的邏輯架構，但是在生剋、旺衰變化上的精準性、深入性，可就遠遠不及中國的命理學了。

「陰陽五行」幾乎是中國命理學的主軸，可以通貫所有的命理派別，包括四柱八字、紫微斗數、《易經》卜卦、姓名學、風水學等，都離不開陰陽五行的運用。

每個星宿、卦象、十二宮位，都有其特定的陰陽五行，然後經由星宿間五行的相生、相剋，產生各種吉凶旺衰的變化，再接續上述「組合性」的運用，進而深入批論吉凶星宿的旺衰表現。

例如「財帛宮」中有祿存、天相和地劫（屬水），吉凶參雜在一起，如果是落入屬水的「子」、「亥」宮位，當然就會加強地劫的凶氣，加重破財的厄運。

所以，簡單來說，在五行的生剋、旺衰下，我們一定希望吉星被生、被加分、愈旺愈好，相對的凶星絕對要被剋、被減分、愈弱愈好。

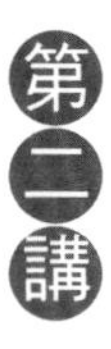

入門簡介和學習階段的建立

入門簡介

紫微斗數以紫微星為主，紫微又稱北辰、極星、北極星。學習紫微斗數的優點，在於入門容易，淺顯易學，只要具備一般中文程度，且建立起正確的邏輯觀念，再得到老師的指點，便能在極短時間內使紫微斗數的論命功力，到達一定的水平之上，對於瞭解自己的吉凶運勢，和個性特質有非常大的幫助，這便是紫微斗數最迷人的地方。

相較於其他命理學，個人認為紫微斗數是相當有趣的一門學問，雖然它不是中國命理論述的主要學派，但是因為近年西方星座學的普遍，使得同樣以「星宿」論命的紫微斗數被發揚了出來，受到許多人的喜愛。

紫微斗數將天上星斗的名稱，以擬像化、擬人化的方式來表達，就像星座學十二星座般，除了枯燥嚴肅的吉凶論述外，還加進了些許的趣味故事情節和迷人的想像空間，以此來詮釋每個人的性格與命運的起伏興衰。每顆星宿似乎都能夠營造出栩栩如生的個性特質，甚至宮位中不同星宿的組合，也能夠激發出另一動人的故事來。

紫微斗數可說是混合了天文學、地理學、數學、統計學以及論理學，參考普通的常識，再加上長時間的體驗而成的一種學問。

紫微斗數論命是以十四顆主星，論定一個人命中的富、貴、福、壽、情等五大項世人普遍認定的價值，其中又以「福與壽」最為重要。福是看其人經過一輩子的努力後，是否能享受到所得之成果。壽則是包含了一個人的壽命及健康狀況好壞。

再來是以「五行局」如水二局、木三局、金四局、土五局、火六局，瞭解每個人的本性根源特質，及生命內在的潛能、資質與能量。

只要以正確的觀念去看待命運，不論自己是否先天不足，亦或是後天失調，其實都不是重點，重點要能知道自己本身的才質是什麼、能做什麼。如何運用自己的生命能量，在有限的生命中創造出屬於自己的格局，發揮自己的優點，才是我們學習命理學的根本重點。

階段學習重點

第一、各星宿的基本特性

既然紫微斗數是以「星宿」來代表各類事物的吉凶變化好壞，那麼對星宿基本特性的瞭解，應是入門的第一步。

紫微斗數之名，係因古人將地球自轉軸延伸至天體所會之點（極點），最接近的一等星，定為北極星，亦稱北辰、紫微。

再以紫微星為主，定出三顆中天星：紫微、太陽、太陰。

●**北斗七星：**武曲、廉貞、巨門、破軍、貪狼、祿存、文曲。

●**南斗七星：**天府、天相、天機、天梁、天同、七殺、文昌。

●**四顆北斗助星：**左輔、右弼、擎羊、陀羅。

●**四顆南斗助星：**火星、鈴星、天魁、天鉞。

共十七顆主星、八顆助星。

不過一般仍以「十四主星和甲級輔星」來區分，上述區分只是方便排組命盤時的組星取用，一般論命時不會使用以上的分類。

第二、內外基本格局和陰陽五行磁場生剋的瞭解

天下萬物都有「五行磁場」，當然在星宿、十二宮位甚至每個人的基本命局也都有五行，在八字中稱為「日主」、「本命元神」，而在紫微斗數中稱為「五行局」，以五行的特性來代表一個人基本的內在心性。

星宿、十二宮位和五行局之間的五行生剋，所產生的強弱旺衰變化，也是需要注意的。

十四顆主星所構成的外在格局，影響外在的命運。

例如「殺、破、狼」所形成的格局，適合動態的環境，而如果內在的五行局是靜態的，此時外在的格局和內在的五行局產生衝突，那命運或個性的矛盾痛苦，就在於內在與外在動靜特性的不協調。

最好內、外格局能一致，不過這種人絕不會來算命，大部分的人內外在都會有矛盾。所以命格跟主星之間與五行局要做比對。

如果五行局內在能量很強，外在格局卻很小，代表這種人有大能量卻局限在小地方，發展性太弱，會有志難伸。反過來，外在格局很大而五行局內在能量弱的人，心想事不成，小頭戴大帽，會做得很累。

第三、十二宮位和身宮所代表的事項要清楚

十二宮位——命宮、兄弟宮、夫妻宮、子女宮、財帛宮、疾厄宮、遷移宮、僕役宮、官祿宮、田宅宮、福德宮、父母宮——和「身宮」，當然是紫微斗數批論命局的重要項目，它們代表了人生中的十二個大項目，因此十二宮位各自代表哪類事項，要清楚瞭解。

在看論十二宮位的吉凶時，有一個觀念很重要，那就是紫微斗數的主星幾乎都會分布在十二宮中，因此，每個人的命盤宮位都會有吉星和凶星，絕不可能一個命盤中都是吉星。所以再次說明人是絕對不

會有「十全十美」的好命，或是「一無是處」的壞命。

第四、瞭解星宿間的特性組合、融合、牽制變化

這是紫微斗數裡最難懂的一部分。在看命盤時，我們會發現一個宮位中，可能會有一到三顆的主星在裡面，此時該如何看此宮位的吉凶呢？

例如：命宮中同時有紫微、七殺時，該如何解釋這個命局的特性呢？紫微星是帝王之星，代表比較大，比較權威。而七殺星代表很有魄力、大殺將、很積極，要求效率標準很高，代表動力。

這些是單星個別的特性，一旦兩個單星合在一起時，又會演變出什麼樣的性質來呢？整合兩個星宿的特性後，我們就可以解釋為：「紫微、七殺格主要是代表威權格，愛做大事業，滿懷雄心壯志，應往大城市、大地方去發揮。」

紫微、七殺交融會產生三種特性：第一是權威，愛做大；第二，在大公司發展；第三，不喜歡墨守成規，很有創意。

又例如：紫微獨坐一宮位中為孤君，與火、鈴、羊、陀同宮則易成為暴君，與貪狼同宮則善交際，與破軍星同宮則會獨斷而行。

因此研究紫微斗數的一個大挑戰，就是如何去整合、解說、運用多個星宿間的組合而產生出來的吉

凶變化。

第五、多個宮位間的「三方四正」會照關係

這個觀念是由「星宿組合」，進一步延伸到宮位間來運用。也就是說，在批論一事吉凶變化時，不能只用一個宮位來判斷，有所謂的「三方會照」宮和「對宮」，要同時參考相鄰其他宮位的吉凶一同論斷。

例如一個命局的好壞，不能只看命宮，還要加看財帛宮、官祿宮。把命宮、財帛宮、官祿宮合在一起看便叫「三方」，再加上遷移宮的話就叫做「四正」，這往往也是決定一個人命格大局好壞的第一要素。

「三方會照」，通常都是三個宮位一組，以十二地支的三合來分組：「申子辰」、「亥卯未」、「巳酉丑」、「寅午戌」共四組。

「對宮」則是斜對面的宮位，是以十二地支的六沖來分組：「子午」、「丑未」、「寅申」、「卯酉」、「辰戌」、「巳亥」共六組。

三方宮位中有出現「殺、破、狼、廉」星宿組合的人，特性都傾向於動態，因此格局就屬開創型。

「機、巨、陽」星宿組合的人，有太陽這個大星宿，則是領導型格局。

「同、陰、梁」星宿組合的人，因為偏向於保守穩定，則是合作型格局。

「紫、府、武、相」星宿組合的人，有紫微等大星宿，更是當頭領導的大格局。

第六、星宿的旺衰等級和四化轉變

*旺衰等級

星宿的特性除了會和其他同宮位的星宿產生組合、融合、牽制的變化外，本身的吉凶特性強度，也會有所謂的旺衰強弱，使得吉凶隨著強弱又產生另一種轉化。

在八字裡分為五種旺衰等級：旺、相、休、囚、死。

而紫微斗數分為八種旺衰等級：廟、旺、利、得、平、不、衰、陷。

通常星宿如果是「廟、旺」，能表現出其特性的優點，比較會呈現出吉象。

若是「衰、陷」則會表現出其特性的缺點，比較會呈現出凶象。

*出生月分不同的旺衰變化

一年有四季春、夏、秋、冬，各有不同的陰陽五行「木、火、土、金、水」，配合星宿本身的五行，產生生剋旺衰星宿特性的強弱轉變。

例如：貪狼星屬「陰水陽木」，出生在春天的人則木性強，多才多藝，思慮條達，會較往積極、正向面去發揮。出生在冬天的人則水性強，逢桃花星為「桃花犯主」，感情世界會多波折不留白。所以相同的紫微星宿，運勢發展卻不同呢！

＊四化星的影響：化祿、化權、化科、化忌

除了「旺衰」等級的變化外，主星本身還有一種很重要的變化方向，就是所謂的「四化星」，可分為：「命局年干四化」、「命宮四化」、「大運四化」與「流年四化」。

「化」這個觀念，要以「轉化」或「發展的方向」來論述，是屬於發展方向動態的變化。一般化祿、化權、化科是比較好的轉變方向，會使吉星更吉，凶星缺點轉弱、優點轉強。而化忌則會使缺點轉強、優點轉弱，當然就是比較不好的囉！

例如化忌星入命宮則對整個宮位，容易產生患得患失的不良影響。又如武曲逢化忌，則想賺錢又覺得是否賺得心安理得，逢化科則很在乎自己是否有能力去經營。

若命、財、官、遷四宮逢化科或化忌，則會因在乎別人看法，導致才能難以施展。

第七、星宿特性和宮位屬性的吉凶搭配

宮位中有許多吉星入廟、入旺，這個宮位就一定會出現吉運嗎？那可不一定！這是紫微另一個令人頭痛的地方，宮位中要真正能展現出吉象，有一個很重要的邏輯觀念，就是要「屬性配合得當」。

例如：紫微星具有專業能力、獨特技術的優點特性，如果落在「命宮」、「官祿宮」、「財帛宮」

中，當然可以在這些方面發揮其專長，因此會成為工作事業上的頂尖佼佼者，可以名利、財富雙收。

可是如果落在「夫妻宮」、「子女宮」或是「疾厄宮」，這些宮位和紫微星的優點特性比較不相關，就無法產生求財、求名的發展，只能論說子女會很優秀、配偶有其獨特個性能力，或是身體很健康。

許多初學者一看到紫微星入命宮，就以為其人可以當老闆或領袖，或者一定性情敦厚老實。其實紫微跟其他星宿一樣，都有吉凶、優缺的特性，並非全是正面吉象的特性，所以紫微星入命宮，有時也會產生大奸大惡的人呢！

第八、乙級星宿以下組合格局和其他相關的影響

＊長生十二神煞：

1.長生；2.沐浴；3.冠帶；4.臨官；5.帝旺；6.衰；7.病；8.死；9.墓；10.絕；11.胎；12.養。

例如：命宮坐沐浴則代表束縛、桃花性旺重，加上若為水二局者，則桃花性更重。

＊博士十二神煞：

1.博士；2.力士；3.青龍；4.小耗；5.將軍；6.奏書；7.蜚廉；8.喜神；9.病符；10.大耗；11.伏兵；12.官符。

博士十二神煞，尤重「病符」及「伏兵」兩神煞星宿的影響。

備註：乙級輔星和丙丁戊等輔星，其影響性都不是很大，所以僅供參考，命局吉凶仍必需以主星和甲級星為主。

＊星宿組合格局

由紫微星系十四顆主星再加祿存，共十五顆主星的會照組合為「主格」，其餘甲級星宿的組合格局稱為「輔格」。

一般傳統的紫微論述，會將幾個主星同在命宮，或在會照宮位，或同在一個宮位中，而給予一個格局的稱呼，以方便記憶批論。

老師認為這只是在強調這些主星的組合特性，形成這個命局的主體性，但並不是那麼絕對，畢竟還要考慮其他主星及其他宮位的組合會照關係，尤其要注意星與宮是否適當得位。因此，這些格局名稱可以當成批論上參考，但也不必過於在意死記。

●**富格**：如「日月照壁格」，即由財帛星宿組成。

●**貴格**：如「日出扶桑格」，即由官祿宮主星之類所成。

●**輔格**：如「昌、曲同宮」，仍須先看主格為何，再加看輔格。

●**定格**：一定的宮稱、星宿。

●泛格：較鬆散、大範圍的組合格局，如「機月同梁格」。

＊南北地

每一顆主星又有南斗及北斗星之分，由星宿的落入宮位而定，若南斗星入南地、北斗星入北地，則福禍皆速，反之則緩。

第九、看大運（大限）、流年（小限）的走勢如何

所謂大運，俗語說「乞丐命也有三年運」，即使再壞的命，其一生之中也可找出幾年風光的時期。至於流年小限則是觀看一年的吉凶運勢，推論宜守或宜攻，決定所為的方向。

傳統紫微喜歡說成「大限」、「小限」，老師認為非常不妥，給人的觀感很不好，容易誤解。八字用語稱之為「大運」、「流年」，在紫微斗術中，老師也一律都以「大運」、「流年」來論述。

學習導讀

常用名詞

＊**主星：**主星共有十四顆。紫微星系六顆，依序為紫微、太陽、武曲、天機、天同、廉貞。天府星系則有八顆，依序為天府、太陰、天相、天梁、破軍、貪狼、巨門和七殺。

＊**星、曜：**亦稱星宿、星辰、星斗、星曜。

＊**北斗主星：**紫微、武曲、巨門、貪狼、廉貞、破軍。

＊**北斗助星：**祿存、擎羊（羊刃）、陀羅、左輔、右弼、文曲。

＊**南斗主星：**天府、天機、天相、天梁、天同、七殺。

＊**南斗助星：**火星、鈴星、天魁、天鉞、文昌。

＊**中天主星：**太陽、太陰。

＊**中天助星：**天空、地劫。

＊**四化星：**化祿、化權、化科、化忌。

＊四煞星：擎羊（羊刃）、陀羅、火星、鈴星。

＊六凶星：羊刃、陀羅、火星、鈴星、天空、地劫。

＊六吉星：文昌、文曲、天魁、天鉞、左輔、右弼。

＊本宮：所欲瞭解之事項宮位。比如欲瞭解疾厄宮時，則稱疾厄宮為本宮。

＊對宮：與本宮相對之宮位，稱為對宮。比如欲瞭解兄弟宮時，僕役宮為其「對宮」；田宅宮的對宮為子女宮。

＊鄰宮、兩鄰宮：所瞭解事項宮位之「前後二宮」，稱為「兩鄰宮」。

＊三會宮：有「寅、午、戌宮」，「申、子、辰宮」，「巳、酉、丑宮」，「亥、卯、未宮」共四組，亦簡稱三合宮。

如命宮坐「寅午戌」中之一宮，其他兩宮必為財帛和官祿，命、財、官因而成為「三會宮」，其吉凶互動息息相關。同理，若田宅宮坐於「亥卯未」之其中一宮，另兩宮必為疾厄與兄弟，該三宮的吉凶亦息息相關。

＊四正宮：命宮、官祿宮、財帛宮三會宮再加上「遷移宮」，即是所謂的四正宮。

＊五宮合論：命宮四正再加上「大運宮」，即成為所謂的五宮合論。但大運宮也有可能是四正宮其中一宮，那就沒有五個宮位了，但是會強化該一宮位在此大運年歲中的影響性。

＊宮干：每個地支宮位之天干叫「宮干」。

***坐**、**守**：指某星曜進入該宮位。如命宮有天相星，即是天相坐命，或天相守命宮，亦可說天相在命宮坐守。

***會**、**照**：星宿坐入欲瞭解宮位之三方宮位，和本宮形成交會，則稱該星宿由三方「會入」或「照入」。例如欲瞭解未宮時，文昌由三合的卯、亥或對宮丑宮會入，則稱文昌由三方會入，或文昌由丑（亥、卯）宮會入。

***同宮**、**同度**、**共守**、**同守**：兩顆以上的星宿同入在同一宮中時稱之，例如紫微和天相共守疾厄宮。

***沖**、**攻**、**衝**、**闖**：由三方會入之星宿，若為煞星或凶格、惡格，則謂之沖、攻、衝或闖。如火星由未宮衝入，（刑囚夾印）由午宮攻入等說法。

***夾**、**夾制**：成對的煞星或忌星（羊刃和陀羅為一對，火星和鈴星成對，天空和地劫成對），在某宮的兩鄰宮坐守時，對該宮位便形成夾制的現象。兩鄰宮若皆為忌星坐守時，也會形成夾制的現象。

***夾輔**、**輔佐**：成對的吉星或吉化之星（昌曲為一對，輔弼亦成對，魁鉞也算一對），在某宮位之兩鄰宮坐守時，對該宮位便形成夾輔的功能。如輔弼夾帝、昌曲輔財帛、田宅為魁鉞所佐、雙祿輔福德等說法。

***挾**：忌星和煞星同宮或會照時，忌星便可挾煞星共同危害三方宮位。如流年忌煞相互會照時，謂之流年忌星「挾」煞攻入某宮；煞星組合若構成格局時，三方的主星便可「挾」成格的煞星共謀，該主星便因而「挾煞成格」。

＊四生宮：指各局數長生之坐宮，和各干支天馬之坐宮而定名。長生和天馬僅在寅、申、巳、亥四宮坐守，故寅、申、巳、亥四宮稱為「四生宮」或「四馬地」，有生生不息、希望無窮、發射旺盛之意。

＊四墓宮：十二長生之「墓」位，僅落於辰、戌、丑、未四宮，而辰、戌、丑、未四宮，亦各為水、火、金、木之「庫」位。辰、戌、丑、未四宮因而成為「墓庫」，稱之為「四墓宮」，具有收藏、守成、有備無患之意。

＊四敗宮：子、午、卯、酉四宮，為「咸池」和「沐浴」二星之坐宮，咸池星亦名「桃花殺（煞）」。申、子、辰年生者，咸池在酉；寅、午、戌年生者，咸池在卯；亥、卯、未年生者，咸池在子；巳、酉、丑年生者，咸池在午。木之沐浴在子，火之沐浴在卯，金之沐浴在午，水之沐浴在酉。因此，命坐子、午、卯、酉四宮者，桃花煞重（咸池、沐浴皆為桃花星）。一般認為桃花必敗，惹上桃花必因色惹禍，子、午、卯、酉四宮因而名為「四敗宮」。

＊天羅地網：天羅指命盤之「辰」宮，地網指命盤之「戌」宮。「辰」、「戌」乃天地陰陽轉換之地，貴人不臨，意指天魁和天鉞兩顆貴人星，要避臨辰、戌二宮也。

＊太歲：指流年，亦指地支或生肖。如「庚子」年生者，太歲坐於子宮，子宮之生肖為鼠。生肖、太歲和地支，其意思都是一樣的。

西洋十二星座與紫微斗數十四主星的特性類比

每個命理學的共同特色，就是都有屬於它們的一群「星宿」，用來表達、比擬、形容關於一個人的基本個性、品行、行為和價值觀等。

紫微斗數在近年西洋星座命理學的流行帶動下，愈來愈多人以同樣看「星座」的角度，來看紫微星宿的吉凶特性運用。因此老師將此兩大系統的星宿特性稍做比較，方便讀者更快瞭解紫微星宿的特性和優缺點。

讀者也可以參考老師另一著作《八字初階入門講義》，對於此類星宿特性的共同邏輯運用，會有更加詳細的說明。

十四主星	基本特性	十二星座	基本特性	類比指數
太陽星	光明磊落好度量，濟弱扶傾熱心腸。	**牡羊座**（3月21日至4月20日）	樂觀進取有活力，敢作敢當講義氣。	80%
武曲星	奮鬥不懈有毅力，堅決果斷會理財。	**金牛座**（4月21日至5月20日）	腳踏實地有計畫，耐心儲蓄真多金。	70%
天機星	足智多謀知進退，才華傑出心善良。	**雙子座**（5月21日至6月21日）	聰明機靈反應快，博學多聞口才好。	80%

太陰星	念舊顧家是美德，柔和個性得人緣。	巨蟹座（6月22日至7月22日）	感情豐富重情義，關懷體貼解人意。	65%
紫微星	領導群倫受尊崇，氣質高貴王者風。	獅子座（7月23日至8月22日）	正直大方人敬重，氣勢恢宏有霸氣。	70%
廉貞星	廉潔忠貞有原則，禮教規範多情心。	處女座（8月23日至9月22日）	追求完美理想高，豔若桃李冰清潔。	65%
貪狼星	貪狼特性交際應酬公關好。	雙子座（5月21日至6月21日）	聰明機伶反應快，博學多聞口才好。	65%
天同星	好與人同喜合作。	天秤座（9月24日至10月23日）	風采優雅受歡迎，處事公正心性平。	70%
七殺星	心性剛強喜自主，獨斷專行刑剋重。	天蠍座（10月24日至11月21日）	冷靜沉著意志堅，愛恨極端個性強。	70%
破軍星	開疆拓土最在行，除舊布新多變動。	射手座（11月22日至12月21日）	志向遠大有才華，留學深造遊四海。	80%
天相星	敦厚忠實盡職守。	山羊座（12月22日至1月19日）	刻苦耐勞成就高，功名利祿比人強。	70%
天府星	安定穩固財富豐。			
巨門星	有求真懷疑精神，多管閒事惹是非。	水瓶座（1月20日至2月18日）	思想新潮有創意，批評缺失為改革。	65%
天梁星	有惻隱施濟之心，敬老扶幼眾人誇。	雙魚座（2月19日至3月20日）	犧牲奉獻有愛心，社會福利最熱心。	65%

十二宮位所代表的意義

紫微斗數的命盤上共有十二個宮位，由各個宮位的交互組合應用，可以詳論人的一生，生活中相關的生、老、病、死、事業、錢財、婚姻、家庭、交友、福分厚薄，都在宮位的星宿吉凶中。

命盤上的十二宮位，各有其代表性的宮位名稱，如命宮、財帛宮、事業宮等。排列方式以命宮為第一個宮位，依順時針方向來排列，其順序是固定的：

1.命宮；2.父母宮；3.福德宮；4.田宅宮；5.官祿宮（事業宮）；6.僕役宮（朋友宮）；7.遷移宮；8.疾厄宮；9.財帛宮；10.子女宮；11.夫妻宮；12.兄弟宮。

除此十二個宮位之外，還有一個不固定的宮位——「身宮」，會與某個宮位重疊並列。

請注意老師一再強調，命理學邏輯論述中的重點：組合性。

每一宮位雖然代表某一類事項的吉凶，但也不能「單獨」來論看，還要配合其他宮位星宿批論，所以要注意「三會、四正」宮位間的互動組合關係。

十二宮一般可以區分為兩大類：

●本命宮位：命宮、遷移、官祿、財帛、疾厄和福德宮。
●六親宮位：父母、兄弟、夫妻、子女、僕役和田宅宮。

十二宮位的基本定義運用

命宮

命宮代表的是我們的基本個性，和一生的基本吉凶運勢、福報業力，也可以說是看紫微命盤的第一個「中心重點」，是依據個人的出生時間所計算定位的第一宮，為先天運勢、命運的主軸和行運的基本根基。

由命宮可以看出一個人的個性特質、行為、價值觀、長相等。

以入於命宮內的主星特性為主，再配合其他會照宮位星宿的組合，可顯現出一個人命格的基本吉凶格局，進而瞭解一生的命運，是整個紫微命盤的重心。由於吉凶禍福都是以此宮為中心樞鈕，所以人們喜歡落入吉星如太陰、天府、天同、天相等，若有忌星、凶星落入命宮或會照入命宮中，如破軍、地劫、擎羊等，通常一生中會有較嚴重的災禍，和較大的起伏波折變化。

父母宮

代表的是我們與父母、長輩和上司間的「互動吉凶關係」。與父母親的緣分、感情厚薄，能否得到父母的照顧，以及父母的各種狀況，或父母的社會背景，都與本宮位有關，都可由本宮中的星宿來研判。

福德宮

代表的是我們內在思想中的思維謀式，會有什麼觀念和想法，或是娛樂興趣、品味收藏等嗜好。也可以說是和享受、享福有關係的宮位，較偏重與錢財有關的享受運勢。另外表示與事業工作不相關的興趣、嗜好，屬於在精神層面的品味風格，都可由本宮中的星宿來研判。

田宅宮

代表的是家庭的生活環境，對於房間擺設、住家品質的態度觀念，家庭生活狀況是否良好，以及和家族或家鄉的發展互動關係；其次是對於財富的管理觀念，是否有投資不動產或動產的興趣傾向，是否能繼承祖業或是自置不動產，也都可由本宮中的星宿來研判。

需要與財帛宮互相對照，以判斷今生的財產吉凶關係。

官祿（事業）宮

代表所適合的工作特性、類型，或是工作層次、職位的高低，面對工作的態度關係，以及事業的吉凶運勢發展，是否創業或適合當上班族。職位高低、升遷吉凶、格局大小，或是適合從事何種職業，都可由本宮中的星宿來研判。

也和讀書能力、學業成績的好壞有很大關係，可由此宮位星宿來判斷課業成績好壞。

僕役（屬下、晚輩）宮

代表我們與公司同事、下屬或不熟識的朋友，在交往互動上的關係。與朋友交往對待的狀況，人際關係的好壞，有無小人口舌等吉凶運勢，都可由此宮位中的星宿來研判。

遷移（朋友）宮

代表外在人際交往方面的態度，結交朋友的層級、族群，以及給外人、朋友的第一印象，人緣關係，也可以說是與人相處的ＥＱ指數。

遷移宮也代表我們出外時所處的環境、機遇，包含出國、旅遊、遠行或搬家，或者是否需要離鄉背井來發展事業等，都可由本宮的星宿來判斷。

疾厄宮

代表身體健康的情況，和對自身疾病的處理態度，以及和身體健康有關係的事情。哪處較易失調生病，對疾病的觀念、看法，身體狀況如何，哪一部分器官較弱，可能會產生什麼病痛，是屬於意外血光、急症重病，還是精神上的衝突矛盾如憂鬱症、躁鬱症等，都可由本宮的星宿來判斷。

財帛宮

代表我們今生的財富多寡、吉凶、福報和業力，和適合賺錢的方式，以及工作方面的專長。可以看出一個人的財運如何、財氣旺衰，對錢財的態度和理財運用觀念，以及適合從事何種事業賺取錢財、累積財富。

夫妻宮

代表期待尋找對象的類型，處理感情、愛情的模式，以及未來婚姻發展的吉凶互動關係。可以顯示出配偶的大概個性、相貌、體形、出身背景，早婚或遲婚，婚姻感情生活如何，婚姻是否美滿，是否會遭逢生離死別等，也能大概瞭解配偶的能力及其發展性。

子女宮

代表我們和子女的互動關係、緣分深淺，大概可看出是否容易生育、吉凶運勢和子女數目。

可以用來參考判斷子女的資質優劣、個性、才華，是否孝順父母等，大凡與子女有關的事，都可由本宮的星宿來判斷。

另外也代表自己和生育相關的事情，如性能力等。

兄弟宮

代表的是我們與家中兄弟或好朋友的相處關係。

可以瞭解個人的兄弟姊妹發展如何，是否能互相親近幫助，或是彼此不合有阻礙等。

身宮

身宮的宮位，代表我們這一生特別重視、罣礙的地方。

當身宮與某一宮位並列時，就表示會最在意、注重這一宮位所對應的事情。

另有一論說，三十歲之前，由命宮主導命局的發展重心，三十歲之後，換由身宮成為主導命局的重心，也就表示出一生中最重視、罣礙的事情是什麼囉！

例如身宮與夫妻宮並列時，表示今生會對男女感情、婚姻關係最在意，所花的精神最多。

十二宮位的分析運用

宮位間的組合互動影響

這部分老師曾一再強調，所謂「會照」就是指「三會」以及「對宮」的宮位組合，不能只單獨論看一個宮位中的星宿吉凶。

宮位間的互動關係吉凶如下：

1. **命宮吉**：謂之由內自強。表本身的觀念正確理性，禁得起外在波折考驗。
2. **命宮凶**：謂之從根自伐。表本身的心態觀念已有偏差，會自己給自己找來許多麻煩。
3. **對宮吉**：謂之迎面春風。表與人相處和諧能得善緣，當然常有貴人相助事事如意。
4. **對宮凶**：謂之當頭惡棒。表與人相處ＥＱ不高，易任性而為，或是貢高孤傲不得人緣，常惹是非。
5. **鄰宮吉**：謂之兩鄰相扶。表能得他人、家人的幫助扶持，不會孤獨無助。
6. **鄰宮凶**：謂之兩鄰相侮。表會受到家人、他人的不當干擾影響而受累，或是不得相助。
7. **三會宮吉**：謂之左右逢源。表福祿壽皆齊全，一生富貴滿盈。

8. **三會宮凶：**謂之左右受敵。表一生業報深重，事事不如意，波折重重。

9. **四正方宮皆吉：**謂之千祥雲集。表福報多而吉祥富貴之命局。

10. **四正方宮皆凶：**謂之四面楚歌。表業深禍重的坎坷格局。

十二宮位的兩大分類

十二宮位我們可以分為以下兩大方向，批論一個人一生的吉凶發展。

＊六親宮：與六親家人的互動關係

紫微與八字有一個很大的不同點，就是紫微非常重視個人和六親家人的互動關係。八字中只有所謂的四柱宮——父母、事業（兄弟）、夫妻、子女，而紫微卻有「父母、兄弟、夫妻、子女、僕役、田宅」六個宮位以及「身宮」，使我們可以更清楚知道和六親家人間的因緣深淺關係，到底是吉運助力的善緣，還是厄運傷害的孽緣。

正如俗話常說：「養兒育女，不是來報恩，就是來討債。」

＊本命宮：自我個人發展的吉凶關係

命理學大都是以「個人」為論述中心，四柱八字中的「命主」最是強烈明顯，紫微則是以「命宮」

作為論述中心，並延伸出與個人有密切關係的「遷移、官祿、財帛、疾厄、福德」五個宮位。

紫微斗數命局的第一主軸：四正宮──命宮、遷移、財帛、官祿

拿起紫微命盤時，要先看哪裡呢？當然是從大家最有興趣的重點開始，所以第一眼就要先以「命宮」為主，然後對宮「遷移宮」為副，再加上「財帛宮」、「官祿宮」。

所謂第一組的三會四正宮──「命宮、遷移、財帛、官祿」，這是影響一個人最重要的四個宮位，如果都是入吉星，而且都是「廟、旺」的旺度，那就是大富大貴之人了。

反之，就要趕緊研究如何知命改運了！

宮位與星宿的「得位」、「當運」

*星宿特性和宮位代表意義相符嗎？

每顆星宿都會有它的特性、優缺點，而每個宮位也都有其特定的代表意義。當一顆吉星落入宮位中，我們就要關心一下，這顆星宿的優點特性是否符合這個宮位的意義，如果符合，就稱為「得位」、「當運」。「當運」當然就是吉上加吉、勢不可擋，否則只是空浪費一顆吉星，發揮不了它的影響性。

例如：紫微星主要是在技能才華和權威，若入於命宮、官祿宮、財帛等，在這些方面就可以發揮這一星宿的優點。

但若入於夫妻、兄弟、疾厄宮等，那看到的就只是妻子專權、兄弟富貴，或是自己身強體健等，對本身的幫助不大了。

＊星宿五行和宮位五行的生剋變化

星宿的五行和宮位的五行生剋關係，也要非常注意，相生為旺相，吉更吉、凶更凶，對於星宿的吉凶變化也會有很大的影響。

例如：紫微星五行屬土，入於辰、戌、巳、午屬於「土、火」的宮位時，紫微星的特性會因為相生而加強。反之，入於寅、卯、子、亥屬於「木、水」的宮位時，其特性將因為被剋洩而減弱。

＊南、北斗星落入南、北地宮位的影響

十四顆主星可分為北斗六顆、南斗八顆，南星落入南地宮位中反應會加快，反之則會減緩其影響變化速度。北星也一樣。

不過這樣的影響不是很強烈明顯，只可作為進一步的參考判斷而已，一般還是以星宿本身的廟、旺、陷等旺衰程度為主要的判斷依據。

●北斗主星：紫微、天機、太陽、武曲、天同、廉貞，共六顆。

●南斗主星：天府、太陰、貪狼、巨門、天相、天梁、七殺、破軍，共八顆。

●南地宮位：寅、卯、辰、巳、午、未。

●北地宮位：申、酉、戌、亥、子、丑。

第五講 星宿的特性介紹

所有的命理學都有其特定的符號，作為「擬像法」的運用。星座學有十二星座，四柱八字有十天干和十星宿，《易經》有八卦和六十四卦象，至於紫微則有十四顆主星，和一群分為五級的輔星。要特別記住這十四顆主星，這是紫微斗數裡最重要的「主角」。

一般傳統又將這十四主星分為「強星類」與「純星類」。但若以星系來區分主星的話，則可分為「中天星系」、「南天星系」和「北天星系」，前文「第二講」已述。

至於甲級輔星主要有：

●**六吉星**：左輔、右弼、文昌、文曲、天鉞、天魁。

●**六凶星**：火星、鈴星、擎羊、陀羅、地劫、地空。

其他甲級輔星：祿存、天馬。

十四主星基本特性

斗數命盤中的主星有十四顆，也就是說，每個斗數命盤裡都會依序出現以下這十四顆星宿，其順序都是固定的。至於其他的甲級星和輔星，則不一定都會出現在命盤中。

星宿特性的擬像運用

在老師多年的命理教學中，最常聽到學生的反應就是這些星宿的特性很難背，或是無法清楚地分辨星宿在不同宮位情境下的吉凶狀況，例如紫微在官祿宮、遷移宮很好，而在夫妻宮、僕役宮就不是很好。

老師一再強調，學命理千萬不要死記死背，尤其對星宿的特性，更要用「擬像」的方法去想像瞭解，才能在領悟瞭解的情況下，靈活運用到各種不同的情境宮位上去。這是一門理科的學問，而不是死記的文科學問喔。

一般的傳統命理書籍，總是列出一大篇一條條的論述，看似批論得很詳細，但是想要去背就很困難，然後再和自己的命盤一對照，總是無法完全一樣，也就讓這個命盤的吉凶不知道該如何批論了。這些都是過於拘泥條文，而沒有發揮擬像運用的錯誤學習方法。

通常老師會建議學生先用所謂的「人物擬像法」和「二分法」，來掌握星宿的特性。例如把天梁比擬成「農夫和修行者」，馬上就可以大概知道天梁的基本特性了。

「二分法」也是很好用的比較對照方法，可以區分為：「動態／靜態」，「顯性／隱性」，「理性／非理性」，「偏吉性／偏凶性」，「保守性／創造性」，「道德性／自我任性」，「衝動性／謹慎性」，「理想性／務實性」，「安分守己性／欲望強烈性」，「智慧性／感性」等。

十四主星的人物體系特性

為了幫助大家熟悉瞭解十四主星的特性，老師特別以擬像人物的特質，將主星做以下的分類說明，讓大家可以快速上手。

＊紫微星

當然是第一主星，代表皇帝的尊貴特性，高高在天上閃耀，也有高不可攀的孤傲性。

＊太陽和太陰

天上除了高傲的紫微星，還有兩顆重要的星宿，就是太陽和太陰（月亮）。

●**太陽**：主熱情、積極、明亮、發散，屬於公眾、喜愛人群、熱鬧，與人相處不拘小節。

●**太陰**：和太陽完全相反的特性，主陰冷、暗藏、沉穩、收斂，屬於自我性強、喜歡獨處思考，對許多事情較易執著、放不開。

以上這三顆星都是在天上的星宿，因此層級、格局是偏向較高的等級。

＊文官、武官體系

若以紫微星代表朝廷的皇帝，那一個朝廷之中當然也要有文武百官，因此就可區分為「動、靜」、「陰、陽」和「文官、武官」等特性。

文官體系

●**天府**：猶如朝廷宰相、政府的行政院長，為文官之首，或是代表父親、主管等位階，有謹守本分、理法、保守、固執等特性，屬於執行維護制度的特質。

●**天相**：猶如單位裡的副主管，朝廷、政府部會的次長，或是代表母親、輔導長等位階，因此也稱為「印星」，和八字中的「正印」是一樣的意義。與天府的保守特性類似，但是缺乏擔當、不理性，較無法像天府擔任重責大任。

●**天機**：朝廷之中除了管理階級，也需要有一群「參謀、軍師」或是「公關交際」人員。天機就像是個「機會分子」，善於謀略、動腦、口才機伶、需要交際應酬，算是在靜態文官體系中，偏向動態的一個特質，因此是斗數中很重要的一顆「偏財星」和「桃花星」。

●**天梁**：國家最重要的支柱、棟梁，當然就是這一大群善良的老百姓、老農夫。天梁就是非常單純樸實、清心寡欲的「農夫」，也具有農夫任勞任怨、喜愛平淡的特性。從農夫的特性中可再延伸出如農夫般的健康、長壽，是斗數中的「建祿、長壽星」，但是也因為農夫的無欲無求，亦可延伸為斗數中的「出家星」。所以一般命宮如果入「天梁」，幾乎可以斷定前世必曾是「出家人」。

●**天同**：國家若是管理得很妥當，豐衣足食、風調雨順、安居樂業，大家就可以天天開「同樂會」了。所以天同是斗數中的一顆「福星、財庫星」，也延伸為每個人都可以養兒育女，所以天同也是「兒女星」，偏向慵懶需要被呵護照顧的特性。

武官體系

●**武曲**：相對於文官中的天府，於武官中也要有元帥、將軍，而且兵法、武藝均有過人之處，所以武曲星幾乎就是文武全才，也是斗數中的武財星、創業星。既然是動態的武官星，就不像是文官只能保守、守成、不積極，而是會表現出開創性和攻擊性等特質。

●**廉貞**：有元帥也要有副將，更必須是一位忠心耿耿的副將，所以「廉貞」顧名思義就是有其堅持忠貞的特性。不過廉貞星在斗數中爭議很大，有忠貞的特性應是顆吉星，但是許多情形卻會將廉貞歸為凶星，主因就在於它有很強烈的「陰陽星」屬性。

何謂「陰陽星」？在命理學中談到人物個性特質，就必須重視所謂的「多重組合」性。因為命局是由多顆星宿組合而成，若是星宿的動靜特性落差過大，便極易產生矛盾衝突的不穩定個性，甚至演變成雙重的分裂性格。例如同宮中同時有「太陽、太陰」或是「紫微、破軍」，都是很不好的現象。

而廉貞這一顆星，本身就內含「太陰、七殺」的矛盾特質，因此會造成所處宮位產生很大的落差變化。如官祿宮中有廉貞，一個工作是很難做到退休或很長久的，幾乎都會有莫名的大變動發生。

●巨門：相對於文官中的天機，在武官中也要有參謀軍師，甚至是所謂的「諜報人員」。這也是斗數中最佳的口舌之星，亦即最喜歡動口說話，而且比天機更加不踏實、不理性。

●七殺：國家中有一大群的善良農夫，軍隊中也要有一大群執行任務的「士兵」，所以斗數的「七殺」和八字中的「偏官七殺」，層級是稍有不同而較低的，屬於單純聽從命令去執行工作的動態特性。

*體制外的星宿

以上文官、武官都是屬於體制內的星宿，也表示有較守規矩的特性，相對的，體制外的星宿當然就是常常會不按牌理出牌，甚至有不守規矩、搞革命的特性。

●破軍：斗數中的「革命之星」，層級等同於「紫微」，幾乎是偏向於大凶星，但也不是那麼絕對，還得看落於哪一宮位中，或是看同宮中的星宿配合，才能進一步判斷。

不過破軍的最好解釋，就是有強烈的「反傳統」特質。一般人認為要安分上班賺錢，破軍會認為追求人生意義最重要；一般人認為讀書最重要，他就以為發展自我才是王道；一般人認為對父母、長輩要遵從，他則認為真理之下，不分尊卑，人人都是平等的。

●貪狼：顧名思義，就是有強烈貪欲的一匹狼，由此延伸出貪狼星的多樣化特質。我們從動物或狼族的天性來瞭解，很容易就能掌握住貪狼的多種特性了。

如狼性主動、積極、陰險、有謀略，像動物天生具有才藝，如能飛、能唱、能演等才藝性，或是善於掩飾、有敏銳觀察力、不安全感強、重自我利益、自私，甚至會為了目的而不擇手段等。

十四主星的基本特性介紹

＊紫微星（孤芳自賞的尊貴王者）北斗帝王星

基本特質

偏吉。靜態。擁有才藝、才華。八字屬性——正官百分之八十、食神百分之四十。

紫微星屬己土，為尊貴的星宿，也為官祿宮的主星，具有解厄制化凶星和延壽的特性，因為尊貴所以個性較孤傲、重面子。具有專業技術才能，可以成為該行業領域中的佼佼者。

為人忠厚老成、謙恭耿直，其穩重特性可以制住七殺的衝動、降住火星的暴躁、鈴星陰沉的凶性，若與天府、左輔、右弼、文昌、文曲、太陽、太陰、祿存、驛馬等吉星成三會宮位，極為吉相，可以位居主管高位、大富大貴。

若只是與祿存同宮，但對宮沒入廟不旺，也沒有左輔、右弼等星來相助，則易成為孤星一人獨撐，較無法得到眾人的幫助，適合往個人研究工作室來發展，或是成為一位清閒得道的高僧。

若是與破軍同宮、對宮，則可能成為業務型主管人物。若與擎羊、陀羅、火星、鈴星對宮、相合，也可視為吉相，大多經商也可以發財。

具有天生權威、尊貴的氣息，所以可延伸為具有某種特殊專長的能力，獨具慧眼使努力有所成就而受人肯定，成為某方面的權威頂尖人士。

因為尊貴所以容易高傲孤獨，在精神方面易有潔癖、人緣親和性不佳，與家人父母、小孩的相處聚少離多，往往中晚年後會更加明顯。子女緣薄、子女少。不利於產育，婦女不孕、流產的機率大。

入於官祿宮，事業

可經營具有特色或有技術性、專利性的獨家產品，或是非一般日用品的商品。因為紫微星不化祿，對於錢財不會很注重，所以也可以往宗教、公益服務或是有意義的事業來發展。化科、化權時會成為該行業的佼佼者。

入於財帛宮，財運

對於理財的能力不佳，名氣會重於實際的錢財收入，算是偏向「理想性、感性、才藝性、創造性」的星宿。

*太陽星（熱情直率、博愛虛無的陽光）中天斗星

基本特質

偏小凶。動態。擁有才藝、才華。八字屬性——丙火、七殺百分之六十、正印百分之四十。

太陽星屬丙火在南方地，官祿主星化氣為權貴星、主官祿。太陽個性就像一把火那般，有它的熱情和旺盛的動力，所以直率不拘泥，但是往往有無法持續下去的耐力，就像「獅子座」的特性一樣，也有其尊貴性的一面，對於權勢領導能力有它的優越性。

因為太陽的能量可滋養大地萬物，所以有「博愛」的情操，對於公益事務很有興趣和積極參與性。

太陽若是入廟旺可終身富貴，非常不喜歡入陷，象徵「日落西山」的意思，所以若是入陷雖有化權、化祿，也會有凶險厄運發生，對於事業、官位福祿都不會很顯耀，有先勤終懶、成敗不一、變化很大的現象。

熱情直率不做作，對社會公益充滿理想、積極，對於具有文藝性質的活動、工作，最能引起興趣，也最能發揮其潛能。

缺點

過於坦率理想性，所以容易對現實社會有所批判，或是對家人先生、太太常有埋怨、挑剔，對於事情耐心不足、耐性也不好，容易改變心意。與親人家人的相處感情較少、緣淺，常有感情不睦、溝通不良的問題產生。

太陽為火，火屬眼睛和心臟血液系統，所以眼睛、血液系統、血壓、頭痛等疾病容易發生。

入於官祿宮，事業

很適合屬於動態性的事業，因為具有發散的熱能和大格局，因此常會往高知名度的事業發展，其強烈的風格為積極努力、不拖泥帶水，可以獲得客戶和同事的支持和肯定。

入於財帛宮，財運

其放射性的博愛和重面子的特性，會使錢財有大肆揮霍的傾向。對於錢財管理以開源為主，不會在意小細節和存死錢的概念，極需要有人幫忙理財，才不會虧損、負債累累還不自知。其特性為「動態、積極性、偏道德性、有點自我、感性、理想性」。

＊太陰星（陰柔善變、又溫暖的月亮小姐、後母）中天斗星

基本特質

偏小吉。靜態。傾向才藝性。八字屬性——偏印百分之八十。

太陰星屬癸水，主為後母星宿，又為妻星，主田宅、主財帛，是非常感性、有感情的星宿。

太陰心性溫和、善良，就像月亮一樣柔和、皎潔、漂亮，但是也像月亮一般陰晴圓缺、變化不定。有個人內在的思考智慧、精神層次的內涵，而且文筆很好、博學多聞，可以因此建立出乎意料的名氣。

太陰入廟，或為化權星，則是清秀聰明、無於倫比、性格溫良、謙恭儉讓，可成為政府高官，而且名聲清高受人尊敬。

若是太陰入陷，又有凶星同宮如陀羅、火星，必定一生多波折、困苦貧窮，也易有精神上的疾病發生。此命局只宜往僧道宗教修行之路發展，從事宗教或是入空門修行，才能從容穩定過生活。

內斂、沉穩、不與人相爭的性情，有同情心和愛心，能為人付出和犧牲。對於細膩的研究、寫作、文藝創作、文教等工作，有其獨到的能力，極適合從事此類工作。

缺點

心性敏感、多疑、感性、善變不安，像月亮一般圓缺不定。與家人親人有聚少離多、親情不足的現象。在婚姻感情上會有較多的波折，對感情有不同於常人的觀感，無論男女都易罹患生殖器官方面的疾病。

入於官祿宮，事業

內斂溫和，使得事業上的經營，也傾向於具有人文內涵的工作，像咖啡館、主題餐廳、書店、精品禮品等文化類型的事業，不適合勞力、製造、投機性的工作。另外，有關房地產、農場等，和土地有關的事業也非常適合。

入於財帛宮，財運

有蘊藏財富的特色，屬靜態默默經營儲存錢財的理財方法，所以旁人不易得知其財富的多少。也可以適度與人合夥、投資，因為本身的態度謹慎、多疑，所以損失破財的機率不高，投資也不會過大的。其特性為「靜態、感性、道德性、精神性、非務實性」。

*天府星（文官之主管，穩重的法官大人）南斗帝王星

基本特質

偏吉。靜態。傾向社會道德性。擁有管理性。八字屬性——正官百分之八十。

天府星屬戊土，為財帛宮主星，又為祿庫星，是南斗帝王星。代表富貴、權勢的主要星宿，若有化科，則有化解凶星災厄和延壽的功能。

天府心性溫和、保守、重道德，聰明清秀、學識廣博，又有智慧，善於協調，是很大的一顆吉星，能解一切凶星的厄運。具有行政管理的長處。

保守、穩重、負責任，能臨危不亂地處理事情，有僅次於紫微星的專業學習能力和素養才華，擁有管理大眾的專長能力。天性不喜歡和人競爭，但因為學習力強、智慧高，所以對自己充滿信心。

容易因為過度照顧別人，而給自己造成一種壓力，有其固執專制、難溝通的一面，不喜歡複雜多變的環境和工作。

入於官祿宮，事業

因為心性保守，不適合經商，或是業務性、投機性過重的事業，最好是一般公職、行政、人事、會計、管理、研究等，固定的工作最為合適。

入於財帛宮，財運

因為缺乏冒險的精神，所以不擅於投機、投資性的理財，能夠將錢財穩定留存，大都為「正財」的固定收入。屬於「靜態、理性、保守道德性、務實性、守成性」的特性。

*天相星（文官之副主管，勤勞、樸實善良的老媽媽）南斗印星

基本特質

偏吉。靜態。傾向社會道德性。八字屬性——正印百分之八十。

天相星屬壬水，為官祿主星、為印星。天相為人相貌敦厚、百事寧和，重道德性，有善良慈悲的心性，做事持重清白、不貪求。能化解廉貞的暴躁缺點，軟化它的暴躁偏執。

凡事循規蹈矩，堅守做事的原則，雖感性但有正義感和同情心，能幫助他人排解困難，適合做輔佐性、服務性、祕書性的副手行政工作。

格局不大、創意不夠，無法獨當一面，有時會心軟怯弱變成爛好人而同流合污，無法擔任主管來承擔事情。

入於官祿宮，事業

因為保守謹慎、循規蹈矩，所以投機性、業務性、流動性、變化性大的工作都不適合，但是服務性質、門市性質的工作就很適合，因為其性情溫和、有耐心、善良的特性，會建立許多忠實的老客戶。

入於財帛宮，財運

以固定收入的「正財」為主，就算經商也是屬於穩定的利潤，不會有突然的暴利可得，對於錢財也不會過於吝嗇執著。屬於「靜態、保守性、道德性、稍有感性、守成性」的特性。

與天府很相近，但是格局和能力略為差一點。

*天機星（文官之軍師，好動的投機、機會分子）南斗益算星

基本特質

偏小吉。動態。擁有才藝、才華。八字屬性——偏官百分之六十、劫財百分之三十。

天機星屬乙木，為兄弟宮主星，主機智，頭腦反應很快，最具有投機性格，為人性急但心慈溫和，

機謀多變。

若為女命，且命宮天機入廟，則性剛機巧，喜歡掌有權柄，能幹，也擅於持家助夫益子。天機星與太陰星同宮、對宮，女命逢之必是巧容雍容華貴、衣祿豐饒，但終究因過於強勢而有所缺憾，也容易因情欲過重，成為感情外遇的第三者。

具有好動性和投機特性，容易對許多事情產生興趣，天生有運動潛能，所以延伸對於聯絡、交涉、活動策畫安排等，都能有很好的執行能力。可以成為很優秀的謀略軍師幕僚，或是投資理財的專家顧問。

喜愛投機性的工作、對於名利欲望心重，不喜歡穩定固定不變的工作，容易變換工作環境，或是多兼差、兼職。天生有好酒量，喜歡交際應酬，所以容易接近情色、酒色場所，因此也容易罹患失眠、神經衰弱和四肢有關的疾病。

入於官祿宮，事業

本身不適合直接經商，但因具有經商的智慧和欲望，所以極適合成為專業的理財顧問，和管理規畫的人才，屬於「文市」以腦力、才智來取勝的類型。

入於財帛宮，財運

天機也有內含財氣的好機運，只要能慎防「聰明反被聰明誤」的缺點，一般都可以累積不錯的豐富錢財。因為天機思緒過於複雜靈敏，常常會誤入歧途走偏門，而造成錢財上的損失，或是禁不住誘惑而盲目亂投資，都是造成破財的主因。其特性屬於「偏動態、投機性、稍有道德性、非理性、金融謀略方面的才藝」。

＊天梁星（文官之農夫，擇善固執的老農夫）南斗化蔭星

基本特質

偏吉。靜態。傾向社會道德性。八字屬性——比肩百分之八十、正印百分之五十。

天梁星屬戊土，主壽星、蔭星，是福蔭清貴的星宿、公益服務的星宿；也主禎祥，能解化凶星的災厄。

天梁為人厚重耿直、心無私曲、樂善好施、濟助貧困，通常身體都很健康長壽，但是像個老農夫般清心寡欲，不喜虛華功名，喜歡單純穩定的生活，有其擇善固執的一面和宗教思維。

若與天機星同宮，能穩住天機的投機性，則善於策畫談兵，能身居高位，出將入相，但要入廟才能有富貴之命。若逢太陽星和七殺同宮、對宮，則是清閒的僧道之命。

心性慈悲善良，能為人犧牲付出，保守穩重，守法有道德感。因為好心，所以往往有貴人來相助，常常能得到福報所帶來的財富或遺產。宜從事慈善、文化、宗教等事業，和環保志工、園藝、農牧等休閒工作。

心胸格局不大，懦弱膽怯保守，不利於經商、與人競爭，做事常猶豫不決，難當大任，想法單一，不變巧執著，難以協調溝通。

入於官祿宮，事業

因其保守固執的特性，非常不適合經商創業，而且本性對功名、財利沒有太大的欲望，所以適合從事一般的上班、公務、行政管理，或是店員、收貨員等穩定固定的工作，不會害怕單純枯燥和勞力性的工作，但是因為有其福報和庇蔭，所以也有機會繼承家族的事業。

入於財帛宮，財運

天梁星不適合化祿，會興起賺錢的欲望，而帶來錯誤的破財損失。其財源收入是非常「正財性」的，可能連一般小投資都不會有興趣，有錢就是存到銀行去。屬於「靜態、道德性、固執性、保守性、修行性、小格局」的特性。

*天同星（文官之女子，第一福星、財庫星，鄰家的好姊姊）南斗化福星

基本特質

偏吉。靜態。傾向社會道德性。八字屬性——食神百分之八十、正財百分之四十。

天同星屬癸水，為福德宮主星，有延壽、制化凶星的功效。天同性情仁慈、耿直溫和，性格聰明、感性，學習能力強，百事通曉。有福相和口福，所以體態大都會偏向福態；因為有貴氣，難免稍有任性、嬌氣，但不會與人正面衝突，會採取閃避不見的態度；通常會有屬於個人特殊強烈的興趣和嗜好。

若與吉星同宮、對宮，男命一定可以富貴長壽，女命則是樂於守在家中，成為賢妻良母。但天同若與太陰同宮，女命則是有美麗誘人的容貌，但心性較不穩定，感情多波折，容易成為偏房、後母，因太陰為後母「偏印」星宿。

心地善良，謙虛有禮，喜歡照顧弱小，與人為善，心性平淡無爭。注重精神上的生活和悠閒的日子。理性和感性兼容，不喜和人相爭起衝突，學習能力和智慧也很好，屬於中上程度。

對事情的執行能力不強，空有理想和抱負，卻常是不切實際的空想，做事態度不積極，對於其事業的合作夥伴是一個很大的困擾。對於工作生活的壓力和耐力不足，常會以逃避、沉默的態度來面對。

入於官祿宮，事業

不適合經商，缺乏競爭力，但是可以和人合夥投資，或是擔任辦公室內的業務性工作，也極適合一般公務、行政、管理等靜態固定的工作，或是個人精品店、工作室。也極容易承繼祖上的家族事業繼續經營，傾向保守穩健的方式。

入於財帛宮，財運

具有天生福相財庫的吉星，通常會有穩定的財源收入，屬於「正財」穩定持續的財富，也可以適度投資、置產，收取房租和分享紅利。而且絕大部分會有家族、父母的資助，或是繼承祖上的財產。

*武曲星（武官之元帥，守財庫的武將軍）北斗正財星

基本特質

偏吉。動態。擁有才藝、才華。八字屬性——正財百分之六十、七殺百分之五十。

武曲星屬辛金，為北斗財帛主星，為將星、正財星。武曲個性剛直果決，有將星的氣勢，氣魄最剛強，執行力積極俐落，而且心性直率不曲，也是主星中正財氣最旺的星宿。若是入廟，極適合擔任軍警、武職、檢察的工作。

若是女命命宮武曲入廟，有權貴之相；若入陷，又有七殺同宮、對宮，則是孤單寡宿的命局，會加

重七殺的殺氣，會刑夫剋子，而且欲望心強、行為不正。

具有天生理財的能力，做事積極有責任心，對於「四化星」特別敏感，化祿、化權、化科都會有更佳吉相。很適合軍警或是義消、義警等工作。

缺點

略有衝動、固執的個性，易錯失良機或是得罪人，所以凡事要多留後路，三思而後行。對於錢財也很重視罣礙，有精打細算、小氣守財的傾向。

入於官祿宮，事業

適合從事與「金」有關，或是流動性強的行業，如五金行銷、機械製造、鋼材、特殊金屬、汽車、零件等，屬於「武市」買賣、批發、製造的事業，與「天機」傾向「文市」投資理財、金融管理的型態有很大的差別。

入於財帛宮，財運

武曲因為是動態的星宿，所以在財富的獲得上需要較多勞力的付出，一般只要入廟、旺、化祿與吉星同宮、對宮，都會有財富的累積。屬於「動態、保守性、理性、務實性」的特性。

*廉貞星（武官之副將，有潔癖的公務人員）北斗次星

基本特質

偏小吉。靜態。傾向社會道德性。八字屬性——偏印百分之七十、七殺百分之五十。

廉貞星屬丁火，為官祿宮主星，次為桃花星，是善惡兼具、滿極端的星宿，因為個性有偏執、剛烈、硬直任性的現象，易因不滿而生憤怒，與人相爭堅持不服輸；但是又有強烈的道德性。

若是入廟，極適合擔任軍警、武職的工作，或是做公職行政上的工作。

嚴謹律己，有責任感，對社會道德認同度高，生活規律，對感情專一，但是又能夠很圓融地體會到人際關係，極適合從事公職、教師、社會服務等行政管理的工作。

因為有其特殊的潔癖，容易因壓抑不滿的情緒而一時爆發出來，行為古板、性情偏執、不浪漫，有時又會給人不近情理、像處女座龜毛的感覺。

入於官祿宮，事業

不適合經商的星宿，以公職、行政、上班為主較佳，若是固定與政府機構來往的生意也還可以，個人創意、設計、美工、寫作、編劇等工作也滿適合。

入於財帛宮，財運

以穩定收入為主，基本上不會有奢華、浪費的習性，不擅於投資理財。要注意其偏執的心性，若是突然發作出來，易與人產生衝突進而放棄工作，具有「非理性、感性、道德性、衝動性、才藝性」的特性。

*巨門星（武官之參謀，大嘴巴的長舌婦，以口為主）北斗化暗星

基本特質

偏凶。動態。擁有才藝、才華。八字屬性——劫財百分之四十、傷官百分之五十。

巨門星屬癸水，為暗沉之星，主口舌事非、嫉妒猜忌、遺棄，小人之星。

巨門個性陰暗不明，主是非多、意見多、做事進退不安、多疑惑，樣樣有興趣學，但很少有精通，與人相處多易起口角是非而不合，運勢多是多非、奔波勞碌。

巨門是明顯屬於與「口」有關的一個星宿，優點是口齒伶俐、機巧善變，可以成為律師、演講家、演藝、傳播、講師、宗教布道家等；缺點也與「口」有關，喜好說人是非、散播謠言，心性浮華、善變，缺乏內斂反省沉思的能力。

若是巨門入命宮，又有擎羊同宮，大限、流年再有鈴星、火星等凶星，則會事事不祥，為人性急多顛倒，百事茫茫亂主張。

口才伶俐、心思敏捷，小聰明很多，最適合從事廣告宣傳、大眾傳播、演藝、業務等工作。

天生有製造「是非」的能力，能無中生有，喜好批評是最大的特色。做事目標方向不確定、多波折，所以很多事情，需要經過許多次的努力才能夠成功。

入於官祿宮，事業

可以從事與口相關的行業，如律師、傳播業、補教業、講師、推銷業務等，往往可以得心應手，發展順利；不適合固定單純和勞力性的工作。但須重承諾，事情最好多行諸於文件明文，以免常常招來是非訴訟的災厄，要注意常會因為言語不慎而得罪人，以致引來小人暗中陷害。

入於財帛宮，財運

星宿本身小有財氣，但是受同宮中其他星宿的影響很大，如有祿存、化祿、化權等吉星，就可以有很大的錢財收穫，若和凶星地劫、火星、鈴星或化忌同宮，也會帶來極大的厄運，會有是非和錢財上的損失。

＊七殺星（武官之士兵，殺氣凌人的大俠客）南斗將星

基本特質

偏凶。動態。擁有才藝、才華。八字屬性——七殺百分之八十。

七殺星屬庚金，遇帝（紫微）為權、為殺星，能掌生死。也為主管意外、血光之星，算是孤剋刑殺的一個凶星宿，但是與紫微星同宮、對宮時，則可化掉殺氣，轉為大格局、有權勢的吉相。

七殺雖然目光遠大有大格局，但是性情過於性急、喜怒無常，做事不穩定，情緒較浮躁。若能入廟旺相，則表示有智慧謀略，若同宮、對宮或大限有紫微星則能掌管大權，適合升官擔任主管，對於從事軍警、武職最有利。

若同宮、對宮中有入凶星，大都會從事屠宰、餐廳、販賣牲畜、魚、鴨等相關行業，再加上擎羊、陀羅、火鈴星等凶星來相對、三會宮又有凶星入陷，則會是先天殘疾或是後天意外殘疾的命局，縱使有富貴也維持不久。

優點

動力十足，執行力、學習力強，講義氣、重承諾，有俠客的風範和大格局。適合從事大格局的工作或是軍警、情治人員，但常離鄉背井、遨遊四方，在外地、海外工作。若能跟紫微或天府、天同、天相等靜態穩定的星宿同宮，優點較能展現出來而轉為吉相。

容易衝動、情緒不穩定，易被利用煽動，一生變化性大，不拘小節，不遵守法律道德，較任性自我。

入於官祿宮，事業

七殺星雖然有經商的衝力，但是因為本身不化祿，所以很難聚財，而且因為個性強硬、任性，也不適合與人長期合夥投資，大概只適合個人獨資經營，或是當任高階主管。若能與吉星同宮相輔克制，一旦經商成功，往往會有很高的財富和成就。

入於財帛宮，財運

因為不擅理財，又重義氣、不拘小節，所以錢財常常流動很大，沒有存錢儲蓄的念頭，不是想搞大投資，就是會拿去贊助朋友，具有「動態、非理性、衝動性、自我任性」等特性。

*破軍星（天生革命家）北斗化耗星

基本特質

偏凶。動態。擁有才藝、才華。八字屬性——傷官百分八十。

破軍星屬癸水，為耗財星，主破耗孤寡、刑剋凶星，性情難明，大成大敗，個性強、不認輸。破軍性情剛愎不合群，喜好爭強又不服輸，算是標準反動的革命分子。

當同宮、對宮中有天梁、天府等靜態吉星，能制住平衡其凶惡的特性，若同宮、對宮中有文曲星，則是一生貧士、孤傲不馴、堅持理想者。

破軍若再入到水鄉（亥、子）的宮位中，因為水旺凶性強，則是會造成殘疾的命格。

破軍、七殺與貪狼三會，若能入廟則是英雄人物，具有開創新格局的能力，機運可能會富貴不可當，在官主政可為高位，像關羽的命局，大運逢破軍則可成為上將軍，若是一般平民則能富足購置田產。

破軍若入「子、午」宮位又為入廟，女命有此命格則為有福長壽、事事平順，而且有與眾不同的才藝、才能。

優點

感情豐富，勇敢直率，理想性強，具有改革破壞的力量。常常在創新和求變當中突破，有開發創新的智慧才華，所以適合個人工作室，或如美工、戲劇、演藝人員等具有特殊才藝的工作。

不負責任、任性自我，心性變化無常難以捉摸，與家人父母緣淺不親。對於生活現狀的破壞力強，事事不易持久，缺乏社會道德、理性客觀的行為。

入於官祿宮，事業

極適合需要開發、創造、規畫、有技術等類型態的工作，但是對於公務、行政、會計等管理工作就很不適合，具有變動性極大的特性。

入於財帛宮，財運

破軍的理財觀念和七殺很相像，但是因為破軍比七殺更加感性，所以花錢比七殺更加不理性，完全憑自己的任性喜好。錢財起伏變化會更大，尤其是關於男女感情方面的花費，會更加不知節制，甚至負債借錢、偷搶、援交都會發生。

＊貪狼星（多才、多情、多欲望的一匹狼）北斗化星

基本特質

偏凶。動態。擁有才藝、才華。八字屬性——劫財百分之八十。

貪狼星屬壬水，為桃花殺星，主桃花、禍福、偏財星，也是五術之星，喜好神仙命理術。

「貪」表示有很強烈的行為欲望，而「狼」則是進一步說明具有原始動物的本能，也就是「為了求生存可以不擇手段，和延續後代的情色欲望」，因此對於環境的適應能力也很強。一般都會擁有某種才藝能力，如表演、唱歌、口技等才藝，且特別擅長人際關係。

貪狼的性格很不穩定，心思多計較，做事急速躁進，不耐靜，常會弄巧成拙，喜好賭博、喝花酒，若有入廟則多適合武職、軍警或業務開發等動態變化性的工作。

女命命宮入貪狼，有男子的大志向，但也要入廟才能得富貴，如果入陷地再加七殺，則是傷剋先生、子女，又有重情色欲望的心性。

具有強烈的爭奪心、奮鬥心、堅持力，擁有各種才藝能力，活動能力強，擅於適應環境和察言觀色。

投機性強，物質欲望心旺盛，對於名利情色會用盡心思去追求，容易涉足情色、酒、賭等場所，異性緣桃花重，一生感情、工作變化大。

入於官祿宮，事業

因為本身具有酒、色、財的性質，所以極容易從事八大特種行業，或是與演藝、娛樂、設計、裝飾等有關的事業。若與凶星同宮，甚至會從事不法的營利工作，如組頭、應召站、詐騙、賭博、販毒等。

入於財帛宮，財運

動態強烈的凶星如「貪狼、破軍、七殺」，在財運上都會有大起大落、財來財去的情形，其中以

「貪狼」最為明顯強烈，在酒色方面更是會大肆花費，有錢財最好能購置不動產。具有「動態、自我任性、感性、非理性、才藝性」的特性。

甲級輔星特性介紹

六吉星

六吉星有三組六顆，可以區分為動靜、陰陽、老少等基本屬性。

＊左輔星（靜態，溫和得力的好幫手，六吉星之一）南北斗善星

基本特質

偏吉。動態。傾向社會道德性。八字屬性——偏財百分之五十、食神百分之三十。

左輔星屬土，為輔佐紫微和其他主星最佳的星宿，主靈巧、隨和、慷慨。左輔星能帶來福運，個性較溫和敦厚，有智慧涵養，能通古今，屬於文科靜態上的輔佐，但也有風流桃花的特性。

優點

能體貼幫人，吃苦耐勞，為他人謀福利，擅於幫他人策畫活動，是個優秀的助理人員。

格局不大，不能擔當大事，有時會因為過於細心拘謹而拘泥不化，擔心怕事，延誤良機。因為帶有桃花的性質，不利入於夫妻宮。

＊右弼星（動態，優秀助理兼大眾情人，六吉星之一）南北斗善星

基本特質

偏吉。動態。擁有才藝、才華。八字屬性——偏財百分之五十、偏官百分之五十。

右弼星屬土，也是輔佐紫微和其他主星的星宿，主機智、積極、企圖心。命宮入右弼，為人清秀耿直，心懷寬恕，喜好布施不小氣，反應靈敏，能隨機應變有機謀，屬於武科動態上的輔佐管理控制能力。

右弼星和左輔星的特色大致一樣，但是右弼的活動力、積極性比左輔更強，因此格局更大，能幫助他人完成更大的成就。

相對於活動力更大，所接觸的人、事也就愈廣，因為好客、樂於助人，常會使人表錯情，引來許多

不必要的感情糾紛，多桃花，所以更是不利入於夫妻宮。

＊天魁星（偏屬長輩貴人或人脈贊助，天降貴人，六吉星之一）

基本特質

偏吉。靜態。傾向社會道德性。八字屬性——正印百分之五十。

標準的貴人星，能化解同一宮中凶星的凶性，且加強吉星的吉運。

天魁星的貴人多數是年長的人，或是產生於工作相關的場合，屬於穩重或是偏政府公家機構的貴人。

因為貴人都較為年長保守，所以在吉運時效上緩慢，常常無法救急。

＊天鉞星（偏屬晚輩或較年輕或金錢上的資助，愛的貴人，六吉星之一）

基本特質

偏吉。動態。傾向社會道德性。八字屬性——食神百分之五十。

天魁星的貴人多數是年長的人，而天鉞的貴人通常較年輕，充滿動力，相對的配合格局較大，也能夠接受具有挑戰性的事情；也可能因而產生情愫。

因為貴人容易加上感情的因素，所以必須理性客觀來面對處理，以免適得其反，造成傷害。

*文昌星（靜態，學問智慧、才華創作之星，六吉星之一）南斗文魁星

基本特質

偏吉。靜態。擁有才藝、才華。八字屬性——正官百分之五十、正印百分之三十。

文昌星屬金，為文魁的星宿，主科甲、文章考試、口才、學業讀書、功名文貴。眉目清秀，做事條理分明，能機巧應變，具有多種學識和才能，好學多聞文筆佳，易有公務行政的功名。

具有天生學習的智慧，通常表現是文學、文藝、寫作、創作上，間接代表學業能力、考試的好吉運。也有感性、感情纖細豐富的特色，懂得生活情趣、有內涵，能吸引異性的好感與注意。

易有多情敏感的心性，對於感情不易放下，很容易受到這一方面的傷害。

＊文曲星（動態，才藝才能之星，六吉星之一）

基本特質

偏吉。動態。擁有才藝、才華。八字屬性——偏官百分之五十、偏財百分之三十。

文曲星屬水，北斗主科甲考試的星宿。與文昌同宮、對宮則是吉相，主考試、升官都能順利；若與貪狼、火星同宮、對宮、三會合者，則是具有將相之命的大格局。

優點

具有多種才藝能力，在演講、歌舞、演藝、影劇創作、作曲等方面會有很好的表現，能力傾向於動態表現。

因為具有動態性的才藝，相對穩定性就會欠佳，變化性較大，在工作、感情上會有更大的波折和轉變。

六凶星

六凶星有三組六顆，也可以區分為動靜、陰陽、老少的基本屬性。

*地劫星（偏動態，欲望強烈，劫財搶錢的賊狀元，六凶星之一）

基本特質

偏凶。動態。擁有才藝、才華。八字屬性——劫財百分之八十。

地劫星對於錢財有直接的凶運影響，或會有減少收入或投資不利、遭遇竊盜等凶運。

對於女命來說，主要還在於感情的波折，或遇到不適合的對象、失戀。於任何宮位皆不利，惟與陀羅星同宮、對宮時，其缺點影響力反而會減弱。

欲望心強、能言善道，適合從事業務性或具挑戰性的工作，情色、娛樂場所的工作也極適合。

對於錢財、情色過於注重貪求，因為難以克制自己的欲望，所以終會造成錢財和感情上的損失傷害。

＊地空星（偏靜態，不在意，空忙一場的努力，六凶星之一）

基本特質

偏凶。靜態。八字屬性——空亡百分之八十、劫財百分之五十。

地空星主要對於吉星都有減少其吉運的作用，尤其是在財運上影響更大，因此有與地劫相同的相關特性。

大限、流年逢地空不宜求財、考試、求官，只適合專心工作或是往文藝寫作、技術發展，和其他星宿同宮、對宮受到「空性」的影響，即容易有出家的念頭產生。

因為「空」的特性，故也會減弱凶星的凶性，或是使當事人在面對事情、困難時，心態比較不罣礙，而能夠用較理性、客觀的態度來處理。

地空的特性若是落在吉星或是幾個重要的宮位上，如命宮四正宮，就會讓人事事變得無所謂、不罣礙，當然就會顯得隨便、懶散、不積極。

*火星（偏動態，暴躁，火爆浪子，六凶星之一）

基本特質

偏凶。動態。擁有才藝、才華。八字屬性——丙火、七殺百分之八十。

火星屬火，南斗浮星。火性剛強、暴躁、衝動，易有血光之災，具有強烈的破壞力，不宜再與其他凶星同宮、對宮，會更加強其凶性。

只有一個優點，就是「好動、好衝」，動力十足，適合從事激烈的工作或是活動，如街頭運動、賽車、球賽等。離鄉外出發展較適合，也適合從事使用金屬器械的工作。

獨坐命宮者，一生會有幾次開刀動外科手術，或發生意外血光的機會。婚姻、家庭、身體健康，均會有不順的波折發生。

*鈴星（偏靜態，內斂，冷靜沉默的殺手，六凶星之一）

基本特質

偏凶。偏靜態。擁有才藝、才華。八字屬性——七殺百分之五十、偏印百分之五十。

鈴星屬火，基本特性與火星類似，但個性上的表現略有差異。火星外現直率，而鈴星較內斂，古怪多疑；火星好講義氣，喜歡與大家相處，而鈴星則較沉默寡言，內心深沉。

心思變化多、有創意，行動上也很積極、果斷，重於策略計謀，算是先謀後動的類型。

因為心思複雜又多用於負面的想法，會有杯弓蛇影、驚嚇害怕的恐慌感，對於人和事不容易相信，嚴重者會有精神上的病症，如躁鬱症、幻想症、迫害症等。

＊擎羊星（偏動態，暴衝意外，又稱羊刃，帶刃帶殺的血光客，六凶星之一）

基本特質

偏凶。動態。八字屬性——七殺百分之五十、劫財百分之三十。

擎羊星的凶性主要在於血光意外，同樣具有衝動的特性。很忌諱再和陀羅、火星同宮或是對宮，會造成很明顯的意外凶運；若身宮、命宮與地劫、七殺同宮、對宮，很容易得急症病亡夭折，或是死在外面的意外中。

有七殺的動力、執行力，就像一隻裝上強力「引擎」的山羊一般，會比七殺更有爆發力量，適合於運動或是決策的轉折點上來發揮。

斗數中的「血光」之星，一生會有幾次的意外血光之災，也代表會傷害到手腳、脊椎神經，通常延伸出來的意思，就是衝動似的暴力、情殺、仇殺等因果凶運。

*陀羅星（偏內在靜態，混亂，亂轉一通、心無頭緒的陀螺，六凶星之一）

基本特質

偏凶。動態。八字屬性——傷官百分之五十、劫財百分之三十。

陀羅主要特性在於優柔寡斷，做事遲遲不決，對於事情沒有方向、頭緒，容易拖延誤事，而又喜歡亂批評、亂說話。所以若入陷，凶運會很頻繁，口舌官訟是非一生牽扯不完，而且財散、人離、人孤獨，所為所作都不如意順心。

對環境的人、事適應能力很強，最會見風轉舵、逢迎拍馬屁，人際手腕很靈活善變。

心思想法沒有重點主軸，注重表相的虛假表現，沒有深入的內涵文化或個人強烈的理想，常常會陷在虛幻、茫然、不知所措的驚慌中。

其他甲級輔星

*祿存星（偏吉星，榮華的貴夫人，斗數正財星）

基本特質

偏吉。靜態。傾向社會道德性。八字屬性——正財百分之八十。

祿存星屬土，北斗的爵貴星。祿存心性持重、心慈耿直、多學多能，入命宮主有富貴、文人有聲名，諸宮有祿存星則能降福消災，單一星入命宮、身宮為錢財的財庫星。

最佳財星，錢財收入不愁，具有成為富人的基本條件，適合經商、投資、理財。

尊貴難以親近，所以有孤僻、孤獨的特性，有時因為過於重視財利，而有省吃儉用、吝嗇小氣的傾向。

*天馬星（偏動態的狀況星，不吉不凶，帶著人又跑又動的馬兒）

基本特質

偏不吉不凶。極動態。擁有才藝、才華。

優點

具有動態的、動力的助力來源，是輔助其他主星的一種力量來源，主容易變動、奔波、走動的現象。

缺點

變化性大、不穩定，適合和一些動態性的星宿同宮，可以加強其助力，不適合和靜態的星宿同宮，常會造成一些不可預測的凶事發生。

十四主星吉凶屬性簡表

星宿	五行	八字屬性	優點	缺點
紫微	己土	正官、食神	具有權威性、尊貴、善良，任一領域裡的佼佼者，擁有超越技術	重視個人品味，個性高傲、孤獨、不合群，協調性不佳
天機	乙木	偏官、劫財	有反應快的智慧，運動執行性強，積極，思慮精細周詳	具有投機性，不穩定，喜好變化，重視名利欲望，有喜酒色的傾向
太陽	丙火	七殺、正印	熱情直率不做作，對社會公益充滿理想，做事格局大、不拘小節	耐性不好，常有埋怨、挑剔，急公好義而不擅理財，容易改變心意
武曲	辛金	七殺、偏財	為財帛主星，個性剛直果決，有將星的氣勢，適合從事軍警調工作	有衝動、固執的個性，容易得罪人，重視名氣財利，較沒善良的愛心
天同	壬水	食神、正財	具有福報，為財庫星，性情仁慈耿直、平淡無爭，重視個人興趣品味	心性懶散，常空有理想和抱負，做事態度不積極，對名利不重視
廉貞	丁火	偏印、七殺	嚴謹律己，有責任感，對社會道德認同度高，適合公務人員	個性硬直、任性、易憤怒，喜好與人相爭不服輸，容易偏執，難協調
天府	戊土	正官、正印	有長者風範，心性溫和，聰明清秀，學識廣博，又有機巧、善協調	有其固執保守難溝通的一面，不喜歡複雜多變的環境和工作，不適合開發業務

太陰	癸水	偏印	有母性，善良、心性溫和、清秀耿直，文筆很好，博學多聞，內斂保守	心性敏感、多疑、感性、善變不安，在婚姻感情上會有較多的波折
貪狼	壬水	劫財	具有各種才藝能力，擅於適應環境和察言觀色，小聰明多，好求表現	物質欲望心旺盛，投機性強，工作、感情不穩定，所以一生感情、工作變化大
巨門	癸水	劫財、傷官	擅於言語的表達，口才伶俐，心思敏捷，反應機智，適合勤於說話的工作	主口角是非，做事進退不安、多懷疑，樣樣有興趣學，但很少有精通
天相	壬水	正印	有善良的母性，包容心大，道德性強、保守、任勞任怨，凡事循規蹈矩，堅守做事的原則	格局不大，創意不夠，無法獨當一面，心性柔弱、沒有主見、鄉愿
天梁	戊土	比肩、正印	為人厚重、耿直、正派，心無私曲，樂善好施，有宗教情操，身體健康壽元長	固執保守，不利經商，與人競爭時易懦弱膽怯，做事猶豫不決，難當大任
七殺	庚金	七殺	動力十足，執行力強，學習力強，講義氣，重承諾，有俠客的風範和大格局	容易衝動，情緒不穩定，一生變化性大，不拘小節，不遵守法律道德，較任性自我
破軍	癸水	傷官	理想性強，感情豐富，勇敢直率直言，不畏強權，具有改革破壞的力量	不負責任，任性自我，心性變化無常，難以捉摸，做事不易持久，缺乏社會道德性

甲級輔星吉凶屬性簡表

星宿	五行	八字屬性	優點	缺點
祿存	己土	正財	最佳財星，錢財收入不愁，心性持重，心慈耿直	尊貴難以親近，重視錢財、勢利，所以有孤僻和喜攀權貴的特性
天馬			具有動態的、動力的助力來源	容易變動、奔波、走動
左輔	戊土	偏財、食神	能體貼幫人，吃苦耐勞，為他人謀福利	格局不大，不能擔當大事，拘泥不化，擔心怕事，心軟，易有桃花感情糾紛
右弼	癸水	偏財、偏官	活動力、積極性更強，因此格局更大	因為好客、樂於助人，常會使人表錯情，多異性緣，桃花旺
天魁		正印	能化解同一宮中凶星的凶性，加強吉星的吉運	
天鉞		食神	同上	

文昌	辛金	正官、正印	主靜、文科，做事條理分明，能機巧應變，具有多種學識和才能	易有多情敏感的心性，對於親情、感情等較執著，不易放下
文曲	癸水	偏官、偏財	主動、理科，具有多種才藝能力，如演講、歌舞、演藝、影劇創作等能力	在工作、感情上，會有更大的波折和轉變
地劫		劫財	欲望心強，能言善道，適合從事業務或具挑戰性的工作	對於錢財有直接的凶運影響，或減少收入，或投資不利，或遭遇竊盜等
地空		空亡、劫財	對感情、親情、工作等事情較不在意罣礙，有出世修行、往宗教發展的傾向	主要對於吉星都有減少其吉運的作用
火星	丙火	丙火、七殺	主動、顯性，好動、好衝、動力十足，適合從事激烈的工作或是活動	火性剛強、暴躁、衝動，易有血光之災
鈴星	丁火	七殺、偏印	主靜、隱性，思想變化豐富，常有異於常人之舉	同上，古怪多疑，沉默寡言，深沉
陀羅		傷官、劫財	主動，不執著，變化性大，適合經常流動性的發展	優柔寡斷，做事遲遲不決，做事沒有方向、頭緒，容易拖延誤事
擎羊		七殺、劫財	主動，動力十足、有爆發力，適合運動類的發展	凶性主要在於血光意外，具有衝動的特性
化祿	土	正財、食神	對於錢財的好影響，可使財富更加具體化，事業更加順利發展	

化權	火	正官	關於權勢、競爭力、欲望心等方面的運勢更加明顯	
化科	木	正印	心情愉快，主要是在考試、文筆的能力上，可增加其智慧、理性和良好人緣	
化忌	水	傷官		多波折不順，使吉星好運減低，凶星惡性增強，主管口舌是非、小人謠言、官訟之災

乙、丙、丁、戊級星宿吉凶屬性

乙級星吉凶屬性簡表

乙級星均需配合主星，才能發揮其影響力，不可單獨論述吉凶。

星宿名	吉凶	基本特性
時系諸星表（文昌、文曲、火星、鈴星、地劫、地空）		
台輔星	主貴	主增加聲望與榮譽。與天魁、天鉞星同宮時，如果想考試或升遷，可以加緊積極努力，或主動向上司、主管表現自己的能力和意願。

封誥星	主貴	主功勳、封贈，於考試科名有利。
月系諸星表（左輔、右弼）		
天刑星	主刑傷	主司法、醫藥和意外血光。可往司法界、醫藥界發展，與凶星同宮，則更加強其意外或開刀的厄運。
天姚星	主桃花	桃花星之一，主桃花和人緣，主多才多藝和異性緣佳，逢大限流年易有與異性一見鍾情的感情發展。適合演藝、娛樂界、美髮、服飾發展。
解神星	主科名	具有排解爭執的能力，主增加考試科名與升官富貴。
天巫星	主升遷	主一般工作的升遷表現。
天月星	主疾病	主多病或一生有慢性病或宿疾纏身。
陰煞星	主小人	主是非、小人之災的厄運，或有無形陰煞的干擾沖煞。
日系諸星表		
三台星	主科名	能增加考試的吉運，但是對於感情不利，易有三角關係產生。
八座星	主官貴	能增加升官事業的發展，能得獎、受勳、增加知名度。
恩光星	主貴人	能增加命宮、事業宮的貴人吉運，得長官、主管召見幫助。
天貴星	主科名	能增加考試和事業的吉運。
年干系諸星表（祿存、擎羊、陀羅、天魁、天鉞）		
天官星	主官貴	和天梁同宮最好，能增加升官事業的發展，利於競賽等活動。
天福星	主福祿	能增加吉星力量，主福氣、財祿、壽命健康。

天廚星	主廚藝	主在飲食、廚藝烹飪方面的才華有其獨到的表現。

年支系諸星表（天馬）

天空星	主理想	能增加理想、抱負的實現，也代表創造、思考能力的發揮。能減輕部分凶星天姚、咸池、沐浴的桃花凶性。
天哭星	主憂傷	易有傷心落淚事，主親友家人易有喪事、病厄發生。
天虛星	主失望	願望、理想不易達成，事與願違。
龍池星	主科名	兩顆主貴的文星，若再和主星左輔、右弼、文昌、文曲同宮，功名科考更是喜上加喜。
鳳閣星	主科名	
紅鸞星	主喜慶	主男女感情、婚姻喜慶，大限、流年逢到易有婚姻喜事。也是一桃花星，有好人緣。
天喜星	主人緣	能增加與人相處的良好關係，男命相貌俊俏，女命容顏秀麗、討人喜愛。
	未婚者要判斷何時有姻緣： 1. 流年的命宮、夫妻宮、福德宮有紅鸞、天喜； 2. 流年的化祿、化權、化科星同宮； 此時最易成家，表示「紅鸞喜星」動了。	
孤辰星	主孤獨	一孤一寡，個性易孤僻寡言、獨來獨往，不喜和親友同事來往。表示和配偶、家人聚少離多，因緣淺薄。
寡宿星	主孤獨	
蜚廉星	主小人	帶桃花和口舌，主易被公開挑釁、批評、攻擊，容易有是非口舌之災。
破碎星	主破財	關於財富的投資損失，或是錢財的意外支出。

華蓋星	主手藝	主技術、才藝、手藝方面的才能表現，有很好的學習能力和表現。對於宗教、命理、哲學很有興趣，也有出世和孤芳自賞的孤僻性情。
咸池星	主桃花	桃花星之一，比天姚更凶險。天姚較有格調和風流的品味，而咸池則是煩惱、波折較多，性情較庸俗低劣。也主人緣和異性的良好關係。
天德星	主貴人	能逢凶化吉，增加吉星的影響力，尤其是對桃花星的制化力更加明顯。
月德星	主貴人	主仁慈善良、道德高尚，可得貴人相助，化解凶星的煞氣。
天才星	主才藝	能增加主星的才藝能力，使其發揮的力量更大，是極優秀的策畫人才。
天壽星	主壽命	主健康、長壽。

計約三十二顆星宿。

丙級星宿吉凶屬性簡表

丙級星比乙級星力量更小，均需配合主星，才能發揮其影響力，不可單獨論述吉凶。

星宿	吉凶	基本特性
截路	凶	主攔截、阻礙，不可預期的困難障礙。（年干系星）
空亡	凶	主落空、無力，最忌和財星、祿存同宮，對錢財有凶運。（年干系星）
旬中	凶	主阻礙，與截路類似，但凶性較小。

天傷	凶	此兩星宿出現必夾「遷移宮」，每人的命盤都相同，對於年老者較不適合，有意外傷害和情色桃花糾紛產生。
天使	凶	

十二長生星宿表

長生	吉	主發生、開始產生的一種氣勢。
沐浴	凶	主桃花星之一，重視情欲享受、氣氛、情趣。
冠帶	吉	主喜慶、喜事。
臨官	吉	主喜慶、喜事，對事業升遷有幫助。
帝旺	吉	主氣旺、強勢、積極，和身體強壯、健康良好。
衰	凶	主不積極、頹廢、懶散。
病	凶	主身體衰弱、慢性病。
死	凶	主無生氣、消極，並不是表示「死亡」的凶意。
墓	凶	主暗藏、不明，表示一種暗中醞釀的力量。
絕	凶	主孤僻、孤獨、不合群、偏執。
胎	吉	主一個慢慢的、溫和的、好的轉變。
養	吉	主希望、養育和潛力。

生年十二博士星宿表

星宿	吉凶	屬性
博士	吉	主聰敏、喜好文藝、有思想涵養。
力士	吉	主權勢，與化權星同宮力量會更大。
青龍	吉	主有喜事，流年逢之喜事臨門。
小耗	凶	主耗財、破財的凶運。
將軍	吉	主威風，重視外在面子。
奏書	凶	主文筆、文書、寫作、論文、報告等優點特色。
飛廉	凶	主口舌、是非、小人、謠言的災厄。
喜神	吉	主吉慶喜事，力量比天喜小，而且沒有人緣桃花。
病符	凶	主災病、沖煞，或是意外傷害。
大耗	凶	主破財凶星煞，因投資、情色而損失錢財，有失業、負債危機。
伏兵	凶	主心性不定、多疑，性質類似陀羅，凶性較小。
官符	凶	主訴訟、是非、與人爭執等凶運。

丁級、戊級星宿吉凶屬性簡表

丁、戊級星的力量更小，僅供參考，均需配合同宮中主星，才能發揮其影響力，不可單獨論述吉凶。

流年歲前諸星表

星宿	吉凶	基本特性
歲建	吉凶	（丁級）主一年吉凶運勢，此星不論吉凶，需與同宮星宿一起來論。
晦氣	凶	（戊級）主事事不順，氣運不暢多阻礙。
喪門	凶	（戊級）主憂傷、煩惱，不是指家中會有喪事。
貫索	凶	（戊級）主束縛、限制，主要遇到環境上的困住厄運，如電梯壞掉、住院、被反鎖在門外等衰事。
官符	凶	（戊級）主訴訟、是非、與人爭執等凶運。
小耗	凶	（戊級）主耗財、破財的凶運。
大耗	凶	（戊級）主破財凶星煞，因投資、情色而損失錢財，有失業、負債危機。
龍德	吉	（丁級）主有逢凶化吉的喜事。
白虎	凶	（戊級）主意外凶事，突然發生的傷害、血光災厄。
天德	吉	（丁級）主貴人和福報，可以增加吉星的影響力。
弔客	凶	（戊級）主弔喪或不順之凶運。
病符	凶	（戊級）主有小病災厄。

流年將前諸星表

星名	吉凶	說明
將軍	吉	（丁級）主武將、貴氣，有利於武職事業。
攀鞍	吉	（丁級）主功名發達，攀附權貴可以更上一層樓。
歲驛	凶	（丁級）主變動、奔波，為流年的天馬星。
息神	凶	（戊級）主沉默寡言，對生活無生氣動力。
華蓋	吉	（丁級）主才藝、手藝，性情孤僻略高傲，與親人緣薄。
劫煞	凶	（戊級）主破財和工作上的衝突是非。
災煞	凶	（戊級）主破財和受到小人的中傷迫害。
天煞	凶	（戊級）主天降災厄，如遇到颱風、水災、地震等天災凶運。
指背	凶	（戊級）主誹謗、不實指責、是非、小人的凶運。
咸池	凶	（戊級）主桃花，桃花星之一，男女感情煩惱、波折較多，性情較庸俗低劣。
月煞	凶	（戊級）主暗夜災厄，或是發生於夜晚的酒色災厄。
亡神	凶	（戊級）主破財耗敗。

四化星的應用解說

在斗數中，四化星對吉凶是很重要的，而且和八字比起來也是一個很特別的批論重點，所以在某派別的論述中，甚至會以此為論命主軸，變化出本命四化和飛星四化等論命方式。

「化」是一種動的現象，代表往哪一方面變化的趨勢傾向。

《易經》說：一動會有四種結果，它是能量的轉換，所以無動不論、不問不論，既問則天垂示象，很少有不準的。

何謂四化星？

紫微四化星表示十四主星和甲級輔星，會往這四個方向變化，四化星分別是「化祿」、「化權」、「化科」、「化忌」。主要以十天干來對應取出，所以共有十組四化星。

四化星的取用又可細分為：「生年干四化」、「宮干自化」、「大運命宮干四化」、「流年飛星四化」等方法。目前紫微批論大都先以「生年干四化」為主，論述命盤格局主星四化後的吉凶變化。

不同四化星取用的觀點

*生年干四化（存在論）

由出生年的天干取用，論述先天人事物的福德與業障。出生年的天干地支，代表一個人的因果和家族父母的共業，是本命先天之因和根，以生年干四化之宮位為論先天命的重點。可論看先天命的格局，看業力牽引，看體質生氣強弱，屬靜態。

*宮干自化（時間論）

命宮干四化——由命宮位的天干取用，表後天自己行為所致，是靠自己後天努力而得。斗君順轉各宮，時間連續觀察各宮人事物的緣起與緣滅，可再配合生年四化論斷。

*大運干四化

由大運宮位的天干來取用，表主十年吉凶，小限歲運重視衝照。若無科、祿、權，則是要靠自己後天的努力。

*流年飛星四化（動態論）

由流年的天干取用，斗數論斷之靈魂，是以生年四化應大運空間，以大運四化應小限、流年，以流年四化應斗君的空間理論。註：表中有底色的星宿，是甲級輔星，其餘均為十四主星。

天干和四化星列表

天干	化祿	化權	化科	化忌
甲	廉貞	破軍	武曲	太陽
乙	天機	天梁	紫微	太陰
丙	天同	天機	文昌	廉貞
丁	太陰	天同	天機	巨門
戊	貪狼	太陰	右弼	天機
己	武曲	貪狼	天梁	文曲
庚	太陽	武曲	太陰	天同
辛	巨門	太陽	文曲	文昌
壬	天梁	紫微	左輔	武曲
癸	破軍	巨門	太陰	貪狼

未產生四化的十四主星

不化祿	不化權	不化科	不化忌
紫微	天府	天府	天府
天府	天相	天相	天相
天相	廉貞	貪狼	天同
七殺	七殺	巨門	天梁
		太陽	破軍
		破軍	紫微
		天同	七殺
		太陰	

例如：年干四化，出生年之干支為「辛亥」，則取「辛」干之四化星為「巨門化祿、太陽化權、文曲化科、文昌化忌」。

例如：某命局的大運三十三至四十二歲為田宅宮，其干支為「甲午」，則取「甲」干之四化星為

「廉貞化祿、破軍化權、武曲化科、太陽化忌」。

所有的四化論述，還是要回歸到出生年干四化的基本論述「天干四化」，來解釋所有人事物在每一段時間，與大運、流年中的星宿「會」或「可能」發生的因果效應。

例如：

☆化星在本命宮，顯示自己心志變化的傾向，在它宮則表示外在的誘因。

☆化祿是財富欲望的因，化忌為迷思、為執著的果。

☆化星入父母宮，則應驗於父母、長輩。化星入兄弟宮，應驗於同輩或兄弟。化星入夫妻宮，可能應驗於配偶或異性情人。化星入子女宮，則應驗於子女、晚輩身上。

☆於大運運勢中，以大運四化為主，本命四化為輔。

☆如大運化權，逢本命局化忌，則化權可以擋化忌的凶性。大運化忌逢本命局化權，則化權不怕化忌，只是增加煩惱但不足為害。

四化星的應用

「化」有變化、往哪裡發展的「動態」趨勢傾向，也就是使星宿往「財祿」、「權勢」、「名聲」和「厄運損失」四大方向變化。

例如：

●天機化祿

表示天機的能力和技術特性，會往財祿上發展，透過專業能力的表現，而得到很實際財富上的收穫。

●紫微化權

表示紫微的尊貴和技術特性，會往權勢上發展，進而取得某種權勢行政上的力量，譬如當上局長、主管等。

●武曲化科

表示武曲的尊貴和技術特性，會往名聲發展，可能因為其創作或報告，得到眾人極高的肯定或是獎項，而享有很大的知名度和榮耀。

●太陰化忌

表示太陰的能力和技術特性，會往不好的缺點凶運發展，因為太陰的孤傲、不合群，而導致遭到眾人排擠，甚至眾叛親離、有志難伸、孤獨一生。

*化祿星（福德、財富之神）

基本特質

偏吉。靜態。傾向社會道德性。八字屬性——正財百分之五十、食神百分之三十。

化祿星屬土，為福德的星宿。

「祿」主財富，屬「土」，化入要位，祿主賺錢，溫和敦厚、具有土的特性、內斂能收藏，可論內外和親友、同事互動關係，為論斷吉凶很重要的依據。

特性可延伸為對於錢財好的影響流通力，可使財富更加具體化，以及事業發展更加順利。

身、命宮位有化祿吉星，一生不用擔心錢財經濟，大運、流年有吉星化祿者，該年財源不斷、事業順利。

延伸含意

緣起、樂觀、人緣、聰明、隨和、悟性高、有天賦、施捨、財祿福報、食祿、忙碌、能量、增加、能解厄制化等。

※天梁星化祿時，宜從事與文化、教育、文職等工作相關的事業或投資，不宜做其他的行業，否則容易有破財被騙的凶運發生。

※化祿星與其他凶星或化忌星同宮、對宮時，好運或財運容易中斷，宜事先做好積蓄和預防措施。

※化祿星並不能克制凶星的凶性，所以當有其他凶星同宮、對宮時，也會造成凶運的發生，或是減低化祿吉星所帶來的好運和錢財的收入。

*化權星（權勢、官位之星）

基本特質

偏吉。動態。擁有才藝、才華。八字屬性——正官百分之七十。

化權星屬火，為權勢、官位的星宿，能擁有掌握職權、決定大事的權責。

「權」主權勢，五行屬「火」，位在南方、夏天、炎上，表示勢力、不服輸、掌權、爭執，有才華、有成就、能幹，力爭上游是火的特性，好高騖遠、愛面子、固執、揮霍、爭執；也可表示外來傷害如跌倒、燙傷、急病、生殺大權等。化權以廟陷的旺衰分別，會產生很大的差異，關於權勢等吉凶可依此來判斷。

特性可延伸為管理的運勢和欲望的發展，在關於權勢、競爭力、欲望心等方面的運勢更加明顯，與某些具有威權的星宿同宮、對宮或化權時，更會加強其特性，如紫微、天機、天府、貪狼、七殺等。

延伸含意

變化、摩擦、爭執、增多、掌控、掌權、威嚴、自立、創新、任性、表現、專技、衝勁主觀、不認輸等。

※紫微星化權時，最宜從事研究工作，或培養某種專業特殊知識，會成為這一方面的權威專家，受到肯定和重用。

※武曲星化權時，會強化其武職方面的特性，所以從事軍警等工作會有很好的發展，反而不適合往財經、經商方面發展。

※貪狼星化權時，也容易擁有權勢，在職務上更加有威望，但是要特別注意莫過於貢高傲慢而得罪人，凡事更應謙虛禮讓他人。

*化科星（科考有名、智慧名望之星）

基本特質

偏吉。靜態。擁有才藝、才華。八字屬性——正印百分之六十。

化科星屬木，主為智慧、人緣的星宿。

「科」主貴人現、功名，五行屬木，位在東方、春天、陽木，是後天學而知之的學問，主博學有智慧，一學就會，但財富不多，宜往企畫發展，做事有計畫，主文墨、名聲、好文書，也主為人好相處。

一科可以制化二忌，因化忌屬水來生木，所以命宮化科表示三十五歲之前人來庇蔭我，以後要庇蔭他人否則會減福德。

特性可延伸為名聲的彰顯、功名上的成就、被人稱譽讚賞，主要是在考試、文章的能力上，對於某些吉星化科，都可增加其智慧、理性和良好人緣。

如吉星化科入身宮、命宮，主聰明、通情達理、人緣好，若再逢大運流年有天魁、天鉞吉星，考試必定榜上有名。

也有「知名度」的影響效應，有吉星化科的人，容易引起眾人的喜歡，而帶來明顯的知名度。

延伸含意

延續、煩惱、戀舊、經驗、功名、名聲、清白、平順、溫柔、貴人、風度、解厄、計畫、文雅、樸素等。

※吉星化科若與凶星同宮、對宮或會照，可能會帶來知名度上的困擾，因為出名而惹來一些禍端。

*化忌星（倒楣衰神凶運之星）

基本特質

偏凶。動態。八字屬性——傷官百分之六十。

化忌星屬水，為倒楣衰神的星宿。

「忌」主耗財、煩惱，五行屬水，位在北方、冬天、陽水。生年化忌是前世業力，命宮天干化忌則是後天自找的，歲限天干化忌則是關於運勢吉凶的發展。

化忌是一種示警、告誡的作用，會有變動不安、轉機、得失、自卑、六親刑剋、官非、不順、虧欠、無緣、死亡等厄運發生。與親友關係主緣薄，彼此的價值觀差距大。

化忌不一定不好，要看入於何宮、何星、何地、何五行或入廟、陷才能進一步定論。特性可延伸為易遭嫉妒、口舌波折不順，使吉星好運減低，凶星惡性增強，主管口舌是非、小人謠言、官訟之災。

若凶星化忌入身、命宮位，一生不順、招惹是非，空忙做事難有收穫，縱使有橫發的一時好運，也會橫破潦倒，始終不得長久發展，一生奔波勞碌，或是帶疾貧夭，就算出家為僧道，也會處處受排擠而還俗。諸星化忌都不宜，會使凶星更凶，若是能得吉星來同宮、對宮相救，縱使有富貴也不會很豐富。

延伸含意

果報、收藏、收束、無緣、是非、不順、凶兆、變動、內向、固執、虧欠、管束、不利、怨嘆、無理、錯誤等。

※化忌星若在「子、午」宮位上，其凶性會稍減，也較有利於技術、技藝等才華能力的學習。

※在夫妻宮宜遲婚。

※化忌星的凶性影響比較不會延續過長，通常好壞會間隔時間來發生。

論廟、旺、得、利、平、不、陷的影響

何謂廟、旺、得、利、平、不、陷？

星宿之間的生剋變化所產生的「旺衰」現象，可以說是中國命理文化不同於西方星座命理的最大差異，也因此才使中國的命理如此精準。

因為生剋旺衰的影響，就會使每個命局中的星宿特質，又產生更精細的變化。例如我的命宮入紫微為廟，而您的命宮同樣是入紫微為陷，因為旺衰的差異，就會使吉凶產生天差地別，所以星宿旺衰對命局的影響非常大。

四柱八字是以命主為中心，和其他星宿間因生剋而產生旺衰變化，一般以旺、相、休、囚、死來表示旺衰的程度。

斗數則是以星宿和宮位間的生剋，產生所謂廟、旺、利、得、平、不、陷的變化。所謂宮位「入廟」，不是要去廟裡拜拜的意思，這是傳統命理學中，一直讓老師覺得很不好的一種表達方式，明明只是表示旺衰程度的一種描述，卻用一些很「可怕」的詞彙如囚、死、廟、衰、陷等來嚇人。

所以紫微入廟，表示紫微星在此宮位中的旺度最旺，若入陷則是最衰弱的意思。

一般論陰陽五行的生剋，若是被生或是相生，總是一件好事；若是被剋或相剋，則代表衝突、被欺侮的凶相。所以一般認為廟、旺偏向吉相，而不、陷則偏向凶相。

社會層級的高低

斗數的廟旺衰陷變化，還有更不同於四柱八字命理的特性，就是顯現出該星宿宮位的「社會層級高低」。

●**如官祿宮入天府廟**：表示有此好機運，可以在事業上發展到公家單位，或是公司主管的位階；「入廟」則表示是「中央」單位，或是大規模股票上市公司。

●**如官祿宮入天府陷**：則表示雖有此好機運，也可以在事業上發展到公家單位，或是公司主管的位階，但「入陷」則表僅為一般「地方」單位，或是小規模的公司。

文昌廟：所寫的文章是偏向國際性研究發表論述。

文昌陷：則所寫的文章偏向一般市井小民的通俗小說。

或是貪狼廟：偏愛氣質美女，否則寧缺勿濫。

若是貪狼陷：只要是女人就可以接受。

紫微斗數 林淑臻 命盤案例一

<table>
<tr>
<td>天同廟
陀羅陷
36-45 己巳
田宅
9.21.33.45.57.69</td>
<td>武曲旺
化祿
天府旺
文昌陷
右弼
陰煞
祿存廟
46-55 庚午
官祿
8.20.32.44.56.68</td>
<td>太陽得
太陰平
擎羊廟
56-65 辛未
僕役
7.19.31.43.55.67</td>
<td>貪狼平
化權
文曲得
化忌
左輔
天馬
天鉞
紅鸞
66-75 壬申
遷移
6.18.30.42.54.66</td>
</tr>
<tr>
<td>破軍旺
26-35 戊辰
福德
10.22.34.46.58.</td>
<td colspan="2" rowspan="2">農：68年5月26日8點辰時
姓名：林淑臻
陰女 屬羊
生年：己未〈火〉
命局：火六局
命主：祿存
身主：天相
子年斗君：子
武曲：化祿
貪狼：化權
天梁：化科
文曲：化忌</td>
<td>天機旺
巨門廟
76-85 癸酉
疾厄
5.17.29.41.53.65</td>
</tr>
<tr>
<td>地劫
16-25 丁卯
父母
11.23.35.47.59</td>
<td>紫微得
天相得
身宮
86-95 甲戌
財帛
4.16.28.40.52.64</td>
</tr>
<tr>
<td>廉貞廟
鈴星廟
天喜
天福
6-15 丙寅
命宮
12.24.36.48.60</td>
<td>火星得
116-125 丁丑
兄弟
1.13.25.37.49.61</td>
<td>七殺旺
天魁
106-115 丙子
夫妻
2.14.26.38.50.62</td>
<td>天梁陷
化科
96-105 乙亥
子女
3.15.37.39.51.63</td>
</tr>
</table>

案例解說

如何實際判斷凶星廟或旺呢？我們可以楔子中的案例來解說。

若七殺入於命宮或夫妻宮中，因廟、旺、不、陷將產生不同的反應：

＊七殺入廟

●命宮反應

個人事業心重、好面子、有魄力，做事積極有創意，學識程度高，有威嚴但理性，不亂發脾氣，行為剛毅有氣質，喜愛高級的戶外休閒運動。

●夫妻宮反應

與先生互動能以理性來溝通，也偏好喜愛具有旺盛事業心的對象，可以成為事業上共同打拚的好夥伴。

＊七殺入旺

●命宮反應

具有以上大部分的優點，但是脾氣漸轉為「暴躁、不理性」，起衝突時會有言語上的激烈批評，漸漸會有怒氣產生。

●夫妻宮反應

喜歡選擇的對象，為豪邁有氣概的類型。

＊七殺入平

●命宮反應

入廟的優點幾乎減半，事業發展的格局層次會比較趨於中等，若是入廟可有百萬的年收入，入平大概只有一半五十萬吧！若開公司也會是需要勞力多奔波的事業，無法做一個高階的主管、老闆。

●夫妻宮反應

七殺的缺點會強烈地顯現出來，行為動作較粗魯、衝動，會跟朋友博感情、講義氣、喝酒玩樂，一有衝突時，容易動手打人造成傷害。

＊七殺入不

●命宮反應

事業的層次更低，快要接近純勞動的工作，專以體力、蠻力來做事，已經沒有七殺思考、創意的優點了，學識程度也很低，行為粗魯、火爆、不雅。

●夫妻宮反應

和先生的互動幾乎無所謂理性可言，一有不滿就像潑婦罵街、呼天搶地地亂罵一通，甚至一言不合就會打在一起，會有比較嚴重的傷害發生，但是應該還不會危害到生命安全。

*七殺入陷

●命宮反應

當然是凶性盡出、凶險到極點，行為也會很粗暴、低鄙，像滿口檳榔、叼著香菸、穿著脫鞋、內衣到處閒晃，對於正常工作不耐煩、多抱怨，天天只想一夜致富，甚至會從事違法的事情，為了自己的私欲會無所不用其極。

●夫妻宮反應

和先生之間的互動，若是發生衝突，要小心會有生命的危險。許多情殺案件，妻殺夫、夫殺妻，都是入陷、入不的凶相造成的。

以上是關於星宿入廟或入陷，所展現出優缺點的比較說明，因為無法針對所有主星一一說明，所以請讀者自行多做體會練習，就能慢慢掌握每個主星特性的轉換變化。

還有一個重點，老師再強調一次，命理批論絕不能以單一星宿的吉凶來論斷，一定還要考慮以下三大要件：

1.星宿是吉星或是凶星，旺衰度如何？

2.所入的宮位是否和星宿特性符合、當運？

3.同宮或是對宮、三會宮，有無吉、凶主星來加重、減輕其特性？

主星特性進階評析

紫微斗數的十四顆主星是整個命盤的中心，所以對於主星的特性分類應用非常重要，才能讓我們清楚分辨出，當主星在某一個宮位時，會產生什麼樣的反應和現象。

雖然某些主星的特性會有類似的情形，可是找出每個主星的「主要」特性，仍是最重要的事情，然後再來瞭解其「次要」，和其他星宿共通的特性，如此我們就可以明白掌握命盤的吉凶變化了。

天字號的五星

在主星中最明顯的一群星宿，就是「天字號」的五顆星：天府、天相、天機、天同、天梁。

常有人分不清楚這五個星宿的共通特性和主要特性，其實這不會太難瞭解。

天字號的共通性

都很善良、穩重、有福報和智慧，也都偏向靜態、社會道德性的特質，適合公職、行政、助理、顧問等工作。

而每個星宿各有其特點，解析如下：

天府

學習課業讀書的智慧第一。「府」可以延伸為「政府、官府」的意思，所以天府代表官運、學業、考試、道德性，就像八字中的「正官」、星座中的「魔羯座」，也像「法官」一般，所以具有傳統道德的保守個性，負責任、正直、穩重、不亂來，對於課業讀書和行政管理工作，有其優秀的表現，因此非常適合從事公務、行政管理、研究等工作。

唯一的缺點就是不浪漫、難溝通、固執、做事呆板，有其難以接近的威嚴性。

在十二宮位中的表現：

●命宮

最好的當運宮位，為人正直穩重、品德好，學業優秀、事業順利的好吉運。

●官祿宮

當運好宮位，在事業上適合往靜態、高學歷的工作去發展，如公職、學校老師、行政主管等工作。

●財帛宮

理財保守，不擅投資，屬於「正財」的財運特性。

●遷移宮

與人互動嚴守規矩理法，雖然個性很溫和有禮，但總是難以接近，缺乏親和的溫暖感覺。

●夫妻宮

是個很好的爸爸和先生，但不是個很好的情人，重視家庭責任、有責任，不會搞桃花外遇，可是一板一眼的固執態度，除非你能接受，否則可能常常會發生冷戰喔。

天相

慈悲善良的母性第一。「相」可以延伸為「宰相、後面助力」的意思，所以天相代表母親、印星、貴人、道德性等，就像八字中的「正印」，最具有母親般的慈悲、犧牲、保守特性，能夠很有耐心地照顧他人，因此最適合服務業、老師、保母、行政等工作。

因為個性保守、內斂、重道德，所以一般格局不大，層次比天府小很多，無法獨當一面成為主管級的人物，大都是助理、副手等級次，也不適合投資創業。

很重視精神上的感受，對於物質不是很在意，通常是為了家人生活才會想要上班賺錢，個人的欲望不強，也具有強烈的宗教情操和信仰。

最大的缺點就是鄉愿、懦弱無主見，無法堅持是非、善惡的理念，容易被誘騙、欺瞞，或是過於順從錯誤的觀念和行為。

在十二宮位中的表現：

●命宮

以傳統觀念來看，天相的個性是很受大家喜歡的，雖然在學業、事業上無法有很大的格局發展，不過因為心性穩定，所以也不至於有太差的表現。

●官祿宮

只是副手、助理的協助層次，格局不大，難以獨撐大局，學業也是中等一般水準。可以往能發揮母性的犧牲、耐性、付出等特性方面的工作來規畫，會有很好的表現。非常不適合自行創業，不過若只是經營個小店面則非常好。

●財帛宮

也是保守的理財觀念，不擅於投資，和借錢給人後，因為心軟不敢去把錢要回來。

●夫妻宮

有和天府相類似的特點，但是溫和多了，畢竟是像「母親」的個性，比較柔軟、能溝通、訴苦；最怕遇到死纏不走的爛桃花，那種優柔寡斷、無法抉擇的爛好脾氣，也是會讓人受不了的。

天機

巧思敏捷、投機性第一。「機」可以延伸為「機會、投機」等意思，具有以腦筋、想法來計畫取勝的特色，因此也有最佳軍師、顧問的封號，在八字中最像「偏財」，一般適合做幕後規畫，也具有理財投資的眼光和欲望，是五個天字號星宿中欲望心最強的星宿，所以優點很多、缺點也是最多。因為欲望心強、想法又多，許多稀奇古怪的念頭都能想出來，不過幸好仍然保有天字號的優點，不會從事違反社會道德的事情。

另外心性也滿浮躁的，擅於交際，人緣很好，所以有時就會耽溺於酒色交際場合中。

在十二宮位中的表現：

●命宮

個性、運勢好壞落差極大，因為會受同宮、對宮中其他主星很大的影響，與吉星同、對宮，天機優點會出現，若與凶星同、對宮，天機投機、重欲望的缺點就會顯現。

●官祿宮

吉凶變化很大，一般都會很重視財利、欲望，精於計算、規畫，能夠主攬大事，獨當一面，但通常是以顧問、幕後人員為主，畢竟魄力、格局也不是很大，雖然具有投機性，但是並沒有很強烈旺盛的賭性。

●財帛宮

財富起伏變化也很大，理財是以投資為重，絕少會死守錢財做儲蓄，若有其他吉星來相助則會賺大錢，若是凶星來相害則會虧大錢，所以要特別注意大運星宿的影響。

●夫妻宮

雖然有幽默、擅長討好人的機巧，但是因為心性多變、浮躁、好交際，所以給配偶的感覺是不安居多，若有其他凶星來沖會，則發生離異的機率會很高，算是不利於夫妻婚姻的星宿。

天同

品味不凡、性情慵懶的福報第一。「同」可延伸為「有志一同、世界大同」的意思，意味著人人祥和、處處溫馨、安居樂業的情景，所以可說是紫微星宿中最佳的財庫、福星。既然不愁吃喝享樂，幹嘛還那麼拚命地做事賺錢呢？

為人個性中庸、和諧、理性，事事不強求、不積極。

在十二宮位中的表現：

●命宮

如果以知福惜福的中庸角度來看天同的特色，入於命宮可說是天生的好命人，唯一的缺點大概就是不積極的「懶性」了。

●官祿宮

這是非常不利事業的一種星宿宮位組合，缺乏積極創業性，學業成績也是可過關就好的中上程度，合夥投資勉強還可以，但是不能親自經營，對於環境、工作上的抗壓性也很差，最適合靜態性、有品味、有文化性的工作，或是美食、美容、美髮等靜態稍有才藝性的工作。

●財帛宮

天生的福星、財星，一般都可以有滿好的財運，來自父母庇蔭、投資獲利，絕少是來自辛苦努力工作所得，理財觀念也不會像天相、天府、天梁那樣保守、放不開，但也不至於像天機那樣瘋狂，具有樣樣適可而止的老二觀念。

●夫妻宮

因為對生活有其品味嗜好，所以對於擇偶的要求條件也是以幽雅、有氣質為主，算是較重視內涵感性的類型。婚姻生活會很在意被重視的感覺，相關的紀念節日、生日等需要特別安排活動慶祝，否則很容易造成莫名的衝突，然後會有壓抑性的情緒產生，如果爆發起來可能也是婚姻感情結束的時候了。

天梁

刻苦耐勞的老農夫，單純樸實第一。「梁」可以延伸為「棟梁」、「柱子」，所以有最耐撐、最執著的特性，個性非常擇善固執，有堅持到底的韌性，因此對事情的反應也不是那麼靈敏，率性質樸，喜歡單一不複雜的生活。

在八字中像「比肩」的特性，星座中像「金牛座」的特性，生活規律天生便如農夫般「日出而作、日落而息」，對於田園生活有其嚮往，是最沒有欲望的星宿。

因為想法單純、格局很小，在人緣互動上不是很隨和，但是要看對象而定，有時甚至會有強烈的自閉、自我的情形產生。

在十二宮位中的表現：

●命宮

算是滿極端的個性，整體而言傾向傳統的優點較多，因為單純、保守，所以是非也較少，另外還有一個很大的優點，就是耐操、生命力很強，和天相一樣也具有壽星，一般身體會很健康、長壽。

●官祿宮

算是紫微星宿中最最不利於事業的星宿，天字號五星中最靜態的星宿，也最不擅人際關係，所以適合從事單一、封閉、勞力、行政的工作，或是經營簡單的小店面也很好。

●財帛宮

資產可能會很豐富，但都是祖先的遺蔭，絕不是靠自己投資、理財賺來的，而是自己很辛苦努力一點一滴存起來，不會有太多奢靡、虛華的物質生活。購置田產、山林不動產會是最好的理財方式。

●夫妻宮

比天相、天府更加貧乏無味的婚姻生活，但是穩固、安全、無憂、無慮是很大的優點，就像大柱子撐起一個家一樣。浪漫是沒有，踏實最重要，激情是沒有，窩心照顧人倒是常會令人感動，這就是農夫的本色了。

天字星宿	共通的特色	獨特的優、缺點
天府	善良、穩重、有福報和智慧，也都偏向於靜態、社會道德性的特質。	優 智慧第一，法官，學業好、事業穩定、格局大、負責任。 缺 保守、固執、有權威、難親近。
天相		優 慈悲第一，母親，善良、有耐心、肯付出、人緣好、受人喜愛，重視精神內和宗教信仰。 缺 格局不大、怯弱鄉愿、是非難堅持。
天機		優 投機第一，軍師顧問，機巧靈敏、擅規畫、人際關係好、聰明有才華。 缺 輕浮善變、欲望心重、易受影響、喜好酒色交際。
天同		優 福星第一，千金小姐，溫和、有品味、氣質好、待人有禮、客氣、重視內涵文化。 缺 性情慵懶、有其尊貴的任性脾氣、抗壓性差、不敢面對煩惱。
天梁		優 樸實第一，老農夫，無欲望、單純、直率、韌性強、肯面對問題煩惱、執著、堅持理念、身體健康。 缺 反應遲鈍、不喜歡思考、格局更小、學習能力弱、自我封閉、不合群。

第九講

多個星宿組合的格局、含意和吉凶

由擬像到組合

在命理學的基本邏輯架構中，「擬像法」的運用讓許多人很頭痛。隨便任何一個星宿，都有著許多不同的象徵意思。例如：

正官，代表先生、事業、智慧、保守、道德、固執、病厄等。

紫微，代表尊貴、權威、高傲、專業、沉靜、孤獨等。

所以在論述命局時，看到一個星宿，老是不知到底要取哪一個意思才對。再加上更複雜的「多個星宿組合特性」，豈不是更讓人頭昏眼花呢？

所以老師在上課時，若有學生問說：「命宮入紫微，會怎麼樣呢？」很抱歉，這樣的問題是無法回答的。

常看到許多命理、星座網站會說：「獅子座這個星期有意外之財，會和女友起衝突，也會有什麼意外傷害……」或說：「紫微斗數中哪些女人總是招濫桃花？第一名貪狼、第二名太陽、第三名破軍、第四名天府、第五名天同……」這一類的話。

老師對這樣的論述相當不以為然，這些都是很錯誤又煽情的說法，完全誤導了命理學該有的基本精神。

比如說，貪狼具有原始、重視欲望的本性，但是一定會有桃花、搞外遇嗎？這是極端錯誤的看法，因為還要配合以下因素來判斷：

1.貪狼的旺度，是入廟或入陷？

入廟，追求異性會以才華來吸引對方，算是風流才子。

入陷，則是違法亂來、性侵害、偷窺、買春等，什麼手段都會用。

2.貪狼落在哪一個宮位中？

落於命宮、遷移宮、夫妻宮、官祿宮、財帛宮，才會產生桃花情色的欲望。

若落於疾厄宮、田宅宮、僕役宮、父母宮、兄弟宮、子女宮中，根本就發揮不出它的凶性，難道會對疾厄的病症產生桃花感情嗎？最多只能說是會有性病之類，而且還不是很確定呢？

3.同宮中除了貪狼還有哪些主星？

若是又和紫微、天府、天相、天梁等吉星同宮，根本馬上被吉星給制住了，桃花情色也是發揮不出來的。

4.如果同宮中沒有吉星，還可以找對宮、三會宮是否有吉星，同樣也可以產生壓制的作用。

所以要論述一個星宿的吉凶變化，一定要參考許多相關的因素，絕不能斷章取義、瞎子摸象似地片面論斷，這是很沒有專業素養和道德良心的作法。因為這是命理學中最基本的「組合性」邏輯架構。**紫微斗數的組合邏輯，分為：「單一星宿吉凶因素」、「多個星宿組合格局」和「宮位組合關係」。**

多個星宿組合格局的原理和特性

為了達到命理學批論的「精確性」，如果只有十個、二十個星宿，怎麼可能描述這麼多複雜變化的命局呢？所以星宿間的組合、運算、變化是絕對要加以設計運用的。

一般來說，單一星宿的吉凶描述，是以「擬像法」、「旺衰度」和「變格、四化」的變化來說明。而星宿組合後的吉凶描述，則是以「星宿間的生剋」和「星宿間特性的克制和平衡關係」的變化來說明。

例如命主「甲木」的人，大運為「正官、正財」，因為「正財」會生「正官」，所以造成「正官」運勢又旺又發，當然是很好的一組大運運勢。

如果大運是「正官、傷官」呢？「正官」被「傷官」剋傷，當然在事業、考試上一定會有凶險的厄運發生。這就是由星宿組合的生剋關係所產生的吉凶變化。

在紫微斗數裡的運用概念也是完全一樣的，只是斗數除了星宿間的生剋關係外，還更注重星宿特性的牽制、融合互動關係。

例如「武曲、天府」，武曲屬金，天府屬土，土金相生，而且兩顆星都是財星，很多醫生都是這種格局的人，屬於正財類型的吉星組合。具有星宿相生旺相的互動關係。

又如「太陽、太陰」，雙重性格多反覆。如果太陽、太陰兩個星宿在丑、未宮同宮，因為一是陽、一是陰，所以性格就會多反覆、舉棋不定，在命宮還會產生雙重矛盾性格。

十二個宮位的組合關係

除了星宿吉凶特性有組合格局的變化外，還要加上宮位間的組合變化，這也是命理學好玩又讓人覺得難學的地方。其實只要懂得層層的邏輯架構，循序漸進地瞭解，實在沒什麼複雜難懂的。

宮位組合互動，可分為：

一、六沖——斜對宮

看過命宮星宿吉凶後，還要再看命宮的斜對宮「遷移宮」裡的星宿吉凶，因為斜對宮裡的星宿，同樣會影響吉凶變化。

所有十二宮位，可分為六組斜對宮，這是固定的：「命宮—遷移」、「兄弟—僕役」、「夫妻—官祿」、「子女—田宅」、「財帛—福德」、「疾厄—父母」。

二、三合——三會宮

例如命宮的三會宮就是「命宮、財帛、官祿」三宮為一組，也就是這三個宮位裡的星宿會互相影響其吉凶變化。因此想要瞭解命局的基本好壞，就要「命宮」、「對宮——遷移」、「三會——財帛、官祿」這四個宮位吉凶一起看。

所有十二宮位分為四組三會宮，也都是固定的：「命宮、財帛、官祿」、「兄弟、疾厄、田宅」、「父母、僕役、子女」、「夫妻、福德、遷移」。

三、鄰宮或夾宮

如命宮的鄰宮就是「兄弟」和「父母」，這兩個宮位裡的星宿，也會對命宮星宿產生影響，不過一般已經次於對宮和三會宮的影響。

星宿組合格局的產生與運用

在星宿組合之後，古人為了方便記憶和凸顯組合星宿的特性，往往會給予一個格局稱呼，於是形成了紫微斗數將近上百個所謂的「格局」，像「紫府同宮格」、「善蔭朝綱格」、「機月同梁格」或是「刑囚夾印格」、「桃花滾浪格」等有好有壞的格局。

不過，請不要一看到似乎很恐怖聳動的格局，就擔心會發生什麼可怕的事情，應該還是要看整個命盤的大局才完整，格局只是表達命局中某一部分的星宿組合而已，僅能作為一部分吉凶論述的參考罷了。

有幾個比較常見、重要的星宿組合格局，我們稍做解說運用如下，讓大家體會一下星宿組合所產生的特性變化，和落在十二宮中的意義運用。

通常星宿組合格局是以落在命宮四正宮中的星宿為主，因為這是紫微命盤的吉凶主軸，主星在這一主軸中才能發揮最大的影響性。

例如「紫微七殺格」，命宮入紫微，遷移宮或官祿宮入七殺，此格就能成局。若宮位五行又是屬火的「巳宮」，來生屬土的紫微，就是旺上加旺，紫微特性優點大發，而展現出其專業技能的特色，再加上七殺的行動助力，當然就是鴻圖大展、名揚國際了。

那如果某一格局是在其他宮位中，就要以星宿格局所產生的意義，來延伸應用在其他宮位所代表的事項中。

註：以下的組合格局解說，除老師個人研究經驗心得，同時亦整理多篇網站討論文章，節錄部分論述而成。

斗數格局	頁碼	斗數格局	頁碼	斗數格局	頁碼	斗數格局	頁碼	斗數格局	頁碼
◎紫微七殺	P.156	◎紫微天相	P.160	◎紫微破軍	P.163	◎紫微貪狼	P.164	◎紫微天府	P.169
◎天機天梁	P.170	◎天機太陰	P.171	◎天機巨門	P.172	◎巨門太陽	P.173	◎太陽天梁	P.174
◎太陽太陰	P.175	◎武曲貪狼	P.176	◎武曲天相	P.177	◎武曲七殺	P.177	◎武曲天府	P.179
◎武曲破軍	P.179	◎天同太陰	P.180	◎廉貞貪狼	P.181	◎廉貞破軍	P.182	◎三奇嘉會格	P.183
◎刑囚夾印格	P.184	◎殺破狼格	P.185	◎祿馬交馳格	P.186	◎祿文拱命貴格	P.187	◎馬頭帶箭格	P.187
◎奇遇與慘禍	P.188	◎動的星系格局	P.188	◎鈴昌陀武主災難	P.189	◎考運看陽梁昌祿	P.189		

紫微七殺格

＊紫微七殺格局大

首先我們來看紫微七殺格——就是紫微、七殺同坐在巳宮或亥宮，或是「巳、亥」兩個對宮宮位上，或是入於命宮四正宮中。

「紫、殺」坐巳、亥宮有什麼特別的涵義呢？因為紫微星是帝王之星，代表尊貴、權威，具有大格局和專業性，而七殺星很有執行力和魄力，做事很積極，要求標準很高，也代表謀略。這些是兩個單星個別的特性，而當兩個主星組合在一起，又會演變成什麼樣的性質來呢？

＊紫微七殺可往大機構發展

紫微七殺格的特性，主要是代表威權格、愛做大事業，小事業、小店鋪不願做，這一點很重要。像有這樣格局的人，做個小事業、開個小雜貨店，他不會有興趣的。這種人要的是志在天下，雄才大略的工作。

缺點是，如果到後來大事業做不成，也不會願意回頭來開雜貨店，寧可當個孤單老人，居住在深山林內，變成高不成低不就，到頭來一事無成。

所以有此紫微七殺格之人，有三種特性：

第一，有權威、愛做大事，有雄心壯志，心願滿大的。

第二，適合在大公司發展。

應往大城市、大地方去發揮，所謂「小池塘養不了大魚」，在大城市、大機構或者大團體發展最有利，小團體、小公司反而可惜了這種格局。往像台塑等如此的股票上市公司發展，會很有前途，小團體、小公司就不會有大發展了。

第三，還有一個最特殊的涵義，就是不喜歡墨守成規，很有創意。

為什麼會有這樣的特性？這和七殺星很有關係。我們知道七殺很有謀略，善用頭腦設計、創意點子多，屬於「才藝型」能力的星宿，所以不喜歡墨守成規。

因此有這種格局的人，大多是傑出的創意發明家。所以說紫殺格的人，不管做什麼行業或者從事學術工作，都有他特殊的創意，而投資理財更是自有一套方法，不會跟隨過去別人做過的方法，會有他的新點子、新創意。所以紫微七殺格的人，你根本沒有辦法去拘束他、約束他，或是用現有、過去的傳統標準去要求他。

*不墨守成規的特色，在其他宮位上的意義：

紫殺星宿組合的人，因為不喜歡墨守成規，所以：

***在遷移宮：**一生變化會很大，適合遠離家鄉發展，女命則會嫁到遠地。

***在官祿宮：**也就是事業宮的話，也具有不喜墨守成規的特性，常常換工作、換公司。

***在夫妻宮：**因為不喜歡墨守成規，以至於夫妻感情也是冷熱無常、起伏很大。

***於兄弟宮：**彼此意見很多，常常會不合相處不來。

***在僕役宮或子女宮：**如果你是個當老師的人，你的學生可能會投訴把你換掉；如果你是個當上司的人，你的部屬可能會造反把你換掉，以下犯上。因為紫微星是帝王的星，帝王的星居然坐在僕役宮或子女宮，他們反而比你權威、比你行，當然會爬到你頭上。

而部屬、學生既不願墨守成規，不願意遵照倫理道德，也就容易造反。所以，紫微七殺格如果坐在子女宮或僕役宮都不好，容易被人造反有意見。

＊在財帛宮：財運會突如其來。因為不願意墨守成規，如果在投機市場很有研究，就是投機市場的專家。因為紫微、七殺的這種特質，所以在財富上經常會有突如其來的大變化，論「財富」會有突如其來的大轉變，這是紫微七殺格中很明顯的一個特徵。

根據剛才所說，在理財投資方面，他不會墨守成規。所謂墨守成規就是說：我現在已經有二百萬了，過幾年後我可能就會有三百萬、四百萬的積蓄，這是照正常的儲蓄進度。

而紫微七殺格不墨守成規，投資計畫就會以跳躍方式進行，會有比較大的賭注作為。所以可能在有兩百萬元後，忽然「碰」一聲，直接變成二千萬。可是也可能幾年後，不知又走了什麼霉運，「碰」一聲又回到原來的二百萬元，甚至負債累累。這種突如其來的轉變，會非常的大，讓人想都想不到，這是在錢財投資方面的特色。

所以，想要在一夜之間發橫財、致富者，看看紫微、七殺的大運、流年有沒有吉星四化？有吉星四化的話，可計畫去香港賭馬，或是美國拉斯維加斯賭一場。

＊在田宅宮：住家品味也與眾不同，房間布置常常換來換去，對裝潢不滿意。粉紅色的房間像個女孩子，不好，把它換成很神祕的紫色，紫色又不好，太浪漫……就會這樣一直換來換去。

＊擬像法在十二宮的延伸運用

星宿組合的特色，就是以擬像法去加以想像發揮，所以一理通、萬事通，可以應用在其他的星宿組合和十二宮位之中。

對於紫微七殺格，一般傳統的紫微斗數只告訴你要往大都市發展、有權威、愛做大不愛做小，卻沒有抓住其特色運用。根據老師多年研究的實務經驗，它不只是單一個意思，它的特點就是「不會墨守成規」，所以我們要記住「不會墨守成規」這個特色，然後再引伸到其他宮位來應用，發揮這種擬像、想像的空間，千萬不要死記、死背。否則其他宮位的意義是很難記憶的，連老師也常常都記不起來。我們現在記住這個要點——「不會墨守成規」，在財帛宮什麼意思、在夫妻宮什麼意思，以這個概念去延伸推論，就很容易瞭解靈活運用了。

紫微天相格

＊紫微天相，淺水困龍

第二個格局，是紫微星、天相星坐在「辰、戌」宮位或「辰、戌」的對宮。

在一些古文中，我們知道紫微斗數有個很有名的格局叫「淺水困龍格」。為什麼要這樣稱呼呢？應該跟落在「辰宮」和「戌宮」有關係。古時候的人認為，「辰、戌」宮是天羅地網的位置，任何星辰坐在那個宮位，就都不會有發展。

照這樣說起來，幾乎我們所有的人，許多星宿都有很大的機會落到「辰、戌」宮中。所以我覺得，古典賦文常常有許多偏見或是斷章取義的說法。但因為是這樣，所以紫微、天相坐在辰、戌宮，就叫做「淺水困龍」。龍就是紫微星，可能是針對紫微星比較特別，所以可稱為這個格局，並不是所有的星宿在辰、戌宮就不好。

而這個淺水困龍也不是很不好，只是描述一種精神現象。此種格局的人就是情緒很不穩定，因為紫微本身就有精神潔癖、孤傲、桀傲不馴的缺點，再加上天相的溫和敦厚、老實樸素，就會產生有些矛盾衝突的敏感、情緒化個性。

那何謂精神情緒不穩定呢？例如人家中了樂透獎券，高興了一個月、二個月，甚至半年還很高興，經常笑口常開、合不攏嘴；但是此格局的人，可能高興個二天就不會再笑了，臉就拉回來了。你問他：「不是前天中了獎券、樂透嗎？」他會回答你：「是啊，那是前天不是今天啊。」他可是很跩的呢？

所以常常情緒就會莫名其妙地受到干擾，看到月亮升起便想起他的愛人，吹到風，就又想起什麼風蕭蕭兮易水寒。這種人的情緒是變化很大、很敏感的。

＊紫微天相，很會挑剔

紫微天相格還有一種特點，一般外面的人都只說淺水困龍，其實他還滿喜歡挑剔直言的，常常看這個不滿、看那個也不滿。喜歡挑剔，因此常會搬家，換房子以後又不滿意，裝潢後看裝潢還是不滿意，常常在不滿意，搬了再搬，裝潢後又改裝潢，實在很難伺候，不知何時才會令他滿意。

坐官祿宮時，對職位一直不滿，給他升了經理不滿，升了副總不滿，升總經理也不滿，不知要升到哪裡才會滿意，沒人知道。由於對職位經常不滿意，因此常兼差或換頭家。

在疾病方面，因為很會挑剔，所以常會氣得半死、急得要命，使自己胃出血。

＊以自我為中心

紫微天相格喜歡挑剔直言，所以幾乎很少顧慮到別人的感受。有這種格局的人，應該要學著去顧慮他人的感受。我看過很多這種格局的人，甚至到了目中無人、高傲不堪的地步。

舉例來說，一個女職員剛上班才沒多久，該做些什麼事，老闆這個紫微天相格的人也不告訴她，非要等這位女職員開口問他要做些什麼事。

這時候他才很不耐煩地回答：「喂，妳不會自己看啊！」這樣的老闆恐怕沒有人受得了。紫微天相格便是如此，他認為每個人的智商都應該和他一樣，自己要求什麼，別人就要照著來，難怪一直請不到人。

而且這種人個性很直接，一下子就表現出來，沒有人願意在他身邊工作，跟他共事會辛苦得不得了。

這種格局比較以自我為中心，以自己的想法為想法，不太考慮他人，要別人跟著轉。以自我為中心那就很累了，除非你就是個富翁，王永慶第二，別人為了賺你的錢就得動腦筋想辦法，設法打聽你喜歡什麼、在想什麼，盡量跟你同調。除非你有這樣的條件，否則別人怎麼願意跟你配合呢？

所以，為何說此格局是「龍困淺水、有志難伸」？就是因為ＩＱ很高，ＥＱ卻很低，親和力不夠，所以應該要多考慮別人的感受。

紫微破軍格

＊紫微破軍，會有劇變

紫微星、破軍星同在「丑、未」宮位。紫、破二星一般只會在「丑、未」，就像紫微天相格只會在「辰、戌」宮位。

這種格局如何呢？因為破軍天生就是「革命星宿」，所以喜歡搞革命，喜歡變化，喜歡創新，一生會有很大的突破性和開創性，甚至還會有很戲劇性的大轉捩點。為什麼強調戲劇性呢？我看到很多一生遭遇很離奇、很特別的人，多半帶有紫微、破軍，其離奇的遭遇讓人非常意想不到。

像胡茵夢當過電影明星，長得那麼漂亮，在電影界擁有燦爛的演藝生涯，卻突如其來地息影，跑去學玄學，這就讓人想都想不到。拍電影和宗教禪學，是兩碼子的事情，她居然一生中可同時並有，在她中年以後完全走相反的路，實在令人想不到，這就是戲劇性的大轉捩點。紫破的特色就在於此。

＊劇變由於「殺、破、狼」

為什麼紫破一生會有劇變呢？因為紫微破軍格三方三會宮中，必帶有「殺、破、狼」。破軍再會七殺、貪狼，使三方形成「殺、破、狼」，如果再帶個「天干癸水」，使星宿變成破軍化祿、貪狼化忌，那這樣的變化就更明顯了，而且很多事情都會「無心插柳柳成蔭」。

當然，如果命局不好的話，例如碰到很多煞星，那經常是橫發橫敗。例如，本來已經在公司當上了總經理，又因某種突然因素再回到原來的小崗位，甚至犯上官訟之災被免職。

紫微貪狼格

＊紫微貪狼，桃花運很重？

第四個格局，我們談「極居卯酉」。什麼是極呢？「極」的意思是指「北極星」、「紫微星」，落在卯宮跟酉宮。

紫微、貪狼在「卯、酉」宮位，如果這個人是出生在春天、夏天，同宮、對宮中又帶有兩顆桃花星，包括貪狼、化祿或者紅鸞、天喜這些乙級桃花星的話，那真的是會很風流，而且也會很有異性緣，就可以說是桃花運很重。

但如果不是這樣，而是在秋天以後才出生，套用出生月令五行生剋關係，就可印證這種講法不是很正確。有很多人是在秋天、冬天出生，命局中也有這個紫微、貪狼，但是人家既不風流也不桃花，為什麼硬要把此格的人說成「桃花犯主為至淫」！

男孩子給人說成淫蕩可能還笑一笑，女孩子讓人家講淫蕩，拿什麼臉見人呢？這也是古文中對於星宿格局在解釋上諸多偏差的地方。所以還是要強調星宿組合格局的特色運用，千萬不要過於拘泥古文的解說，懂得其內涵意義最重要。

＊紫微貪狼的「色」與「空」

不過，我聽說現在的年輕人，玩笑罵人的口語都是你白痴、你智障、你淫蕩，淫蕩都可以拿出來當玩笑，也真是很好笑，表示環境背景真的是不同了。

「紫、貪」要有桃花運是必須具備條件的，這條件也就是貪狼星一定要旺。因為貪狼星屬木，什麼時候木旺呢？當然是春天，夏天也可以，而且還要逢上紅鸞、天喜這些桃花星，那才真的是有異性緣，桃花運才會很強。

如果不構成上述條件的話，紫微貪狼格是什麼？紫貪其實是一個很特殊的格局，這種特殊格局有點類似《紅樓夢》裡的賈寶玉，一世風流，十二金釵圍在他身邊，享盡人生富貴榮華及艷遇，可是突如其來，因他最喜歡的林黛玉死了，一時之間想不開，就出家當了和尚。遭遇人生劇烈的轉變，這就是紫微貪狼格的特性。

因為它帶有「空無」的思想因子，尤其當同宮或三會宮有「劫、空」這些空星，這種「空無」的思想因子，就會產生很大的影響性。就像民國初年的弘一大師，原來是浪漫的詩人李叔同，後來竟然出家，一生在「色」與「空」之間很極端。

＊文藝才華

紫貪如果不帶「劫、空」的話，又在秋天、冬天以後才出生，那這個紫貪又是什麼意義呢？此時的紫貪就有另外一種發展。因為紫微有專業的才華，而貪狼的特色又是才藝洋溢，如音樂、舞蹈、美術，甚至語言方面都會很有才華。這種人是語言天才，什麼語言都可以通曉。這是其特點之一。第二，除了藝術、音樂的才藝外，像哲學、宗教、命理等各種方面的玄學，也都有特殊的研究偏好。

當然，秋天的紫微、貪狼桃花性減弱，取而代之的是什麼呢？愛喝酒。這種格局的人很愛喝酒，自命風流，很瀟灑。

＊搞投機很拿手

紫微貪狼格還有華麗、尊貴、藝術的氣質，如果在田宅宮表示有豪華大宅，出入很豪華氣派。但在財方面，貪狼星的特質有點勢利，可是很會投機賺錢。紫、貪在一起，往往貪狼星的性質比較強烈，當然也帶一點紫微星的孤獨，當這二顆星在一起的時候，貪狼星是主星，所以在錢財方面，喜歡搞投機、搞股票；然而這種格局的人，總是很現實，很勢利眼。

*紫微貪狼的兩面性格

在命宮方面的紫微貪狼格，性格較獨裁，不宜跟他合夥，而且個性的獨裁是兩面性的。紫微貪狼格做公關很好，很會經營人際關係，對人表現得很親切，但是一轉身，另一面就是霸道獨裁，這種人具有兩面性格。不是只有「太陽、太陰」坐命的人才具有雙重性格，還有一種就是紫微、貪狼同宮的人。

太陽、太陰當然是兩面的，一個太陽、一個月亮當然有雙重性格，紫、貪也是雙重性格，他的雙重性就在於在外面表現得很親切、很隨和、很會做人，但另一方面非常獨裁霸道，極度不相信別人，這是他雙重性格的特色。

*紫微貪狼多女兒

紫貪格局如果同宮或大限流年有吉星四化，有好的吉星來化祿、化權，那這種格局相當富貴，有此格局的人都很不錯，事業也都可以做得有聲有色。

在子女宮卻有弊病，因為貪狼屬木、紫微屬土，木剋土，第一，比較容易生女兒，得兒子的機率比較少。

這個意義就像武曲跟貪狼星一樣，武、貪並列的時候，武曲屬金、貪狼屬木，金剋木，一顆星很明顯被另一顆星所剋，就會產生第一個發得很慢，或是組合奇特衝擊性很大。那種衝擊性的原理用在子女宮方面，涵義也是一樣的，愈有衝突相剋的，子女也愈不容易得到，願望不容易實現。

第二，子女也容易跟你有沖剋不合，緣淺，聚少離多。當然這是一般的論法，還要看後天和大運的影響條件。

＊專斷卻浪漫

在夫妻宮，紫貪格比較不好，畢竟若不是桃花，就是十個有九個風流，這樣的男人適合當情人還是當丈夫？每個人的看法都不一樣。

那這種女人適合當情婦？還是適合當妻子？此格比較浪漫，而且浪漫性格非常強烈；另一面又帶有某種獨裁和霸道的性質，不太喜歡聽別人的意見，主要是紫微星的性質還在，所以彼此的溝通不太順利，相處起來不太妥當。

與命宮比起來，命宮是自我的人格特質，而夫妻宮或兄弟宮都是從我們投射出去的意識型態，所以紫貪坐夫妻宮，有跟這種格局的人做夫妻的傾向。至於將來跟這類型的人做夫妻是否美滿，那要看後天影響的條件。但由於此種意識型態的投射，就容易交到比較浪漫又有才藝，很會享受生活的對象。會覺得跟這種人交往，就好像天天在談戀愛，因為對方有浪漫風流的一面，不會死板板地過日子，忽而音樂，忽而舞蹈，有時下棋，或去算命等，生活過得很豐富。然而是否幸福？將來能不能維持長久呢？就要看後天影響的條件了。

夫妻宮只是我們意識型態的投射，所以夫妻宮如果有貪狼化祿，那主要還是表示你自己的桃花星開始抬頭了，剛才說的賭性開始發作了，也有桃花運了，那是你自己的桃花運，並不是別人的桃花運喔。

紫微天府格

＊紫微天府，帝星並列、會對

我們再談紫微星、天府星在「寅、申」宮位位，紫、府我們說過這是帝王之星，兩顆大星結在一起，一個在巳宮，另一個在亥宮，或者是兩星並列在寅、申宮，兩星並列或者在對宮也一樣。

兩個帝王之星皆屬大星，就會唯我獨尊、高處不勝寒，所以這種特性容易孤獨、孤傲，會將紫微的貴氣、孤僻發揮到極致。

智慧很高，可是性情很孤傲，不太喜歡跟人交往，在任何場所都覺得他很孤傲、很孤單。這種人跟六親朋友都不親密，沒有依靠，姻緣也比較空虛，婚姻關係經常有名無實，這是紫微天府在夫妻宮一般的意義。

＊紫微天府，形單影隻

如果紫微天府三會到「地劫、旬空」凶星，思想會比較異常，想法和別人都不一樣，會有比較異於禮俗、驚天動地的事情。

若三會到「祿存、天馬」等吉星，這種格局若是在金融界、政界，會相當有富貴榮華，但這種富貴榮華有人說比較容易剋到六親，甚至剋妻、剋夫。

紫微、天府也屬於孤星，算是較孤獨的星宿，夫妻不是有名無實，就是配偶早去。如果夫妻感情很好，中年喪偶那是很痛苦的事。兩個帝星結在一起，結果便很孤單，精神上很孤獨，這就是紫微天府格的最大特色。

天機天梁格

＊吉星四化，大師級人物

天機、天梁同宮坐在「辰、戌」宮位，這是很有名的一個格局，叫「善蔭朝綱格」，這個格局為軍師、參謀、祕書長、企畫、思考型的人才。

這種格局的人除了有自己的專長，若有「地劫、旬空」和其他的凶星宿，比較會偏向哲學、宗教、玄學、文學等興趣，很注重精神內涵方面，對物質生活不太重視。如果有吉星四化，就是一代宗師級的人物。此格局的人滿善良的，但是對人生、對世界也有嫉世憤俗的傾向。

＊思考周密

和「機梁」格的人合夥很不錯，他很正派，是適合當參謀長、祕書長的格局，很少有老闆命。

＊早有刑，晚見孤

機梁格在夫妻宮，代表配偶思考周密，樣樣都管且面面俱到之外，還有一個特點，就是「早有刑，晚見孤」。

早年夫妻歷盡艱辛，賺錢很辛苦，因此早有「刑」；等到中年以後賺了錢，生活穩定下來，剛開始要享受人生，想不到配偶已經先去了，所以通常晚年都帶孤。帶孤的意思若不是配偶先去的話，就是不常在身邊而覺得孤單。

天機太陰格

＊天機太陰，奇謀策士

天機、太陰在「寅、申」宮位，點子多、想法很怪異、很特別，通常會很有創意、很浪漫。天機本來就是很有點子、投機的星宿，再加上太陰內在感情思想豐富的特色，就會產生更加複雜多變化的思想點子來。

機陰格古代亦稱為「探花格」，浪漫點子多，很有生活情趣、浪漫幻想，腦筋靈活，鬼點子奇多，能提供他人計策，屬於幕後操盤的類型，有人緣，對異性也滿有吸引力。

*生性浪漫

在夫妻宮，因為有浪漫傾向，可說是人見人愛；在田宅宮，有浪漫的住家；在財帛宮，可以助他人金錢，但也決不會白搭，不會平白無故去幫人。

男命有此格局則很有女人緣，若再會「文昌、文曲」桃花星，豔遇會更多。

*移民遠行

此格的人，通常是舞蹈家、藝術家，或其他方面有特殊才藝表現。此格與外出、移民、遠行有很大的關係。因為太陰屬水，水是漂泊，天機星又屬動，所以通常一生都容易飄來飄去，遊走他鄉。

天機巨門格

*天機巨門，不婚居多

天機、巨門同在「卯、酉」宮位。機巨若同在卯宮比較好，夫妻宮若有機巨且落在酉宮，這種人通常不是姻緣很差就是晚婚，或是不結婚。

*創作人才

在卯宮天機木氣會很旺，是很好的設計、規畫人才，都是與天機、巨門的基本特色有關。除了設計的才能外，還包括創意、文學、藝術、科學研究等設計或創作的工作，是天機巨門格很重要的特色。

＊不喜被拘束

機巨格尚有一個特點，即是早年坎坷，中年才發達，靠口才文筆創意得名利，適合企畫創意。這種人也不喜歡被拘束，較適合當顧問、助理副手。

＊機巨入酉宮「木死水敗」

機巨格若在酉宮就沒這麼好了。除了在夫妻宮不好外，在官祿宮或其他宮位也是比較辛苦，古時候稱「木死水敗之地，縱有財官也不榮」。

為何叫木死？因為天機屬木，被金所剋。不過雖不好，也不能完全說很差，若有吉星四化時還是以好來論，只表示競爭比較多、比較艱難，夫妻姻緣較不容易維持。

巨門太陽格

＊巨門太陽，政治有緣

巨門和太陽同宮在「寅、申」宮位，具有「機月同梁格」的暗格。何謂「機月同梁」？就是三會宮中有「天機、太陰、天同和天梁」，稱為機月同梁。

「機月同梁」本來就只是一種主星命局的型態，並不是什麼特定格局，所以說在機月同梁的情形下，具有暗的一面。

「機、梁」在「辰、戌」宮叫正格，巨陽在「寅、申」宮叫暗格，這種格局比較委屈，要從基層做起。因為「太陽」喜歡公眾事務，而巨陽寅申宮位的人，除非已有固定工作，否則會是工作一直起伏不定的人，可能會傾向對公眾事務、公益活動非常投入。

此格的人喜歡講話，是非很多，這是巨門的基本特性。但如果有吉星來交會，本命格中有吉星、大限又逢吉星，當然可以選民意代表，是很不錯的政治命格。

＊與異族老外有緣

巨陽格跟異族、國外機構很有緣分，巨陽格如果在夫妻宮，很有可能與外國情人通婚。

太陽天梁格

＊陽梁昌祿，會念書，考運好

太陽、天梁同在卯宮，古人說是「日照雷門」，這個格局只是一個名詞，沒有特別涵義，必須還要有吉星四化，或其他祿存吉星同宮、會對等條件，如此才算是「陽梁昌祿」的吉格。

所謂陽梁昌祿，除了太陽、天梁星、文昌星，還要太陽化祿或天梁化祿都可以，或是有祿存星進來，都算是陽梁昌祿。

陽梁昌祿格對考運很好，應驗率很高，也代表很會念書，很有智慧，頭腦很聰明。

＊政界及科技天分

陽梁昌祿除了考運，在政界、政府機構很適合，但如果煞星多就容易有官訟是非的驚險災禍。此格的人對科技很有天分。陽梁格在福德宮，喜歡智慧性的娛樂。

＊陽梁女命，有男子特色

太陽坐女命命宮，通常女人會有男子氣概，個性很乾脆；但和外表沒有關係，有的外表看起來也是很溫柔婉約的。

太陽太陰格

＊陰陽落差大，雙重性格多反覆

太陽、太陰同在「丑、未」宮位，一生雙重性格、多反覆、舉棋不定，多數從事文學性、知識性的工作，因為此格的人思考周密；只是性格多反覆不穩定，相處做事不是很靠得住。

＊女命出俠女

女人有太陽、太陰，有男人的作風，很爽快、乾脆，而且很講義氣，屬女中豪傑的類型，肯熱心幫助他人。

此格的人主觀意識強烈，這種格局的個性較難做判斷，因為它的很多想法，到最後都會發生變化、不穩定，戲劇性的轉變會很多。要看這種格局的吉凶轉變程度，主要從星宿的旺弱、入廟、入陷來判斷。

＊宜固定工作

太陽、太陰坐丑宮，丑宮比較適合女命，男命適合坐未宮，如此才能適得其所。此格的人最好有固定工作，如果自己到外面打拚，一生風浪起伏非常大，反覆的事情非常多，故有一固定工作比較恰當，可免去許多起伏波動。

武曲貪狼格

＊大器晚成型

武曲、貪狼星同坐在「丑、未」宮位是正格，分別坐在「辰、戌」對宮位是暗格。丑未若成正格就具有「晚發格」，屬大器晚成類型。

因為貪狼屬木、武曲屬金，金剋木，因為互相剋制，因此會較晚發達，而且歷程較艱難辛苦。

＊鎮衛邊疆

武貪格除了晚發，也代表權力、權勢。如果有吉星四化，武貪格也叫「鎮衛邊疆格」，非常適合從事軍警工作，可以有很好的發展空間。

武曲天相格

＊樂於助人的好幕僚

武曲、天相星同宮在「寅、申」宮位，「武、相」在寅、申宮，做人很好，具有幕僚格，謹慎忠誠、敦厚剛毅、樂於助人，而且公私分明有正義感。

所謂「幕僚」，大都以公務員為主，因為是幕僚身分，都是替別人做事居多，包括合夥經商做生意，也是替別人做事賣東西。

武曲七殺格

＊叛逆且多病

武曲、七殺同在「卯、酉」宮位，這種格局很特別，屬叛逆型、不信邪、剛強果決。

此格的人幼年大都體弱多病，而且以血液方面的毛病居多，包括心臟、血壓。如果命局中凶星多，甚至會有四肢受傷殘疾的情形發生。

因為七殺本身就帶有殺氣，加上武曲的霸氣，當然就很容易有刑傷急症殘疾的凶運發生。

*反體制的特性

此格的人對政治很敏感，在古代就是革命家，叛逆的個性很強，喜歡搞革命或者對現狀不滿。

如果在夫妻宮，也會有革命性的婚姻，別人都是上教堂、禮堂結婚，他偏要跳傘結婚或者坐飛機結婚，總之婚禮會非常有革命性，與一般人不一樣。

標準的武殺格許多是反體制的，有人是異議分子，或者黑道梟雄，性情剛烈，不容易屈服妥協。

在財帛方面，行業也都比較特別，很多黑道都是此種格局。此格局的性格其實非常狠。狠到什麼程度？他為什麼能當到黑道的高階位置，一定有其原因。

*因財持刀

如果普通人碰到這種格局或者流年，再碰到忌煞凶星就不好了，像武曲化忌，或擎羊等忌煞凶星進來，就會產生「因財持刀」，可能因為財產、財務糾紛，別人拿刀來找麻煩，這方面要特別小心，或者無意中不小心被綁架，這在目前台灣社會非常多，這種格局是凶煞格。

這個凶煞格一定要有制化。武曲、七殺皆屬金，又坐在酉金宮位，怎樣制他呢？用火。用火星或鈴星來壓他，但用火、鈴星來壓制金，是有點霸道，最好是用水星來把金洩掉，像文曲星屬水就很好。因為這種格局金氣太強烈，所以一定要加一些水的宣洩，例如床頭、辦公桌朝北方，或者多喝水、常游泳之類的。

武曲天府格

＊武曲天府，與財有緣

武曲屬金、天府星屬土，土金相生，而且兩顆星都是財星，很多醫生都是這種格局的人，屬於正財類型，每天都能很穩定的賺到錢，最好的行業是醫師或金融業。

在理財方面很厲害，所以也很容易造假帳，是個逃稅專家。此格是富格，兩者都是財星，財星相聚當然多金，而且是主管階級。但如遇「地劫、旬空」及其他忌煞凶星，就會容易破財損失。

武曲破軍格

＊一生大起大落

武曲、破軍同宮或在「巳、亥」宮位，這是很出名動盪不安的一個格局。一生為何動盪不安？因為武曲屬金、破軍屬水，金生水，如果在亥宮的話，水的飄盪不定特性會更明顯，所以運勢也會動盪不安。影響主要是來自於破軍屬水的星宿特性，遇武曲星的金來生，加強了破軍的動力，以至於這個命局多動盪、多變遷，一生歷盡風霜，忽然大起、忽然大落。

*動盪多變遷

因為多動盪變遷，如果坐在官祿宮會常換工作；在田宅宮則常搬家；在夫妻宮則婚姻多變，所以古典賦文有「三度做新郎」的說法；在財帛宮，當然是財來財去，難聚錢財。

此種格局的人做事速戰速決，性格果斷，成敗皆在一夜之間決定，所以容易大成或大敗，適合到處走動、變動的工作，坐辦公桌是不宜、也坐不住的。

天同太陰格

*天同太陰落於子午宮差別大

天同、太陰同坐「子、午」宮位為天同太陰格；但坐子宮與坐午宮的意義完全不同。天同、太陰兩星都屬水，子宮是屬水的宮位，兩星在這裡當然很柔和、很順暢。

所以天同、太陰在子宮：一、代表安定；二、代表桃花，有異性緣；三、代表清高的職位，有人緣、有德望。所以在子宮又叫「水澄桂萼」，總之就是代表「安定」。

但是入在午宮呢，意思就完全相反了。因為天同、太陰是水星，午宮是屬火的宮位，因此造成「水火交沖」，變成漂泊、動盪不安，一生運勢可是歷盡艱辛，幾乎是沒有根的感覺。

＊馬頭帶箭格

所以若是在午宮，一定要有擎羊星來扶持，天同、太陰才能站起來變成興旺的格局，這個格局就是「馬頭帶箭格」。

午宮在生肖上屬馬，子宮是鼠，馬頭帶箭就是同宮中要帶上一個羊刃星宿或是擎羊，這個羊刃叫「帶箭」。還要宮位是「戊」天干來扶助才能成格。如果「馬頭帶箭」成格，人生的變化就會非常戲劇性，就像《基督山恩仇記》，這是馬頭帶箭格的最大特色，歷盡各種艱辛而苦盡甘來，最後終於得到大成就。

廉貞貪狼格

＊多離鄉背求發展

廉貞、貪狼在巳宮或亥宮位，這是一個飄蕩四方、出遠門到外面打天下的格局。

＊追求新奇

此種格局的人腦筋動得很快，因本身就是飄盪求變化的命格，非常喜新厭舊，也喜歡冒險投機。

*廉貞貪狼入風塵的誤解

過去有不少風塵女郎屬於這種格局，所以很容易被誤解有此格局者會走入風塵，其實這麼說有一點過於武斷。此格的特色是「離鄉背景」出外打天下，比較不拘小節，另外還有一點是六親無助，和家人少來往，不會依靠父母家人的幫助，大都靠自己奮鬥，白手起家較多。

廉貞破軍格

*廉貞破軍，個性容易衝突

廉貞、破軍同在「卯、酉」宮位，這個星宿的組合，五行衝擊比較大。廉貞星屬火、破軍星是水，水火不容，就會產生衝來衝去、打來打去的特性。若在卯宮還好，卯屬木，廉貞屬火，木的宮位來生廉貞火，屬於順生的格局，所以性情會穩定很多。

在酉宮的話，破軍星的力量就會很大，酉宮屬金、破軍屬水，金來生破軍水，令破軍星的破壞革命力量像海水漲潮一樣一直想往外衝，這種衝動的妄念、意念、欲望力量非常強。所以我們看一個人，為什麼好像一直要改變環境、革命改造、創新求變，或是坐立難安、蠢蠢欲動，不願繼續「吃人頭路」，為何會有這樣的心態？這跟破軍星有很大的關係。

*不安於室

首先要看他有沒有化祿、化權？或者破軍星是不是旺？如果有此現象，都可以說是有強烈「不安於室」的特性。此一格局的人，在家中是待不住的，每天就只想要到外面拚、拚、拚！

*雖有開創性，也帶煞氣

此格的人非常具有開創性，很多此格局的人會走向政治、法律界，如果煞星很多就是做獄卒警吏。這種格局也比較容易造成「擎羊、陀羅」來傷害，總之，廉貞、破軍的組合是比較帶煞氣的格局，遇「空、劫」也很容易被小人陷害。

以下從古文詩賦中整理出紫微斗數的一些格局，給大家作為參考。再次強調：星宿組合而成的格局，要掌握住「特性」的變化應用，不能單論斷章取義的吉凶。

三奇嘉會格

*三奇嘉會眾人扶

所謂三奇嘉會就是三方會到科權祿。三方是本命宮的三方，或大運的三方，或流年的三方等，會到化科、化權、化祿，叫三奇嘉會。

不過化權、化祿的那顆星一定要入廟、旺，或絕不能太弱，否則化祿也沒什麼用處。但起碼三方科權祿會到，可以得到一個好處，亦即可以得到眾人的擁護，可以有大成就，這一點很重要。

＊群眾貴人與個別貴人

首先是左輔、右弼，這是得到平輩朋友的幫助。然後是天魁、天鉞星，這是貴人星，但也有一點屬於長輩或年長者的幫助，稍微偏向年長者。至於科權祿則是得到眾人的擁護，這些貴人是群眾。

有人一生幾乎很少靠這些個別的貴人，完全是靠社會群眾的擁護，得到社會群眾的擁護，就是「科、權、祿」的群眾貴人。

＊科、權、祿的群眾貴人

除了「科、權、祿」以外，還有另一個東西，就是三台、八座，也具有社會群眾的幫助。所以這種格局是要眾人來擁護，做事業的話，最好是面對群眾、面對市場的事業，如果有科權祿，差不多都能得到很好結果。

刑囚夾印格

＊刑囚夾印，吃官司坐牢

刑囚夾印是指廉貞、天相帶化忌，又有凶煞星擎羊、白虎。「刑」指的是擎羊星，「囚」指的是廉貞星，夾「印」是指天相星。

通常我們講刑囚夾印，都是廉貞、天相在同宮時的機率比較大。

所以形囚夾印格並不一定要廉貞、天相坐同宮，可以分開坐三方，但以坐同宮的機會比較大。條件是因為天相星不化忌，廉貞星化忌進來，擎羊星又進來，如果這三方再加個武曲星化忌，或者貪狼星化忌，那這個命盤就會很慘了，這叫做刑囚夾印。

刑囚夾印很可怕，會吃官司，有坐牢的刑獄災禍。

殺破狼格

*殺破狼，引動方顯吉凶

「殺破狼」是七殺星、破軍星、貪狼星。殺破狼本身也不是什麼格局，只能說是一種主星組合會對的型態。紫微斗數主星總共不過只有十二種命盤組合，所以「殺破狼」三會的機會太多了，因此不能論成一個特別格局。

可是一旦「殺破狼」三會宮位中再有吉星或忌星進來，譬如說貪狼星化祿，或武曲星化祿，這樣殺破狼的吉化就起來了。相對的，如果貪狼化忌或武曲化忌，那這個命盤的凶性也就大發凶運連連了。

＊成敗在一夜之間

一旦「殺破狼」凶星被引動的時候，好就加倍的好，壞就加倍的壞。若遇到吉星譬如貪狼化祿，一夜之間就會大發橫財；若遇到武曲化忌，那真的兵敗如山倒。因此有人說，殺破狼適合生意人或開創事業的人，這也有他的道理。

祿馬交馳格

＊祿馬交馳，動則逢凶化吉

祿馬交馳有什麼條件呢？就是祿存和天馬應該要在同宮，才真正是祿馬交馳格。如果坐在對宮呢？也可以算是，但力量較弱。如果三方會到祿存、天馬，就不算是祿馬交馳。

所以祿馬交馳的要求是兩星坐在同宮位中，或是在對宮位中。

馬就是移動、轉動，那就是要靠「動則得財」。譬如說，目前碰到很倒楣的事件，這個結怎麼解也解不開，有政府機關來找麻煩或是欠稅之類的，或者莫名奇妙有人告我一狀，這個時候如果命局中有祿馬交馳，就會開始發揮作用。不是每天靜靜在家等待貴人就好，而是應該開始主動去找民意代表、有辦法的人、律師等。你有所動作的話，就會有些機會、一些能夠解決問題的方案，到最後就可以逢凶化吉。

*海外投資好

「祿馬交馳」就是要動才可以解厄，祿馬交馳格最適合做遠方生意，也不一定是做貿易生意，因為它動則能得財。

祿文拱命貴格

何謂祿文拱命？就是祿存星和文曲星或文昌星，有人說「科權祿」也算。這種格局可以名利雙收，可以得科名、出仕為官。古人論命是很注重官位的。

馬頭帶箭格

*貪狼午宮也成馬頭帶箭

馬頭帶箭，是指天同、太陰在午宮、戊干。其實另外還有一個格局，就是貪狼星在午宮，也是戊干，亦稱馬頭帶箭。

此格人生中年以前，可以說歷盡艱辛，非常坎坷潦倒，等到中晚年的時候，這個馬頭帶箭格開始出現了，居然一夜之間，暴得大富，然後就開始開大工廠生產。貪狼星在午宮也算是馬頭帶箭，像王永慶就是此種格局。

奇遇與慘禍

*財蔭夾印與刑忌夾印

「財」就是巨門星化祿，天梁星是蔭星，財蔭夾天相這個印星，就叫做財蔭夾印。

什麼是刑忌夾印？刑與忌，若巨門星變成化忌，那天梁星就變成刑，和天相在同宮，就會形成「刑忌夾印」的凶格來。

*財蔭夾印，忽然喜從天降

財蔭夾印如果形成格局，不管它放在哪個宮位，都會應驗出來。這種好運會忽然從天而降，想都想不到。

屬「動」的星系格局

*四類「動星」

●天機是心動

天機星，是動頭腦，是計畫、策畫，偏向動腦筋，內在的思考智慧，屬於文職。

●天馬是身動

天馬星，是身體的動，旅行、出差、在外奔波，一定是天馬星來帶動。

●「殺破狼」重大轉折點的動

「殺破狼」也主變動，一旦有四化星或其他什麼星加進來的時候，將會產生劇烈的變化，好的更好，壞的更壞。如果大運、流年有化祿、化忌星宿進來，就會產生人生的重大變化。它往往是我們這一生重大的轉捩點，包括人生觀的轉變、事業變化、婚姻離異等。

●劫空如浪裡行船

第四個動是地劫、地空（旬空），這也是一個變動的星宿，如「浪裡行船，半天折翅」，意思是像海浪的起伏洶湧，變動會非常凶險。

鈴昌陀武主災難

鈴星、文昌、陀羅、武曲這四顆星要結在一起的機率不大，要成這個格局還要有一個條件，就是武曲星化忌。

考運看陽梁昌祿

陽梁昌祿，考運特佳。太陽、天梁、文昌和一個化祿星，這其中是太陽或天梁星化祿，有其中一個

星宿化祿就可以，如果沒有化祿，有祿存星也可以。

這種格局的考運非常好，但是如果大運恰好碰上文昌化忌或有暗忌，就會差那麼一點點，可能本來可以考上臺大，只差那麼一點點，結果考上政大。

偏好的格局

極向離明格	命宮有紫微，且紫微的宮位為「午」，且命宮四方無六煞。
輔弼拱主格	命宮有紫微，且命宮四正有左輔、右弼，或命宮鄰宮有左輔、右弼。
紫府同宮格	命宮有紫微及天府，或命宮的宮位是己、亥，且命宮有紫微及天府。
巨機同臨格	巨門的宮位同天機的宮位。
善蔭朝綱格	天機的宮位同天梁的宮位。
機月同梁格	命宮四正有天機、太陰、天同、天梁。
金燦光輝格	命宮有太陽，且太陽的宮位為「午」。
日出扶桑格	命宮有太陽，且太陽的宮位為「卯」。
日月同宮格	太陽的宮位同太陰的宮位。
日月並明格	命宮有天梁，且命宮的宮位為「丑」。

明珠出海格	命宮的宮位為「未」，且遷移宮有天同及巨門。
日月照壁格	命宮有破軍，且破軍的宮位是「戌、辰」。
巨日同宮格	命宮有巨門及太陽，且命宮的宮位是「寅、申」。
陽梁昌祿格	命宮四正有太陽、祿存、天梁、文昌。
貪武同行格	命宮有貪狼及武曲，且命宮的宮位是「丑、未」。
將星得地格	命宮有武曲，且命宮的宮位是「辰、戌、丑、未」，且年支是「辰、戌、丑、未」。
財祿夾馬格	命宮有天馬，且命宮的宮位是「巳、亥」，且命宮鄰宮有武曲、祿存、化祿。
廉貞文武格	命宮有廉貞，且命宮三方有文昌、文曲。
財蔭夾印格	命宮有天相及武曲，且命宮的宮位是「寅、申」。
化星返貴格	命宮有巨門，且命宮的宮位為「辰」，且年干「辛」；或命宮有天同，且命宮的宮位為「戌」，且年干「丁」。
雄宿朝元格	命宮有廉貞，且命宮的宮位是「寅、申」，且命宮對宮有貪狼。
天府守垣格	命宮有天府，且命宮的宮位為「戌」，且命宮三方無六煞。
府相朝垣格	天府在命宮、財帛宮、官祿宮。
月朗天門格	太陰在命宮、身宮，且命宮的宮位為「亥」，或身宮的宮位為「亥」。

火貪格	命宮有貪狼及火星。
鈴貪格	命宮有貪狼及鈴星。
石中隱玉格	命宮有巨門，且命宮的宮位為「子」，或身宮的宮位為「午」，且命宮四正有化祿、化權、化科。
祿馬配印格	命宮有天相及天馬，且命宮有祿存、化祿，且命宮的宮位是「寅、申、巳、亥」。
壽星入廟格	天梁在命宮、身宮，且命宮的宮位為「子」，或身宮的宮位為「午」。
七殺朝斗格	命宮有七殺，且命宮四正無六煞，且命宮的宮位是「寅、申、子、午」。
英星入廟格	命宮有破軍，且命宮的宮位是「子、午」。
文桂文華格	命宮有文昌及文曲。
文星拱命格	命宮四正有文昌及文曲。
昌曲夾命格	命宮無六煞，且命宮鄰宮有文昌及文曲。
左右同宮格	命宮有左輔及右弼。
輔拱文星格	命宮有文昌、文曲，且命宮會照有左輔。
三奇嘉會格	命宮四正有化祿及化權及化科。
權祿巡逢格	命宮四正有化祿及化權。

雙祿交流格	命宮四正有化祿及祿存。
甲第登庸格	命宮有化科，且命宮對宮有化權。
科名會祿格	命宮有化科，且命宮對宮有化祿。
擎羊入廟格	擎羊的宮位是「辰、戌、丑、未」。
坐貴向貴格	年干是「甲、戊、庚」，且命宮的宮位是「丑、未」。
天乙拱命格	命宮四正有天魁、天鉞。
月生滄海格	天同的宮位為同太陰的宮位，且天同的宮位為「子」。

偏壞的格局

極居卯酉格	命宮有紫微，且命宮的宮位是「卯、酉」。
天機巳亥格	命宮有天機，且命宮的宮位是「巳、亥」。
巨機化酉格	天機的宮位同巨門的宮位，且天機的宮位為「化忌」的宮位。
日月反背格	太陽的宮位為「戌」，且太陰的宮位為「辰」，且命宮的宮位是「辰、戌」。
日同遇煞格	命宮有天同及太陰，且命宮的宮位為「午」。
梁同巳亥格	命宮有天梁，且命宮的宮位是「巳、亥」。

梁馬飄蕩格	梁同巳亥格，且命宮的宮位是「寅、申」。
殺拱廉貞格	命宮有廉貞，且命宮會照有七殺。
貞殺同宮格	命宮有廉貞及七殺，且命宮的宮位是「丑、未」。
刑囚夾印格	命宮有廉貞及天相，且命宮的宮位是「子、午」。
命裡逢空格	命宮有天空、地劫。
空劫夾命格	命宮鄰宮有天空及地劫。
文星失位格	命宮有文昌、文曲，且命宮四正有六煞、破軍，且命宮的宮位是「寅、午、戌」。
科星逢破格	命宮有化科，且命宮四正有天空、地劫、四煞。
桃花滾浪格	官祿宮有巨門及太陽，且官祿宮的宮位為「寅」，且命宮有文曲。
馬頭帶箭格	命宮有擎羊，且命宮的宮位是「子、午、卯、酉」。
羊陀夾忌格	命宮有祿存及化忌。
小人據位格	命宮無主星、七吉星，且身宮無主星、七吉星，且命宮有四煞，且身宮有四煞。
兩重華蓋格	也稱雙祿交流格，命宮四正有天空、地劫。
花開遭狂格	命宮有七吉星，且命宮有四煞、天空、地劫。

名不利達格	命宮有文星，且命宮有四煞、天空、地劫。
日月疾厄格	疾厄宮有太陽及太陰。
泛水桃花格	貪狼的宮位為「子」。
風流綵杖格	貪狼的宮位為同擎羊的宮位。
巨逢四煞格	身宮有巨門，且命宮四正有擎羊及陀羅及火星及鈴星。
命無正曜格	命宮無主星。

第十講 八字、紫微和《易經》卜卦的不同運用

在進入紫微斗數實務批論之前，有個問題常令人感到迷惑，就是卜卦算命跟紫微、八字的算命，到底哪裡不一樣呢？簡單地說：

紫微、八字

用來查詳細的性能規格，所以需要正確的出生「年月日時」，否則無法推算。就像我們要開一輛車，如果要問別人關於車子的規格、性能，就要告訴對方什麼廠牌、什麼年分等資料。

《易經》卜卦

用來查問「路況」。只要知道卜卦的方法，就可以透過卦象來察知單一事情未來的吉凶變化，所以不需要出生時間，只要在卜卦前寫明所要求問的事情即可。例如可直接求問：

1.今年考試是否順利？

2.可以跟陳小姐結婚嗎？

3.去A公司應徵會被錄取嗎？

所以，卜卦就像我們上高速公路前先問路況一樣。

紫微、八字看性能——命格

老師在多年的教學中，常跟學生比喻：「一個人的命運就如同一部車，不同人的命，就像各種不同性能、規格的車一般，批算八字、紫微時，就好像在告訴我們這個人的性格、能力，就像在解說一部車的性能一樣——到底適不適合開到山裡去？到海邊去越野？可不可以像賽車那樣，把它操到時速三百公里以上？」

所以要瞭解一個人的命，就跟開車或買車前先瞭解這部車的性能規格一樣。仔細想想，古人用算命這個「算」字，不就是要「計算」、「衡量」的道理嗎？

在一番計算、衡量之後，若是這部車的性能規格有點不符合你的需求，譬如，底盤不夠高、馬力不夠大，而你有越野或賽車的需要，這個時候當然就有必要加以「改裝」一下了。

所以「改運」跟「改裝」車子不是同樣的道理嗎？

那好，我們已經非常瞭解自己的命格好壞，也曉得該做什麼樣的「改運」功課了，這樣還有需要卜卦嗎？

《易經》卜卦問路況——氣運

請不要忘了，老師一直叮嚀、提醒的「氣運」問題。這就好像你的車子性能非常棒，可是外界環境、天氣無常的變化那麼快。

如果不小心遇到颱風天而有土石流，或是前面的路發生塞車、車禍等意想不到的事，縱使你的「命好」、「車好」，車速可以高達三百公里以上，還是一樣跟別人塞在車陣中動彈不得；或是來一個意外的土石流，也一樣會被淹埋掉。

所以命好並不是就可以完全不管「五常、氣運」，種種外界變化難測的意外。在飛機空難失事中，所有不管好命還是壞命的人，統統過世在同一天的厄運裡，這就是告訴我們「無常、氣運」的嚴重性，有時候就是好命也逃避不了外在惡劣氣運的傷害。

因此「卜卦」就變得很重要了。老師常常比喻卜卦就像是在「問路況」。今天我們準備了一輛裝備齊全的越野車，想要去山林野外好好飆車衝刺一番，不也要趕快看看氣象報告，看看是否會下大雨、颱風、土石流等，這就是卜卦最主要的功能了。

或許，你的車好、命好，越野性能一流，但是前面卻有土石流，你衝過去照樣會被淹沒掉。

或許，你的車不好，命也坎坷，但卻走對了路、謹慎地走，一路平坦慢慢地走，雖然跑不快、衝不上時速三百公里，越野能力也普通，但是一樣可以安然抵達理想中的目的地。

所以，一定要瞭解八字、紫微和卜卦不同的運用範圍：

紫微、八字

瞭解自己的性能，如個性、才能、性格、興趣、適合的發展方向、工作、學業、結交的朋友、結婚的對象等，影響時效是長遠的，是大範圍的，像在做全身的體檢一樣。

卜卦

就像問路況，或是針對某一病症直接治療、下藥。例如現在做這個投資好不好？這個男朋友適不適合我？選哪一所學校較好？影響時效是短暫的，是小範圍的。想要瞭解當下「氣運」的吉凶變化，就一定要以卜卦的方法才能查知清楚。

學習眼界應開闊

曾經跟幾位同修、師兄閒聊過，發現他們有的精通《易經》卦理，但是卻不懂八字、紫微命理，或是有些懂八字、紫微命理，卻沒有學過《易經》卦理。他們狹隘地認為這樣就已經夠了，真是令人感到惋惜呢？

因為命理五術「山、醫、命、相、卜」，每一種學問都有它不同、獨特的功能，以及解決問題的重點，決不是單一種法門就可以處理所有的問題，所以才要分門別類，術業專攻嘛！

老師並不反對專攻某一種法門，但是就像學醫一樣，一定要先有一個全面性的瞭解，要先學會基礎的共通科目，才能進一步分別專業精進的科目。不能因為已經學會八字、紫微，就認為這樣已經夠了，這就是所謂的「法執心」和「傲慢心」，其實很快就會卡上瓶頸的。

所以還是希望有心想學八字、紫微或《易經》的人，一定要將心胸放開，給自己一個開闊的學習眼界，好好將《易經》卦理、八字、紫微命理、風水學、姓名學等，甚至佛法和佛學，都要虛心學習。其實這些學問都有強烈的共通性，只要稍稍用心，就能夠領悟其中的道理，自然就全部都會懂得了，根本不需要花費太多的時間和精神。

成功與否，不在命的好壞

問：某些網站或命理大師，宣稱可以將一個人的命算得很準，這是真的嗎？

正確觀念的建立，實在非常、非常的重要。這些「名師」所謂可以算到「超準」的說法，就八字、紫微的學理及邏輯而言，根本就是「不可能的」。否則雙胞胎又該如何批論八字、紫微呢？

所以老師一再強調，八字、紫微命理的重點，只是在瞭解自己的「性能、規格」罷了。試想，就算有一家車廠保證它生產的超級跑車，每部車的性能都可以跑上時速三百公里，但是開這樣的超級跑車去參加賽車，一定都可以得第一名嗎？不可能吧！為什麼呢？因為，後天環境的變數太多了。

人，不也是這樣嗎？不也是有很多後天的變數嗎？命好，也只能說成功的機會較大。誰能保證，八字、紫微批算說能成功的人，就一定可以成功呢？

算出命不好，就一定會諸事無成嗎？命不好，照樣可以成功。只是需要多努力、多用心一點，先瞭解自己的缺點在哪裡，再針對自己的缺點、弱點好好努力，用心「改裝」自己，照樣還是可以成功的啊！

否則又如何解釋相同出生時辰的人，甚至是雙胞胎，卻會有不同的命運呢？因為，他們後天所遭遇的「變數」、「氣運」不同，所做的努力也不同，對自己的「改裝」程度更是不同，當然就會跑出不同的成績來，而有著不同的命運發展了。

所以，在這個正確的觀念下，你還會相信那些所謂名師的誇大宣傳嗎？

學術？還是騙術？

老師常強調，《易經》、八字、紫微是很好的、對人有幫助的學問，就像醫學那樣。學會了醫術，有人會當一個有良心的「好醫生」，可是也有很多人卻選擇當賺大錢的「錢醫生」。所以就像《白色巨塔》那樣，「名醫是不等於良醫的」。

可是我們不能因為有「錢醫生」的存在，就否定了醫學的重要性。《易經》、八字、紫微也是這樣的情形，也有許多利用《易經》、八字、紫微行騙斂財、圖謀私利的人，可是我們也不能因為如此，就隨便批評《易經》、八字、紫微，說這個是迷信、騙人的玩意，而將它排斥在外。

看著市面上、電視、網路，有那麼多騙人的節目和廣告，藉著別人的不幸和無助來賺取自己的利益，的確是令人既無奈、又感嘆，把這麼好的學問糟蹋到這樣的程度。

《易經》、八字、紫微命理界，大概可以分成兩大派：

第一派：心理輔導派。

不求個人利益，一切按照《易經》、八字、紫微的道理，慢慢引導眾生解決問題，歸向正確、善良的一方。因此不會「危言聳聽、說話嚇人」，重點在於思想精神的開解、引導。

第二派：江湖術士派。

話一說出來，不管準不準，就是要先嚇你，說你「被沖煞」、「有鬼跟著」、「快要大禍臨頭了」、「有一個很大的破財厄運」……

接下來就誇說他的「厲害功夫」，先標榜他的「鐵口直斷」絕對精準，再來誇耀絕對可以幫你化解前面那些困難，燒一大堆紙錢啊、買水晶、天珠戴啊、畫符給你吃、給你戴、幫你作法……反正花樣一大堆，只有一個大目的，就是要賺你的錢。

所以我們應該就可以理出重點了：

心理輔導派，應該是真正以幫人為目的，絕對不會以多少錢、多少紅包，來作為處理事情的目的；而且是以相對性的「五常」、「無常」和「因果」觀念來批解八字、紫微的吉凶好壞。

江湖術士派，絕對是以賺錢、紅包為目標，像在做生意一樣。

因此聰明的你是否該學會分辨，你的問題要交給以賺錢為目的的人來幫你處理嗎？雖然他們或許也有能力幫你解決問題，只是你不覺得這樣的危險性很高嗎？老師也常笑說：「只要有某人對你說，他是『鐵口直斷』的大師，大概也是你快要『大輸』的時候了。」

要避免被騙，只有自己多花一點時間讀書，多吸收一些正確的思想和觀念，學會明辨是非的能力，自然就能保護自己不再受騙，又可以增長自己的智慧，兩相得益，何樂而不為呢？

心理學、EQ還管用嗎？

壞人也會有好基因

《台灣霹靂火》裡的劉文聰，冷酷、好勝、殘忍，卻又很聰明、機智、重義氣，有時候想想，好像也不是那麼樣的壞吧？

心理學說人有三個心理層面，叫做：本我、自我和超我。簡單地說，每個人都有著「多重的性格」，並不是絕對的好，也不是絕對的壞。

本我

動物原始本性、本能，動物基本的欲望心性、行為，或是累世所帶來積習產生的因果習性，例如動物最基本的求生存、弱肉強食和交配延續下一代的本能等。

自我

社會道德性，在成長環境中所學習到的社會道德認知，也是一種社會的約束力量，或是群體的價值標準，比如法律約束、婚姻約束、旁人觀感等，或是要考上第一志願、賺大錢等一般社會價值觀。

超我

理想主義性，超越提升出本我和自我的一種價值觀和行為，例如強烈的某種理念、興趣、宗教情操，所以可以放棄生命、工作、財產、家庭等，一種不同於社會一般人的行為和生命觀感。

金庸的許多大作，老師都非常喜歡看，尤其是《笑傲江湖》，書中描述什麼叫做「正派人士」，什麼叫做「魔教人士」，更是將人性中的善惡變化赤裸裸地顯現出來。哪有什麼正邪之分呢？看到的都只是自我、利益的一面，或是利益、道義夾雜在一起，矛盾複雜難解的多重心性罷了。

人的好壞為何會如此複雜變化呢？主要原因就是在「多重組合」的影響下，才會產生如此「好中帶壞、壞中帶好」的交雜情形，而這一種情形是會隨著所相處的人、不同的地方，和不同的成長時間點，激發出凶性或是吉性來。

這也是為什麼魔教任大小姐平時殺人不眨眼，但是一遇到令狐沖馬上就變成溫柔的小女人，或是某些人二十歲前害羞怯弱，一旦過了某個大運，就轉換成激進、衝動、任性的暴烈個性，這都是因為多重組合所產生的顯隱性變化。

可是從八字、紫微和心理學的角度來看，又該如何區分這「多重、正邪」的性格呢？在星宿特性的解說中，我們一再強調，每個星宿都無所謂絕對的好、壞之分，因為每個星宿都有它的優點和缺點。

但是這世上明明存在許多的「好命人」和「壞運人」，明明就是有許多不同的好壞分別，包括出生的家庭、個人的聰明才智、道德品行、做事的風格、對家庭感情的責任等。因此我們還是要以一般社會的道德標準，來稍做好壞吉凶的區別運用。

心理大師，請不要再說風涼話了吧！

每天我們都看到許多社會新聞：（註：以下多段文稿是整理節錄於網站上新聞報導）

一個教導潛能開發、超級記憶術的名牌老師，被百貨公司守衛發現，竟男扮女裝躲藏在樓梯間，不知有何意圖。是一種變性的嗜好嗎？

某校資優女學生，在考完模擬考後，竟在凌晨從家中七樓的窗口跳樓自殺，沒有留下任何遺書，只在日記中發現，她認為人生很無奈、很苦的語句。

學校老師表示，這個學生平時與同學互動良好，功課也非常優秀，只是開學後曾和輔導室的老師聊過一些問題，但是也沒有談到什麼重點。老師也無法說出這個學生會自殺的原因。

知名香港男歌星，昨日又在百貨公司賣場裡被監視器發現，將一條領帶私藏在口袋裡，意圖蒙混過結帳台，結果被警衛當場逮捕搜身。這是這個男歌星第三次因為這種嗜好被抓住了。上次是以一百萬元來和解，這次又不知該付出多少賠償來了事。

某立法委員因為參加性愛派對，卻又謊報搶劫，立委太太出面開記者會表示，先生和她性生活很美滿，從沒聽過他有特殊的性喜好。

眾多婦女團體大肆批評這位立委的虛偽，罵他偽君子、假道學，利用夫妻的感情來替他掩飾不道德的罪行，要他的太太勇敢站出來，不要再當男人的應聲蟲了。

曾經治癒藝人大S躁鬱症的知名精神科醫師陳國華，九十四年九月二十六日下午在其位於台北市仁愛路的私人診所休息室內燒炭自殺身亡，診所員工發現後立即報警，目前檢警人員正在現場進行採驗。據瞭解，由於自殺現場沒有發現遺書，知名精神科醫師的自殺原因疑雲重重。

小娟一向急公好義，問說：「老師，像這麼多社會事件，難道他們都不會事先感覺到，這種行為可能是不對的？需要控制，甚至避免去做的嗎？」

這是心理學上非常大的迷思，在八字、紫微命理學上也是很大的討論話題。在八字、紫微命理學裡，非常強調五行磁場和星宿的運作關係，若以中國中醫的角度來看，更是一個人身體健康與否的關鍵重點。

其實，一個人如果談到心理這方面的問題，總是會很麻煩的，因為它看不到、摸不到，也無法測量、檢驗，可是心理意識的種種情況，卻又清楚地在運作著。所以許多心理專家才會不斷鼓勵大家學EQ情緒管理，就是要管理、控制自己的心理運作，或是情緒、欲望的轉變。

但是在許多的心理、情緒研究中，我們是不是忽略了一個非常重要的影響因素？那就是荷爾蒙的影響。

荷爾蒙的欲望基因是難以抗拒的

我想，荷爾蒙對人有非常大的影響，是不需要懷疑的，所有人的成長激素、情欲激素、器官的運作，甚至個性、喜好、情緒，無一不受到這種內分泌的影響，更進而左右了我們的行為和觀念。

那又是什麼在影響這種荷爾蒙的分泌呢？醫學界有屬於醫學界的研究和看法，我們不需去探討。我們就從八字、紫微命理學的觀點來看，至於科學不科學就見人見智，不需要去做辯駁和爭論。

八字、紫微命理學裡的基因星宿，其實就代表著一個人幾大類的欲望、情愫和行為，而五行的磁場運轉旺衰，就是告訴我們這些激素何時會被加強、何時會減弱、何時會在大運運勢五行的刺激下而來產生。這就好像當一個人的荷爾蒙被分泌了出來，此時想要去對抗激素對一個人的影響，根本就是不可能的事情。

佛法和心理學中，最喜歡說「一個人最大的敵人，就是自己」。以我個人的觀點來看，這是比較模糊的說法。自己最大的敵人，應該是內分泌中對自己不利，使自己無法控制自己的那些「荷爾蒙、基因」。

所以八字、紫微命理，就是要先看你的命局中是否存在某些不好的激素、基因，再對照察看大運、流年中，是否存在同樣的激素、基因。如果有，那可能在某個大運或流年時間點，這個激素、基因被釋放了出來，那就意味著這個人準備要產生某種劇烈的欲望，會很衝動地去做出不好的、破壞性的行為來。

最常見的就是大家最喜歡問我的：「什麼時候有桃花啊？」「什麼時候可以娶小老婆啊？」或是目前最流行的憂鬱症等。

像是貪狼就是很明顯具有旺盛情欲的星宿，命局中若有貪狼，大運再有，可能桃花情色欲望就會更加旺盛。

太陰就跟精神情緒有很大的關係。太陰入陷的人思想較負面，情緒較不安，遇到煩惱壓力會鑽到牛角尖裡去，所以就會發生憂鬱症或是自殺。

破軍、七殺都是衝動型的星宿，命宮有這星宿的人，個性就會比較衝動，做事很衝、任性、不理智，如果在命局中有被其他吉星如天府、天同壓制住，就會轉變成隱性的特性，但這並不表示不存在了。若在某個大運中再有破軍、七殺出現，暴烈凶性就會爆發出來，性情當然就會有很大的轉變。

所以，當這種激素在影響控制一個人時，那種力量是很不可思議的。絕對不是學一學ＥＱ的情緒管理，或是聽聽某心理大師的演講，甚至去看心理醫生的門診、吃精神藥物，就能解決問題的。

三世因果、輪迴轉世的觀念

在一般佛法的課程內容中，普遍都有建立起「三世因果、輪迴轉世」的觀念，而「三世因果」是根因於佛法中的「唯識學」，所以要進一步深入瞭解三世因果的概念，對唯識學的基本概念是不能不知道的。

認真地說，佛學本來就是一門博大精深的科學，尤其唯識學更是在佛學中占有非常重要的一環。整個唯識學所講的就是心靈科學，及探討人類各種心靈、心識的結構，所以愈瞭解唯識學，就愈瞭解心靈為何物，愈瞭解心靈的組成，也就愈能運用它來做心靈上的溝通，並知道人在靈識裡存在著各種善惡基因。所以說這是一門科學，從這個角度，我們也可以更理性、更邏輯地去看待命理學和何謂通靈、何謂靈療。

老師希望藉由《易經》、八字、紫微命理學，以非常平易簡單的方法，結合「三世因果、輪迴轉世」、「占察木輪相法」的查驗，循序開啟人們心靈最深的因果層面，然後再運用有效的引導與溝通，讓當事人自己去瞭解自己的因果問題，找到真正解決的答案。甚至無須任何人的建議與評估，也無須任何的宗教儀式或法力，在非常理性客觀的情況下，解決困擾我們的問題、矛盾、煩惱。

其實透過命理、占卜溝通的方式，瞭解處理身體上的疾病、情緒、生活、情感、家庭、人際、事業、財務等所有問題，這不就是一種通靈嗎？不就是一種靈療嗎？只是《易經》、八字、紫微命理的學說方法更加簡單易懂，人人都可以學，完全沒有任何神祕感，沒有宗教儀式的外衣，而且非常的科學。

多年來，老師也曾運用《易經》、八字、紫微和佛法，為許多癌症病患指引該如何化解因果障礙，恢復了身體的健康，包括子宮癌、鼻咽癌、乳癌、淋巴癌等重症，尤其是憂鬱症等精神上的病症，都因此而獲得很大的改善。

除了疾病上的健康問題外，也幫助處理了非常多人的感情、婚姻、家庭、親子、事業等問題，許多人自己所創造出來的問題，也都藉此一方法而獲得很明顯的改善。

這種結合命理和因果溝通引導的方法，令人不可思議，還可以讓人清楚感受到自己的過去，如嬰兒時期、胎兒期、前世，及無數個過去世的因果吉凶變化。

何謂身、心、靈呢？

為了讓讀者先有些概念，因此要談「心靈」。大家先要對人本身有些瞭解。到底什麼是人？人的結構有哪些？除了肉體種種器官外，心靈的位置在哪裡？心靈又分為哪些結構呢？它是如何運算？心靈如何主導肉體？如何主導生活？為何肉體的病痛，根因是來自於心靈？除了心靈之外是否有靈魂存在？而靈魂又是什麼呢？

人體真的可說是一具完美的「機器人」。不需要電源、汽油，只靠大自然的食物或水就可以補充能源，自胎兒心臟開始啟動後，即一直不停跳動直到死亡。這具機器人會自動成長、學習、記憶，體內的各項器官全都是自動運作，受損了還可以自動修復，更妙的是有許多不同的感官、知覺，可以輸入亦可以輸出各種不同的感覺。

有情緒反應，會製造生產，有創造能力，會思考、判斷，當然還會複製結構相同、功能一樣的人體出來。

這就是「人類」。這具人類型態的機器人確實太完美了，但如果是機器人則是沒有靈性的，因此，到底是誰在主導、指揮這具機器人，這具有幾十公斤重的人體呢？

答案就是「靈識」、「靈魂」。

「靈識」就是這部機器人的記憶體，如同電腦主機裡的軟體、記憶庫一樣。電腦如果沒有人來操作、指揮它的話，終究只是一堆機器而已。這個操作、主導的人就是電腦的靈魂，那個會運算、記憶、程式運作的記憶軟體，就是電腦的靈識。

相同的道理，人這具肉身機器，如果沒有靈魂指揮他，沒有心靈在運算記憶學習的話，它也只不過是一堆數十公斤的肉身機器而已。

什麼是「靈魂」？

什麼是「靈魂」呢？很多宗教對靈魂都有不同的解釋定義。「靈魂」這個詞彙常常令人誤解為是一個實體，它說明每個人內部都有一個永恆不滅的實體，即使肉體死亡，這個「實體」仍不會消失，在梵文中它被稱為「阿特曼」。

印度教的《奧義書》中認為，這個實體的靈魂，會透過每一世的生命存在肉體去體驗、學習而得到知識，並且因為通過許多試煉、折磨考驗，而得到一次又一次的淨化，直到它達到最高的純淨，然後回歸於梵天，意即絕對的「我」。這個絕對的「我」，也就是宇宙最初的起源，就是所謂的「天界」、「天堂」。

在西方宗教裡，認為是上帝創造了靈魂，靈魂會來到人間度過這一生後，又回歸到天堂或地獄，然後再重獲永生。所以西方宗教比較不直接相信有輪迴轉世，但是也間接認同人的靈魂是會不斷來去「天堂」和「人間」或「地獄」的。

所謂「五蘊」就是「色」、「受」、「想」、「行」、「識」。「色」就是有形物質，「受」就是接受、感覺，「想」就是思想、判別，「行」就是行為、活動，「識」就是靈識、意識，共五種。佛陀所說的這些觀點，正是日後唯識學的基礎原理。

若以現代的量子物理學觀點來看佛陀所說的現象，理論完全可以符合量子學的論點，它確實是可以用量子的測量加以實證的理論。因此若要說佛陀是人類最早的物理科學家，一點也不為過。

唯識學的基本概念

到底唯識學所談的是什麼呢？為何如此重要呢？簡要地說：「唯識學所談就是人的心識（也稱心靈）。」它把人的心識分成八大識，也就是說把人的心靈分成八個不同的結構，這八個結構分別為「眼識」、「耳識」、「鼻識」、「舌識」、「身識」、「意識」、「莫那識」、「阿賴耶識」等八大心識。

前五識我們比較容易瞭解，也就是我們身體中的五種感覺器官，第六識「意識」即是我們平常可思考、可判斷、可分析的指揮中心，它接受前五識所輸入的資訊以判別、研讀、分析，運算後決定我們的行為行動，這就是意識。

第七識「莫那識」，就是「執行」於「內在自我」的識體，它的作用是行動、驅使，像個程式般作用著，它會執行第八識「阿賴耶識」裡所儲存的資料和意識感覺。莫那識會以為那就是「我」的，是「自己的」想法、欲望和需要，而產生「我執」的意識，因此莫那識又名為「我愛執識」，意即它會執行、執著於第八識裡，一切所有的種子意識都視為是「我」、「自己」，而沒有理性客觀分辨的能力。

第八識阿賴耶識是什麼呢？

阿賴耶是「藏」、「庫藏」，儲存之意，故又名「藏識」。這第八識阿賴耶識如電腦的記憶庫一樣，會儲存所有的資料，包括過去累世所有善、惡、業力、習性種種資料，因此它是一切業力存放的所在，也是前七識所有的根本。

所以前七識所輸入於阿賴耶識中的各種資料，會猶如「種子」、「資料」般儲存在裡面，就像電腦記憶庫中的檔案資料一樣，而只要資料符合適當的環境、時間、時機、因緣，就可以隨時被啟發出來執行。但是第八識阿賴耶識只以儲存各種資料為其目的，其本身沒有能力判別善、惡、對、錯，所以無法做分析、運算、判別，它只有一個功能，那就是「儲藏」。

如果這個資料是正確的，所執行產生的行為觀念當然會是正確的，符合自己和社會大眾的利益，如果資料是錯誤的，所執行的行為、產生的觀念當然就是偏執的、負面的，對自己和社會都是有傷害性的。

因此我們在控制自己的心性行為上，面臨著很大的挑戰，也就是無法很理性客觀地論斷自己的行為，常常會覺得自己都是對的、正確的，又或者即便知道是不對的，也無法控制自己不去做它。

被啟動的阿賴耶識

因此問題來了，阿賴耶識裡所儲存的資料我們稱為「種子」，又稱為「識種」，而第七識莫那識，會把這些種子的意識執著為「我」，當成是正確的資料，誤以為是自己的需要、欲望或是想法。

無論這些種子意識是好、是壞、是善或惡，都會被當成是「我」自己的意識想法，而被執行出來，成為一種習慣、習性和行為，因此造成人們常發生的非理性行為、不良的習慣和欲望，甚至堅持「錯的」即是「對的」，就像色盲的人堅持紅色就是綠色一樣，無法判別。人的生活行為，就常被這些誤認的種子所帶來的心識想法所影響，而且自己還完全不自知。這個道理正如同電腦裡的病毒，一樣無法被判斷為病毒，只要符合某種情況，電腦會誤認這些病毒為正常程式指令並且執行它，導致電腦當機毀壞。

就像過去有一種病毒叫「十三號星期五」，只要每次日期遇到十三號又是星期五的那天，符合這種條件時，電腦就會叫出該病毒來執行，導致電腦當機。

人的生活和成長的過程，也有相同的機制，只要符合某些條件、環境、時間、與某人、某事的互動，其靈識就會「啟動」那些影響人的種子意識來，然後讓這個人的思想、意識、行為陷入非理性的狀態，無法正常分析、判別問題，控制自己的行為欲望。

所以為何我們常發現有些人在某一時間段中會變得脾氣很暴躁，或是一個大壞蛋突然變成大好人，或是一個人在精神方面的異常行為，包括憂鬱症、躁鬱症、同性戀、變性欲等，也都是因為潛藏在我們生命基因元素裡的「壞基因」在作祟。由此可見，阿賴耶識和莫那識，如何嚴重地在影響、操控一個人的行為。

有一部電影叫《駭客任務》，其劇情所表達的正是這樣的觀念。當片中男主角完全理解他所處的世界一切都是假象時，他就不會再受到傷害，而且可以反客為主地去主導所處環境裡的一切現象。

這說明了，有時我們都太相信自己內在心識所創化出來的假象，並且執著是自己所想的、所要的，然後不斷被這些所執著的幻象傷害，並被所有的假象主導，而自己的習性行為和健康卻不斷被影響，因此生活過得一團糟，然後情緒失控、身體生病、精神分裂，使自己的一生都遭受到傷害。悲劇事件一再重演，自己始終都是被害者，或是被別人影響及傷害。

如果能透過「唯識」的觀念，結合八字、紫微命理和三世因果的方法，徹底覺知一切都是我執的假象，你就能開始主導自己的生活，並且改變所有的環境與物質，成為生命的主導者，成為命運的導演，導出自己理想的未來，創造並改變整個世界都是可能的。

一切都是因果的顯現

從八字、紫微命理和三世因果的瞭解中，我們驚訝地發現，原來我們的生活、行為、習性以及所發生的種種問題和厄運，包括身體的疾病，都是由靈識因果所主導。

知名的癌症腫瘤專家雷久南博士和姜淑惠醫生，她們都發現要醫治一個病人時，光治療身體疾病是不夠的，還要從心靈、心識做起，所以她們一直在倡導身、心、靈的整體療法，才能真正將一個人導引到真正健康的生活中來。

在老師所服務的許多信眾中也確實發現，許多肉體上的疾病都是由心靈因果，或是外在沖煞產生的，因此是否能完全治療痊癒，也是由心靈因果在主導。

有趣的現象是，由因果所導致的創傷或疾病，也會因事件的不同、情緒感受的不同，顯示在身體的不同器官或部位。

例如：女性的子宮病變或子宮長瘤，通常來自於當事人與母親或子女，有嚴重的感情越軌行為或曾經墮胎，或長期在婚姻中無法化解的情結而產生的結果。

財務的壓力，會在下背部或腸胃的疾病顯示出來。

肝炎病患，通常是患者本身有著很深的恐懼或憤怒。

兒童尿床，甚至代表對父親的一種恐懼。

許多罹患癌症的病人，通常在情感方面有長期無法解決僵化現象，或是自身隱藏著感情越軌事件，因而產生長期的罪惡感。

甚至連最常見的感冒，可能也是因為當事人有某些失落，或是父母任何一方給孩子過度的關愛或壓抑，通常孩子反而容易感冒、氣喘，這種現象也可稱之為「父母錯誤的愛」。

服務批論的個案愈多，老師就愈清楚明白，人的身體不會莫名其妙地生病。事實上，從八字、紫微命理因果的角度來看，連「疾病」本身的發生都是可以預測得知的，都是靈識因果在特定的時間點，或是某一種因緣下發生的一種現象，並且藉以傳遞某些訊息而已。這讓我瞭解到，我們一生的種種問題，都是靈識因果所創造出來的結果。

第十二講 真正改運訓練班

前　言

老師從來都不相信「宿命論」，更堅持「人定勝天」的道理，所以才會不斷用心研習《易經》、紫微斗數，甚至更進到佛法的修持上來，為的就是不願屈服於命運的擺布。

老師更相信人類文明的進步，完全來自於人類不願屈服於大自然，不願屈服於本能的野性，不願屈服於懦弱的守舊，不願屈服於封建的專制束縛，所以用智慧和努力不懈的拚鬥精神，一次又一次證明困難都是可以被克服的，科學文明可以一年比一年更加進步發展。

所以對於與生俱來的命運、業因，老師也同樣堅信，一定有方法可以改善它，否則為何要有這些《易經》、八字、紫微斗數和佛學存在呢？所有這些學問的存在，絕對不是要讓我們學來賣弄「神通」或「預知未來」的能力，或只是擺著一個泥塑木雕的偶像來讓我們朝拜而已，一定有它更高、更深遠的價值意義所在，只是需要我們努力用心將它發掘出來罷了。

因此我們不能用排斥、不理性的想法說：「那若是不順從命運，我們是不是根本就不需要算命、卜

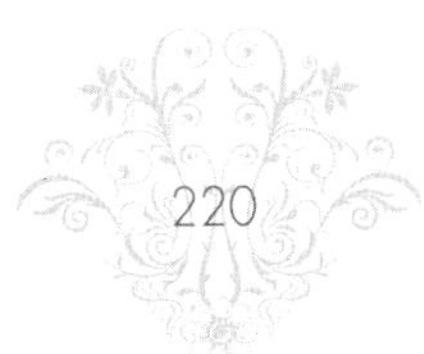

卦，研究《易經》、八字和紫微斗數等命理學了呢？」這是非常消極、逃避和錯誤的想法。

老師常以為，任何一套學問都絕對有它存在的價值，也更有它值得我們去學習的重要性。尤其是關於《易經》、八字、紫微斗數這類長期被人誤解的命理學問，更需要我們用正確、科學、客觀的角度去深入瞭解它，才有辦法從中學到讓我們受益的方法和道理。

多年來的命理教學和服務，最常被學生和信眾問到：算八字、批紫微，真的可以讓一個人變好嗎？壞運可以變成吉運嗎？什麼時候會發生意外？老公會有外遇桃花都可以知道嗎？林林總總的這些問題，都讓老師有一點啼笑皆非呢！

由此可知，一般人對八字、紫微命理或是《易經》卜卦的觀念，真的是有很大的錯誤認知。這一方面是由於社會媒體的錯誤傳播，而最主要的亂源就是來自命理師本身的錯誤引導。因為不論八字或紫微，最大的功能只是在「診斷」和「瞭解」罷了。

所以老師常說，命盤就像一張「身體健康檢查報告表」而已，命理師只是透過專業的訓練，解讀這一張報告表的相關訊息。就像醫生看了X光片或是驗血報告後，告訴你哪裡骨頭斷了，或是哪裡生病了。只是醫學具有科學性，所以可以進一步針對病症來下藥治療，因此醫生是值得我們相信依靠的。

至於命理師或是命理學呢？老師可以實在地說，傳統命理學中，根本沒有提到改運的方法，否則應該要像醫學那般，十個有病的人幾乎九個都可以醫好。事實上，被算出壞命的人，到底又有幾個人可以真正被所謂的改運方法給改好呢？這也是命理學一直不被完全接受，被視為迷信的一大原因。

何謂三世因果

這是在佛法裡所提到的觀念，佛祖啟示我們，人是會輪迴轉世的，包括天下萬物也都是在這「六道輪迴」（天人、阿修羅、人道、畜牲、鬼道、地獄等六道）之中。

人既然是會轉世的，當然就會有「前世」、「今世」、和「來世」之間的累世連帶關係，所以佛菩薩才會不斷苦口慈悲地勸誡我們，要多行善事、多積福報，才能解掉前世的「業因」，並進而累積種下來世的善果。

所以，在三世因果的驗證下，我們今世的許多挫折和報應，會不會是因為前世的業因而產生的呢？答案是肯定會的。

因此對於前世業因、今世果報的研究，也是紫微斗數命理中一項很重要的項目。否則在一張紫微斗數命盤中，怎能告知我們那麼多今世的訊息呢？就是因為其中也顯示著許多前世的「識種」在裡面，當然就可以推斷今世這個人會開什麼樣的「花」，結怎樣的「果」，受到怎樣的報應。

八字、紫微斗數的三世因果觀

許多人對「命」很相信，也有許多人對「命」很懷疑，存在極端兩極化的看法。

但是就老師多年對八字、紫微斗數的研究，及這幾年在佛法修持的體驗中，得出一個很深刻的心得，就是：「命是要去瞭解的，而不是要去相信或排斥。」

其實這跟許多學問都是一樣的道理，在許多學問、真理沒被證實、驗證之前，通常都被看作是「迷信」、「怪力亂神」。所以在隨便亂批評之前，希望大家能以「科學」的態度，先瞭解清楚以後，再來下評論看法吧！

老師從高中時期就很喜歡研讀有關心理學的書，也在「救國團張老師」、「生命線」當過義工，曾記得一位很有名的心理學大師說：

「心理學，是要幫助人如何更加清楚明白地去瞭解一個人，在瞭解之後，想辦法去改善缺點、發揚優點，使人能更進步、更成長、更美好。這就是『心理學』的目標了。」

所以，心理學跟八字、紫微斗數命理學不都是一樣嗎？研究的不就是一個人的「心性」和「行為」嗎？

只是在八字、紫微斗數的論命研究中，比一般心理學多加進了三世因果和無形靈魂的觀念，以至於八字、紫微斗數比心理學更能深入到無形的靈魂因果層次，所以西方的心理大師榮格，也稱《易經》為「超心理學」呢！

如何由八字、紫微斗數中得知業因的影響？

老師常說，命理的基本就是一個人的「性能」、「規格」，那是就有形的心理學層面來看，若是以無形的三世因果來論，在紫微斗數命局中如果有以下的情形，那大概就是前世的業因比較重，而在今世的人生運勢上產生許多「果報」，這當中就會帶來許多生活上的挫折和打擊。

我們可以來看一下有哪些「訊息」、「識種」呢？

1.命盤中的四正宮位，即命宮、遷移、財帛、官祿，落入凶星且入陷，凶星的凶性會發作得很強烈明顯，此生會受業識很深的影響，尤其是四宮中沒有看到吉星者，會更加嚴重。

2.命局中「太陰、太陽、天梁、破軍」入陷者，一生中不如意之事會很多、起伏很大，因為以上四個星宿的人，通常都有很深的「根性」和「佛緣」，極容易出家或修行拜佛。

3.命局中太陰入陷又和凶星同宮者，更是會在一生中遭逢很大的變局，因而家庭離散、孤寂無助，甚或精神異常、自殺輕生或抑鬱終生。

4.宮位中有凶星如「貪狼、破軍、七殺、巨門」入陷，同宮中又無吉星來化解，而變成一個大凶的命局。有這種命局的人，若能虛心修行、積福消業，只要能得貴人來助，或是自己智慧增長，通常都能很快受到福報的庇蔭。

已知業因，如何改運呢？

在多年的上課、卜卦、論命服務中，幫過不下數千學員、信徒解決他們的問題，老師似乎永遠總是說著：要如何改運，只有一句話，就是「積福消業，修慧造命」。

許多人既然來批算八字、紫微斗數，當然重點就是要知道自己命中的好運和壞運、優點和缺點，這也是我們學習《易經》、八字、紫微斗數的目的。可是對於這種「本性、習性」的問題，有時實在很難去改變掉它，所以古人才會說：「江山易改、本性難移。」而壞運的產生，幾乎都是由於這種不好的、難移的本性和業因造成的。

更糟糕的是，許多人甚至普遍認為，難道改運不就是看個好風水，取個好名字就可以了嗎？其實大大錯了。

好風水、好名字是在「五常」之中，屬於外在磁場的改變，講的只是如何稍微調整一下稍微不順暢的「氣運」而已，若是針對與生俱來的本性和本命業因，那根本是完全沒效的。所以老師常苦口婆心地提醒大家，絕對不要相信網路算命、民間神壇，或某大師誇大又美麗的謊言，聲稱改個名、帶個天珠、畫個符、燒一些金紙，就可以幫你消災、求財又改運。那根本就是不可能的事情。否則天底下有錢人不就可以藉著這些方法永遠好運、有錢了？那窮人不就無法翻身、改運了？其實他們這些作法，根本只是為了要騙取你的錢財吧！

那樣難道就沒有真可以「改運、改命」的方法嗎？其實真要改運，就只是一個很簡單的概念，就是「積福消業、修慧造命」，才是唯一絕對的改運法門，而且最重要的，都是要你自己親身來做，絲毫不能請別人來替你做。

還記得，前幾年達賴大師來台灣弘法，竟然有數千人排隊等待灌頂加持，真是看在眼裡、感嘆在心裡。連大師也開示直言，若是自己平時不精進好好修持，就算佛祖親自來加持也是沒用的。

那要如何「積福消業、修慧造命」呢？

積福

就是時時做好事、說好話，幫助弱小、貧困的人，常常參加義工活動，經濟充裕時就多行財佈施、修造寺院、助印佛書。如此這樣，一些前世的業報、厄運，就會「重業輕報」，困難挫折會比較容易度過，也會有貴人、菩薩來幫助、庇佑我們。只是，此時說要完全改變本命中不好的格局，可能還是沒有辦法的。所以說，積福只是消業而已。

修慧

這個學問可就大了。「修慧」在俗世中就稱為「精進、努力、發憤」，所以老師才會認同「人定勝天」的道理，就是要努力、努力、再努力，自然就能夠改掉先天本命中不好的命格和習性。

俗話說「一命、二運、三積陰德、四風水、五讀書」，讀書其實也就是修慧。許多人一聽到「修行」，就覺得是要出家、吃素、念經、打坐等，根本就是大大的錯誤觀念。修行是要透過「外行積福、內行修慧」的功課，將自己的劣根本性給改正，並化解去除累世的業力惡報。其中修慧就是要去學習很多的善知識，就像我們在學校讀書一般，如此才能懂得道理、得到智慧，產生改變自己的力量和方向，所以好好用功讀書、做修持的功課，是非常重要的。

在佛法中修慧，有非常多的層級，最基本的就是「六度波羅密」，也就是六種修慧的方法和層次：一佈施、二持戒、三忍辱、四精進、五禪定、六開智慧。

透過這樣的作法，自然就會給自己帶來完全不同的人生價值觀，對人、對錢財、對名利、對感情、對親情種種的看法，都會有很大的改變。在這改變當中，自然命中很多不好的業報、厄運也跟著轉變了。

所以，命運是可以改變、改造的。老師常說，有兩種人是不必「算命」的，一種是「發大心願的人」，一種是「修慧精進的人」。他們的命早已被自己改變了，哪還能怎麼算呢！

改運的三個階段層次

說了那麼多的觀念之後，總該要談一些比較實務的方法和層次了吧！以老師多年的經驗和自我很深刻的體會，大概可以將改運分為幾個層次。這就好像生病去醫院看病一樣的道理，小病找診所醫生吃藥就好了，大病當然要上醫院做深入的治療，甚至開刀動手術囉！

改運三個階段和層次如下：

第一個階段層次：後天沖煞的制煞解厄

必須先檢查、確定是先天的業果、缺陷，或只是後天的沖煞。如果是後天的沖煞就簡單多了，只要以「制煞解厄」的方式來處理，很快就可以見效。

跟所有的治療一樣，都必須先經過檢查的程序，才能論斷這樣的病症，到底是怎樣造成的？所以必須先經由《易經》、八字、紫微斗數做初步的檢查判斷，看這個命局中是否有很深重的因果業障，或是很大的命格缺陷，或只是此時的不順壞運。若不是由於先天命格、業障所造成，只是因為後天的「沖煞」、「陰煞」所干擾而已，那就是最簡單的情形了。

所以第一種情形，如果只是後天沖煞所造成的不順，這樣當然只要稍加制煞化解，就可以改善很多不好的運勢，如不明的身體病痛就好了，情緒的煩躁就平順，工作的一些干擾、麻煩就化解。

其實一般民間神壇最常做的工作，大概就只是在這個層次範圍而已，因此這樣的情形應該是叫做制煞解厄，跟我們所想像的「改運」還有很大的距離呢！只是一般人就會因為這樣而被誤導，相信這樣的神壇、江湖術士真的能幫你做更多「改善壞運、壞命」的工作。這根本就是不可能的事情嘛！否則怎會有這麼多被斂財騙色的詐欺事件發生呢？

因此我們一定要明辨事理，若是談到真正的改運層次，老師堅決相信是可行的，但是有一個很重要的觀念和前提，就是一定要靠自己的努力才會有效。

所以如果再遇到什麼大師、活佛跟你說花多少錢、買什麼天珠、作法，就一定可以幫你改運，那本人絕對可以跟你保證，絕對一定是在騙人。因為所有的好運、錢財，絕不可能是用金錢可以換來的。老師可以絕對負責任地在此說出這句話，所以請不要再相信電視、網路、神壇那些不肖、不實的廣告了吧！

第二個階段層次：五常（人、事、地、物、時）的調整改變

若只是八字、紫微斗數命格上的缺失，就可以善用「五常」的改運辦法。

第一階段中，我們瞭解必須先檢查，如果只是簡單制煞解厄的處理，基本上是可以由外人、師父或老師來幫你處理。

接下來的階段和層次，就必須完全由你自己來做，因為已經要進入「真正」改運的層次範圍。

什麼叫做「五常」呢？就是我們在人世間會遇上五種不斷變化「無常」的情景，包含了人、事、地、物、時，這五種情景都在不斷的變換中，我們可以以努力、以精神、以付出、以時間，來掌握各種環境變化，將命運控制在我的努力下。

所以為何雙胞胎的八字、紫微斗數命盤完全相同，命運卻會完全不一樣？難道說這些八字、紫微斗數大師都是隨便唬弄、亂講的嗎？重點就在於，八字、紫微斗數只是談一個人先天的「個性、性能、規格」和業因，如果真要論到命運，還有後天五常的影響變化，甚至還有所來降生的靈魂不同，所帶來前世業障因果的不同。老師將這兩種變數稱為「氣運」，所以有相同出生八字、紫微命盤的人，會產生不

相同的命運走向，就是受到這個氣運不同的影響。

老師本人在批論八字、紫微斗數時，一定要配合《易經》卦象或是「占察木輪相法」，來查知這個人的氣運變化，而且一定要親自面談批論，就是為了更進一步確知他的氣運走向，才能比較精準地論斷吉凶運勢。

所以如果只是單拿一張八字、紫微斗數的命盤，或是在電話、網路上就要談論八字、紫微斗數的批論，我個人是完全不認同的。因為無法掌握到氣運的變化，想要深談八字、紫微斗數根本一點意義都沒有，最多只是聊一聊個性和一般命理傾向罷了。

既然五常、氣運對一個人的命運影響這麼大，就可以好好運用它來幫我們改運了嗎？嗯，這是很正確的觀念。

*人、地的改變

大家還記得「孟母三遷」的故事嗎？請問孟母改變的是什麼？「學習、居住的環境」和「相處的人」。是的，這就是五常當中「地」和「人」的改運方向。

*人的改變

我們常會聽到某人在得獎時，感謝他的恩師或太太，這是因為某一位老師的教化，或是太太無怨無悔的支持，幫助或改變了他一生的運勢，因此成就了非常不凡的成功。這就是五常中「人」的改運方向。

＊物的改變

有人很喜歡問我，到底改名字、戴水晶、穿適合的衣物，是否能改變一些壞運呢？我不否認這些改變的功效，因為一個好名字、舒服的衣物，甚至去美容、豐胸、減肥，絕對都會影響改變一個人的心情，帶來好的情緒，給自己更大的信心。這的確是有效的改運方法之一，這就是五常中「事」和「物」的改運方向。

＊時的改變

有時老師也會告訴想要尋求改善現在壞運的人，在做過一番檢查之後，其實要改運，根本就只是需要「等待時機」罷了。

根本就不需要去做任何的動作。因為一個正常人的機運，如果沒有外煞、因果不當的干擾，本來就是會有高低起伏的變化。所以若只是一時的低潮期，又何必緊張呢？等不好的時機過了，自然就會恢復正常的運作。這就是五常中「時」的改運方向。

*事的改變

有些人對於自己的興趣、才能不是很清楚，又受到家人、朋友的誤導，而去從事自己不適合的工作，此時透過紫微、八字的瞭解重新規畫工作方向，就能有好的轉變。例如老師的三弟在土木工程畢業後，進到水利局上班做土木工程的工作，具有「動態」的工作性質。努力熬了兩年後，還是在老師的建議和媽媽的支持下，放棄高薪工作重新去考國小師資班，當上了國小老師，目前每天和小學生在一起，快樂自在得不得了。這就是五常中「事」的改變。

針對以上五常、氣運的概念建立，就是要告訴我們，這些都只是可以用來改運的方法之一而已，至於要如何運用，還是要經過命局的瞭解、檢查之後，才能針對個案，一一給於建議。

不是一聽到改名有用，就一窩蜂去改名；或是一聽到風水不好，就隨便把家裡亂改一通；聽到水晶有用，就買來戴。這跟生了病，到處聽信偏方亂買藥來吃，有什麼不同呢？怪不得會被罵「迷信」、「無知」！

第三個階段層次：先天業力重，必須修持功課徹底改變自己

深重的業障因果和命格裡的大缺失，就必須開大刀、動大手術了。

並不是每個人都會罹患先天性心臟病吧？可是如果你真的很不幸，罹患了這種先天疾病，難道只用以上「制化解煞」或「五常補運」的方法，就可以救治得了嗎？當然不行囉！

所以老師常念一句口頭禪：「小病診所醫，大病要進醫院開刀，那真病就沒藥醫囉！」

不要氣餒，這只是告訴大家，如果真的是命格裡的大壞運，想要改善不是那麼簡單容易，幸好先人聖賢和菩薩都很慈悲，還是有留下許多的經典，教給我們許多有效的方法，的確可以改善這些叫人討厭的「壞運、業障因果」。

在許多教人改善「業障因果」根本壞運的經典中，老師最喜歡的就是《了凡四訓》這本書。書的內容很詳實、客觀，也沒有夾雜太多宗教色彩在裡面。雖然許多佛教大師高僧，很喜歡將它當作勸人為善的經典來傳法、開示，其實這書中根本就沒有談到任何一部佛經和佛號，只有一位雲谷禪師將一句「準提咒」隨意帶過而已，完全沒有涉及太多的宗教色彩，完全是以真正寬容的大法傳授給十方大眾，不論是佛教徒、一般民眾，或是其他宗教信仰的門徒都可以學習、體會，是一部很實用的改運心得經典。

其實這種寬容心胸的精神，就跟《易經》一樣，不要將一些善巧的法門，局限在某一些宗教派門之內，反而更可以深入民間、深植民心，不會造成門戶之見來互相批評貶損。

在《了凡四訓》中有談到「改造命運」的四大方法：

1. 要先改過、立命；

2. 要有實際改過立命的方法；

3. 要能積善，多做好事；

4. 要能謙虛，不張揚。

老師大概將這四種真正的改運方法簡單說明一下，詳細的講解說明，可以參閱老師的另一本著作《真正改運之道　談了凡四訓與準提菩薩》，有更詳細精解的說明和體悟。

1. 要先改過、立命

改過就是要誠實地面對自己，佛法中稱為「懺悔」。要誠實面對自己的各種優點和缺點，在心理學上稱為「面對自我」。

一個人天生就具有許多優點和缺點，可是人的劣根性會選擇「隱惡揚善」，但是這也相對把缺點窩藏在自己的內心發爛、發臭，是沒有辦法解決問題的。因此第一個步驟，就是要勇敢、誠實，將自己的許多缺點挖掘出來面對它。

所以雲谷禪師第一句話就問袁了凡：你有什麼缺點啊？袁了凡很實在、不隱瞞，一口氣就說了自己七大缺點，絲毫不虛偽做作，什麼有潔癖啊、太高傲啊、吝惜自己的名氣而不願幫人，又會亂批評太多話，還喜歡喝酒、喜歡熬夜。

已經知道了自己的缺點所在，接下來就要立命。什麼叫做「立命」？以現在的白話來說，就是你到底真正要的是什麼？你的目標是什麼？要清楚明白。

不要像有些人，大老遠來找老師，聊了老半天，老師問說：「你想改運，那到底是想要什麼呢？」好多人根本就嗯、嗯、啊、啊說不出來。有的問說該如何修行、學佛，不料轉個身卻又問起今年的事業、財運如何，那到底是要修行、學佛，還是要賺錢、做事業啊？老師深深覺得人性的虛偽、假仙，真的是很嚴重呢！

有的人只會說就是要賺很多錢，又想不出自己有什麼才能，好像是要佛堂求「明牌」似的；有些則是絲毫沒有意義的目標。

所以，你到底想要什麼？一定要先確立清楚。想開公司賺大錢，也可以，想要得解脫、要一個好姻緣、好工作等，也都可以。不管你想要的是什麼，一定要很清楚、明確地認定，這就是「立命」，立下一個明確的目標在前面。

袁了凡很清楚明白地說，他想要考上舉人、得功名。

2.要有實際改過立命的方法

雲谷禪師接下來就告訴袁了凡，要改運不是嘴巴說說就好了，要真正立下目標和心願，是有很多功課要去做的。

所以禪師要袁了凡很慎重地寫了一張「疏文」，向神明菩薩稟告自己立下的目標和心願。袁了凡先立了考功名的目標，而發願就是做「三千件善事」，然後禪師才跟袁了凡說了一些改運的功課，包括如何持念「準提心咒」、如何祝禱，如何做每天的善事，功過如何相抵等。

當然袁了凡隔年就考上了舉人功名，可是他的三千件善事，可是整整花了十年才完成。所以你說，改運真有那麼容易嗎？別傻了，天下絕對沒有白吃的午餐。

3.要能積善，多做好事

有人會懷疑，一發了願，不就是要做好事了嗎？為何還要特別強調呢？其實「做功課」和「做好事」是不一樣的效果。

「做功課」就是佛門裡講的「修慧」，這是需要做一些修持上的功夫，並不是叫你誦一些經、念一些佛號那樣簡單，這是要有一定的課程內容和進度的。因為透過學問的吸取和瞭解，才能真正將一些道理深入刻到心裡面去，才能將智慧給啟發出來，所念的經文和咒語才會發揮它的功效。否則念了一輩子的經文，不懂得這個道理，可能都浪費了寶貴的時間和精神了。

雲谷禪師可是很重視地將「修慧」、「做功課」，放在改運的第二個步驟上，還跟袁了凡講解了許多這方面的道理。

至於「做好事」只是「積福消業」的一種法門，雖然也很重要，不過必須要有以上修慧的功課智慧，才不會流於愚昧、鄉愿的爛好人。

好事要做對方向、用對好的方法，才能達到真正的功效，否則隨便做好事，反而被一些貪婪人士誤用，變成是在造業、當幫凶了。

4.要能謙虛、不張揚

將壞運改好了，得功名、利祿了，是要很謙虛地感謝菩薩、天地神明的照顧，絕不能過分張揚炫耀，否則反會招引更慘烈的壞事。

這是袁了凡對他的兒子最後提醒交代的話語。以現在的觀點來看，就是「謙受益、滿招損」。有了好運的人，當然事事如意、春風滿面、得意風光，只是要懂得如何守成，不要只顧著改運，忘了後續「守成維護」的功課也是很重要的。

除了將改運的好法門積極地發揚出去，更重要的是，不可驕傲地自以為是，要謹守《了凡四訓》的教誨，才能永遠長久地維持好運。

看到以上「改造命運」的四個步驟，會不會覺得好麻煩哦？但是如果針對重大的壞運，你想，有那麼容易只花個小紅包、改個名、買個天珠就能如願嗎？那這天下還會有這麼多貧窮、困苦的人嗎？

雖然麻煩，不過至少已經有方法可以讓我們遵循，也是很不錯的一件事情了。

老師還有一句常說的口頭禪：「路不怕遠，就在兩足之下，就怕走錯方向了哦！」走錯了方向，就算好運已經在隔壁、門口等你，你也是永遠都拿不到啦！

批解命盤實務解說

命盤介紹說明

紫微命盤的排組

紫微命盤的排組在以前很困難，一個初學者可能要花上一陣子時間，才學得會如何排組命盤，比星座和八字的命盤都要困難很多。

這其中有牽涉到節氣轉換、早子時、晚子時、年分的交替等許多小細節，甚至許多老師在排組時，看錯了一個節氣，也很容易就將紫微命盤給排錯掉的。

現在拜科技電腦程式的幫助，有幾套紫微命盤軟體很不錯，只要輸入出生年月日時，紫微命盤就會很詳細地列印出來了。

所以老師這幾年在上課時，也不會教如何排組紫微命盤了，直接建議學生上網站去列印，或是自己買軟體程式回來列印。這是時代進步的好處，有時傳統的學問也要跟著時代進步，而且程式列印出來的命盤絕對不會出差錯，比自己翻書查表排出來的命盤還要準確。

因此在以下單元裡，老師希望能直接讓各位學會如何看懂命盤，至於紫微命盤如何排組出來的原理，似乎可以留到對紫微已經有一點概念，程度可以晉級到中階時，再另外研究是在怎樣的原理下，排組出一份紫微命盤來的。

取得紫微命盤的方式

一、上到網站，列印免費簡式的八字命盤，請自行上網搜尋「免費紫微命盤」即可。

二、自行購買紫微命盤軟體程式，或網路下載紫微命盤程式，安裝後自行列印命盤。

三、打電話（〇四）二二〇二八二八三或e-mail到kunde92@seed.net.tw，與佛堂師姊聯絡，會將紫微命盤列印後，以傳真或郵寄的方式送給你。

四、以最古老的方式來排組命盤。通常老師不建議初學者做這麼一件複雜的工作，若你真的要試試看，就請買一本「萬年曆」，再依照書中排命盤的方法一步一步對照各種表，慢慢來排組吧！

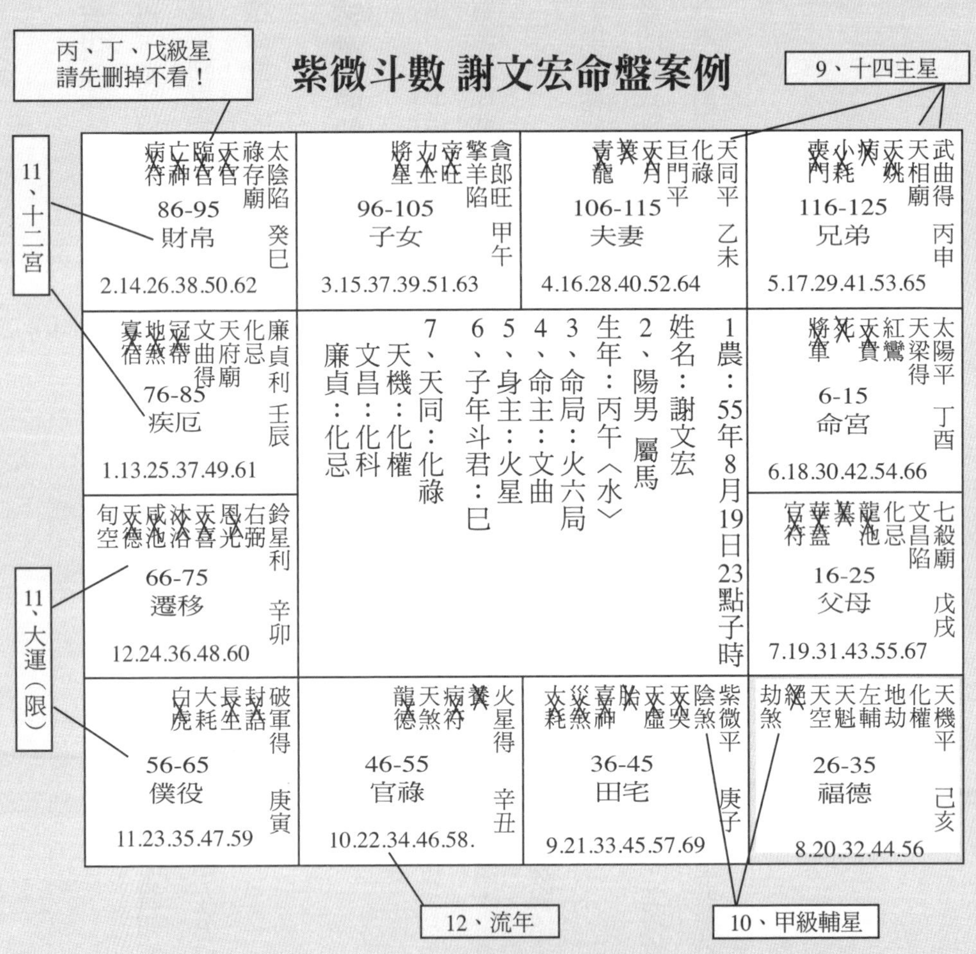

紫微斗數 謝文宏命盤案例
丙、丁、戊級星
請先刪掉不看！
9、十四主星
11、十二宮
11、大運（限）
12、流年
10、甲級輔星
太陰陷 祿存廟 天官 臨官 亡神 病符
86-95
財帛 癸巳
2.14.26.38.50.62
貪郎旺 擎羊陷 帝旺 力士 將星
96-105
子女 甲午
3.15.37.39.51.63
天同平 化祿 巨門平 天月 養 青龍
106-115
夫妻 乙未
4.16.28.40.52.64
武曲得 天相廟 天姚 病 小耗 喪門
116-125
兄弟 丙申
5.17.29.41.53.65
廉貞利 化忌 天府廟 文曲得 冠帶 地煞 寡宿
76-85
疾厄 壬辰
1.13.25.37.49.61
1、農：55年8月19日23點子時
姓名：謝文宏
2、陽男 屬馬
生年：丙午〈水〉
3、命局：火六局
4、命主：文曲
5、身主：火星
6、子年斗君：巳
7、天同：化祿
天機：化權
文昌：化科
廉貞：化忌
太陽平 天梁得 紅鸞 天貴 死 將軍
6-15
命宮 丁酉
6.18.30.42.54.66
鈴星利 右弼 恩光 天喜 沐浴 咸池 天德 旬空
66-75
遷移 辛卯
12.24.36.48.60
七殺廟 文昌陷 化忌 龍池 墓 華蓋 官符
16-25
父母 戊戌
7.19.31.43.55.67
破軍得 封誥 長生 大耗 白虎
56-65
僕役 庚寅
11.23.35.47.59
火星得 養 病符 天煞 龍德
46-55
官祿 辛丑
10.22.34.46.58.
紫微平 陰煞 天哭 天虛 胎 喜神 災煞 太耗
36-45
田宅 庚子
9.21.33.45.57.69
天機平 化權 地劫 左輔 天魁 天空 絕 劫煞
26-35
福德 己亥
8.20.32.44.56

命盤內容簡介

一、跟四柱八字一樣，出生年、月、日、時，這四個出生時間點一定要正確，男女、農曆、國曆都要說清楚，否則是無法得出正確命盤批論的。

二、陽男、陰男，陽女、陰女，由出生的年干來決定，關係著大運順數、逆數的排列。陽男、陰女順排，陰男、陽女逆排，所以同樣出生時間的人，男女命盤是不一樣的。

三、命局：五行局「水二局、木三局、金四局、土五局、火六局」，決定起大運的年歲，水二局就是由二歲開始起算大運。

四、命主：跟命宮裡的主星宿類似意思，但是和五行局配合來表示內在的潛藏心性。

五、身主：跟身宮裡的主星宿類似意思。

六、子年斗君：與八字的太歲流年類似，逢此年運要特別注意吉凶星宿的影響。

七、四化星：年干四化星，由出生年的天干來排算，共有十組，表示主星的吉凶變化趨勢。

八、十二宮：一個人生命中十二大類的事項，如命宮、兄弟、夫妻、子女等。

九、十四主星：紫微斗數中主要的吉凶星宿，如紫微、天機、太陽等。

一〇、甲級輔星：除主星外的主要星宿，約有十八顆。紫微斗數中星宿分為五級，以甲級星最重要，乙級星宿還可以論斷，一般電腦程式會將命盤中五級星宿全部列印出，初學者丙、丁、戊級星宿就不用去理它們了。

二、大運（大限）：每一宮位中有十年，起運歲數二至六歲由五行局來決定，男女有分順、逆數排列的不同。

三、流年（小限）：宮位裡的每個流年相隔十二年，再輪回相同的宮位裡。

星宿吉凶的入門判斷速查表

紫微斗數論命最讓人覺得易懂可愛的地方，就是有一個十二宮位的設計，已經將我們所在意關心的事項都給整理出來。所以在命盤的批解上，對於初學者、甚至完全不懂的人，幾乎只要對表察看十二宮中所入的星宿，就可以大概瞭解自己的吉凶走勢了。

初學入門，可以將所有星宿很簡單區分為：偏吉星、偏凶星、吉凶參半，如下表。但仍是僅供參考，所以老師以「偏」來做表示，而不是絕對論述為吉或凶！

星宿吉凶	十四主星	甲級輔星
偏吉星	天府、天同、天相、天梁、武曲	祿存、左輔、右弼、文昌、文曲、天魁、天鉞
偏凶星	貪狼、破軍、七殺、巨門	地劫、地空、火星、鈴星、擎羊、陀羅、化忌
吉凶星參半	紫微、天機、太陽、太陰、廉貞	天馬、化祿、化權、化科、

紫微斗數 命盤x主星與十二宮吉凶互動關係表

	命宮	兄弟	夫妻	子女	財帛	疾厄	遷移	奴僕	官祿	田宅	福德	父母
紫微	平	平	平	平	吉	平	吉	平	吉	平	平	平
天機	吉	吉	平	平	平	小凶	平	小凶	平	小凶	小凶	平
太陽	吉	平	吉	吉	吉	平	吉	吉	吉	平	平	吉
武曲	平	小凶	小凶	小凶	吉	小凶	吉	平	平	吉	小凶	小凶
天同	吉	吉	吉	吉	平	吉	平	平	平	平	吉	平
廉貞	小凶	凶	凶	凶	平	凶	吉	平	吉	小凶	小凶	凶
天府	吉	吉	吉	吉	吉	吉	吉	吉	平	吉	吉	吉
太陰	吉	平	平	吉	吉	平	吉	吉	平	吉	吉	吉
貪狼	小凶	凶	凶	凶	小凶	凶	小凶	小凶	平	凶	凶	凶
巨門	小凶	凶	小凶	凶	平	凶	小凶	凶	平	小凶	凶	凶
天相	吉	吉	平	平	平	吉	吉	吉	吉	平	吉	吉
天梁	吉	吉	吉	平	平	吉	吉	吉	平	平	吉	吉
七殺	平	凶	凶	凶	平	凶	小凶	凶	平	平	小凶	凶
破軍	小凶	凶	凶	小凶	平	凶	吉	小凶	平	小凶	凶	凶

（以下為甲級輔星）

	命宮	兄弟	夫妻	子女	財帛	疾厄	遷移	奴僕	官祿	田宅	福德	父母
文昌	吉	平	平	平	平	平	吉	吉	吉	平	吉	平
文曲	吉	平	平	平	平	平	吉	吉	吉	平	吉	平
火星	小凶	小凶	小凶	凶	小凶	平	小凶	小凶	小凶	小凶	小凶	凶
鈴星	小凶	小凶	小凶	凶	小凶	平	小凶	小凶	小凶	小凶	小凶	凶
天魁	吉	吉	吉	吉	平	吉	吉	吉	吉	平	吉	吉
天鉞	吉	吉	吉	吉	平	吉	吉	吉	吉	平	吉	吉
左輔	吉	吉	小凶	平	平	平	吉	吉	吉	平	吉	平
右弼	吉	吉	小凶	平	平	平	吉	吉	吉	平	吉	平
擎羊	小凶	凶	凶	凶	小凶	凶	小凶	凶	小凶	小凶	小凶	凶
陀羅	小凶	凶	凶	凶	小凶	凶	小凶	凶	小凶	小凶	小凶	凶
祿存	吉	平	吉	平	吉	平	吉	吉	吉	吉	平	平
地空	凶	凶	凶	凶	凶	凶	凶	凶	凶	凶	凶	凶
地劫	凶	凶	凶	凶	凶	凶	凶	凶	凶	凶	凶	凶
化祿	吉				吉		平		平			
化權	吉				平		平		吉			
化科	吉				平		吉	吉	平			
化忌	凶	凶	凶	凶	小凶		凶	小凶	小凶	凶	凶	凶

紫微命盤觀盤重點

一、確認出生

建立起紫微斗數的相關概念後，拿起命盤的第一件事，絕對要先確認出生年月日時是否正確，國曆、農曆有否錯誤，有無遇到夏日節約時間等。老師之前就遇到太多次這樣的情形，和服務的信眾論解了大半天的命盤，結果他才說：「老師，我那個時間是國曆，不是農曆的！」天啊！口水都白噴了。

二、剔除丙、丁、戊級星

這是電腦的優點和缺點。紫微中的輔星星宿分為甲、乙、丙、丁、戊五等級，一般都是以甲級星宿為主、乙級星宿為輔，其他級數星宿是不看的，因為影響性實在不大了！

但是一般電腦程式幾乎都會將宮位中的所有星宿列出，所以不要以為星宿多就算得準，把自己給搞得七葷八素、頭昏眼花、吉凶不分了。先以甲、乙級星宿來看就好，單純一點，請不要過於折磨自己。

三、先看命宮

先看，命宮是整個命局的中心點，是入吉星還是凶星，對一個人的影響很大。

再看，此一主要星宿的「旺衰度」。入廟、旺，吉星更吉、格局大，凶星凶性減弱；入陷、不，吉星吉性減弱、格局小，凶星更凶。

三看，命宮中有無其他主星宿。

吉凶星宿參雜同宮會有互相牽制的影響，如天府廟、貪狼旺同宮，貪狼重情欲、衝動、桃花、酒色的缺點凶性，會受到天府的牽制，而轉為靈敏、口才好、有才能等的優點表現。

若是多顆吉星同宮，當然是吉上加吉。若是多顆凶星同宮，當然是凶上加凶。

四看，命宮宮位的五行，是否和命宮主星的五行相生或相剋，相生則增加其特性，相剋則減弱其特性。如紫微星屬土入命宮很好，但是命宮宮位為「寅、卯屬木」，木剋土，減弱紫微星的特性，就會使紫微的才能技術性無法順利發揮，造成有志難伸、懷才不遇的困境來。

四、命宮和四正宮中的主星吉凶

命宮四正是第一個命局運勢吉凶的判斷。十二宮中的三會、四正是批論紫微命盤時，很重要的一個組合性邏輯，先論看命宮中星宿的吉凶組合，再進一步將四個宮位的吉凶做組合性的批論。

五、星宿和宮位當運、得位與否

紫微命盤中除了組合性的邏輯觀念，是對命盤批解準確度的一個大挑戰，另外一個很重要的觀念就是星宿和宮位是否當運、得位。因為十四顆甲級主星幾乎都會出現在命盤十二宮位中，不能一看到「紫微廟」就認為是個好吉運。

當然是不一定喔！雖然紫微也算個吉星，不過若落於兄弟、夫妻、僕役等六親宮中，其實無法發揮它的優點，反而會移轉到相對六親對象的身上去。例如入夫妻宮、僕役宮，可能表示配偶、屬下過於權威反來壓制自己的凶相。

六、四化星吉凶的進一步判斷

「化」代表一種轉變的方向，具有動能、動態的變化，就像《易經》中的「動爻」一樣。例如命宮中紫微化權，表示可因為紫微特殊的才能而得到權勢。化祿呢？可以得到財富。化科呢？就是得到名聲、獎牌、榮譽。而化忌呢？可能就會遭人嫉妒，或是懷才不遇，難以將才能給施展出來。

七、依序判斷其他宮位的吉凶星宿，和其他組三會宮

有了以上幾項判斷批論命盤的心得，其實要再批論其他宮位的吉凶，就可以如法炮製，不外是那幾個邏輯觀念重複應用罷了。

可以從身宮注意起，這也是除了命宮四正之外，很重要的一個重點。然後可以依據個人的喜好重點來論看，如在意婚姻者可以看夫妻宮，在意子女者可以看子女宮等。

八、再看大運和流年星宿吉凶

大概瞭解十二宮中星宿吉凶之後，可以進一步論看大運星宿的吉凶，和某一大運剛好是落在哪一個宮位上。

例如：二十五至三十四歲在夫妻宮主星是天相旺，表示此一大運十年內主走姻緣夫妻運，可和命宮四正來結合，產生所謂「五宮合論」的判斷。如再加上「流年」，就是所謂的「六宮合論」，其實也都是組合性邏輯概念的延伸運用。

以上就是紫微斗數基本論斷的八大階段，當然用說的比較容易，真批論看起命盤來，還是一樣滿頭霧水，搞不清楚吉凶好壞。所以接下來，我們就進入實例命盤批解練習吧！

命理理論的學習是永遠不夠的，一定要有實例的練習和經驗的累積。可以先從自己和家人、朋友、同學、同事等練習起，把他們的命盤統統拿來實際對照一遍。想要有所進步，大概看過五十個命盤後就會很有心得了，此時若遇一些關鍵瓶頸，有機會再來請教老師，就會有「一點即通」的感覺。

最怕那種課也不來上，也不看書，也不練習，盡是問些很「白目」的問題，都不知道該如何回答呢！譬如問說：紫微入陷，好不好？入夫妻宮好不好？貪狼入陷在命宮好不好？

喔，真想踹他一腳呢！書中都寫得那麼清楚了還在問，真是「大白目」喔！

紫微斗數 林淑臻 命盤案例一

<table>
<tr>
<td>天同廟
陀羅陷
36-45 己巳
田宅
9.21.33.45.57.69</td>
<td>武曲旺
化祿
天府旺
文昌陷
右弼
陰煞
祿存廟
46-55 庚午
官祿
8.20.32.44.56.68</td>
<td>太陽得
太陰平
擎羊廟
56-65 辛未
僕役
7.19.31.43.55.67</td>
<td>貪狼平
化權
文曲得
化忌
左輔
天馬
天鉞
紅鸞
66-75 壬申
遷移
6.18.30.42.54.66</td>
</tr>
<tr>
<td>破軍旺
26-35 戊辰
福德
10.22.34.46.58.</td>
<td colspan="2" rowspan="2">農：68年5月26日8點辰時
姓名：林淑臻
陰女 屬羊
生年：己未〈火〉
命局：火六局
命主：祿存
身主：天相
子年斗君：子
武曲：化祿
貪狼：化權
天梁：化科
文曲：化忌</td>
<td>天機旺
巨門廟
76-85 癸酉
疾厄
5.17.29.41.53.65</td>
</tr>
<tr>
<td>地劫
16-25 丁卯
父母
11.23.35.47.59</td>
<td>紫微得
天相得
身宮
86-95 甲戌
財帛
4.16.28.40.52.64</td>
</tr>
<tr>
<td>廉貞廟
鈴星廟
天喜
天福
6-15 丙寅
命宮
12.24.36.48.60</td>
<td>火星得
116-125 丁丑
兄弟
1.13.25.37.49.61</td>
<td>七殺旺
天魁
106-115 丙子
夫妻
2.14.26.38.50.62</td>
<td>天梁陷
化科
96-105 乙亥
子女
3.15.37.39.51.63</td>
</tr>
</table>

再續楔子，淑臻的「廉貞」愛情因果故事

出生：農曆六十八年五月二十六日八點辰時

命局主要吉凶批解——命宮之三會、四正，身宮在財帛宮

＊命宮入「廉貞廟」

可以清楚瞭解個性上具有執著、保守、重道德的特性，對於事情有拘謹放不開的一面。再加上「鈴星廟」，會使個性偏向陰沉、內斂、多疑，偶有因為多疑而引起的衝突和肢體傷害事件，但是因為鈴星入廟所以不會太嚴重。

＊官祿宮的星宿對事業非常好

幾乎都是吉星入旺，稍有「文昌陷」，表示在學歷等級上無法有太高的發展，想要再升學拿文憑會有困難，但是對於事業沒有太大的影響。武曲做事積極肯吃苦，天府又是主管的格局，會不斷升職是很正常的現象，又有「祿存廟」更是財富名利雙收。

*財帛宮和事業宮相互輝映

「紫微得」表示要靠技能賺取財富，不會受景氣環境的影響；但因紫微沒有入廟，所以技術層次也不會很高。理財方面由於受到「天相得」保守母性的影響，所以是以定存、不動產置產為主，在經濟上能夠給予家庭穩定豐富的照顧。

*遷移宮中的星宿吉凶參雜

與人互動相處的關係有點複雜，其中當然以「貪狼平、化權」影響最大，會顯現出喜歡結交權貴的傾向，而以此來獲得權位上的欲望，不過不是很強烈。所以會和某些人士相處得比較密切，造成男友的吃醋誤會。

感情婚姻吉凶批解（夫妻宮、對宮——官祿宮）

對感情的態度可由命宮的「廉貞廟」來做一基本判斷，再加上夫妻宮中的「七殺旺」，因猜忌引起的口角肢體衝突可能很難避免。本來廉貞就具有隱藏的暴力因子，再有七殺來助威，就會形成顯性的外在行為表現。

因為夫妻宮中只有七殺主星，所以難以判斷先生的吉凶，但是會引起兩人暴力衝突，相處很難和諧是肯定的。會不會因此有婚姻離異的凶運，要另由大運影響來判斷。

與家人、朋友的互動關係（父母宮、兄弟宮、子女宮、僕役宮）

和父母、兄弟家人的互動關係也不是很密切，有凶星地劫，表示還需要供給父母錢財上的資助，無法得到父母的庇蔭和幫助。

兄弟宮入「火星得」，可見兄弟也有脾氣火爆的現象，所以彼此在相處上常會有意見口角的衝突，因此不會有很親密的互動。

子女宮「天梁陷、化科」，往後小孩也會有像媽媽執著、堅持的個性。化科會較注重外在面子，所以和小孩的互動會以較枯燥、嚴謹、守規矩的管教模式，希望小孩不會丟大人的臉，因此也不會有過度溺愛、寵愛的行為發生。

身體健康（疾厄宮、對宮——父母宮）

疾厄宮入「天機旺、巨門廟」都不是凶星或入陷，所以身體健康方面很好；但是在精神情緒方面，因為具有天機和巨門的好動性，所以有時會有起伏變化過大、情緒較不穩定的失控現象。

置產和居家品質（田宅宮、對宮——子女宮）

天同是斗數星宿中很標準的財庫星，再加上財帛宮的天相，因此一定會有很好的或是高標準的置產屋宅。不過天同有過於慵懶的情形，而「陀羅陷」更是顯現出混亂的跡象，因此淑臻的居家品質算是比較雜亂、隨性的環境，想要做到整齊乾淨、窗明几淨是較難的。

興趣嗜好和福報（福德宮、對宮——財帛宮）

「破軍旺」算是凶星，但因為入旺又在福德宮，所以對於平常的工作、人緣、財富，並沒有太壞的影響性。而且對宮又是紫微和天相，也能抑制破軍的凶性，所以淑臻的興趣和才華，可能要在晚年退休後才能漸漸展現出來，因入於戊辰宮屬土，傾向園藝或是陶藝的興趣。

大運、流年運勢簡單批論

此命局大運由六至七十五歲是由命宮順行至遷移宮，這之中的凶星有出現地劫、破軍、陀羅、擎羊、貪狼，其中以三十六至四十五歲的陀羅陷最為嚴重，此一時期家中的生活，可能會出現一陣的波折混亂。這當然跟廉貞的偏執和七殺的衝動有很大的關係，幸好和陀羅同宮的是大吉星天同，所以應該是凶中化吉，造成婚姻離異的機率減少了許多。

真實故事分享

從故事來看，淑臻算是一位固執又剛毅的女性，對於男女感情有她深情和執著的一面。在醫院的工作，因為認真肯做不推託，所以也很受主管的賞識，一直要賦與更高的工作職位，只是本身的感情和精神情緒一直無法穩定，所以才遲遲不能決定。

和建華的感情，因為生活上的衝突時時發生，讓她考慮是否該結束，找尋另一段姻緣，卻又放不下多年的感情。或許這也是一般人對於感情的罣礙心，只是「廉貞」更加嚴重罷了。

不過以兩人的命局來看，速配指數算是滿高的，都各有其個性的執著缺點。當然如果淑臻能放下這一段感情，老師會建議找個命宮有入比較溫和、穩重主星的人，如「天府、天同、天梁、天相」等星宿，對於「廉貞、七殺」的神經質衝動性，較有緩和的作用，才不會時常因為多疑、不安起口角、動手腳。

命局重點評析

※偏好的宮位有：田宅宮、官祿宮、疾厄宮、財帛宮。

※偏凶的宮位有：父母宮、僕役宮、子女宮、兄弟宮。

※吉凶參半的宮位有：命宮、福德宮、遷移宮、夫妻宮。

以命盤中吉凶星宿批論，其實凶星因為不入陷，所以凶性都不算太凶，甚至連最糟糕的格局「太陽、太陰」同宮，也只是在僕役宮中，不好的影響不是那麼直接。雖然七殺凶星在夫妻宮，但因為入旺，所以凶性並不會那麼暴烈，只是口角衝突比較大一點而已。

紫微斗數 陳建華 命盤案例二

<table>
<tr>
<td>天相得 陀羅陷
104-113 乙巳
福德
11.23.35.47.59</td>
<td>天梁廟 火星廟 右弼 陰煞 祿存廟
94-103 丙午
田宅
12.24.36.48.60</td>
<td>廉貞利 七殺廟 文曲旺 文昌利 擎羊廟
84-93 丁未
官祿
1.13.25.37.49.61</td>
<td>左輔 天馬
74-83 戊申
僕役
2.14.26.38.50.62</td>
</tr>
<tr>
<td>巨門陷 化忌 寡宿
114-123 甲辰
父母
10.22.34.46.58.</td>
<td colspan="2" rowspan="2">農：66年5月8日6點卯時
姓名：陳建華
陰男 屬蛇
生年：丁巳〈土〉
命局：金四局局
命主：文曲
身主：天機
子年斗君：亥
太陰：化祿
天同：化權
天機：化科
巨門：化忌</td>
<td>天鉞
身宮
64-73 己酉
遷移
3.15.37.39.51.63</td>
</tr>
<tr>
<td>紫微旺 貪狼利
4-13 癸卯
命宮
9.21.33.45.57.69</td>
<td>天同平 化權 紅鸞
54-63 庚戌
疾厄
4.16.28.40.52.64</td>
</tr>
<tr>
<td>天機得 化科 太陰旺 化祿
14-23 壬寅
兄弟
8.20.32.44.56.68</td>
<td>天府廟 鈴星得
24-33 癸丑
夫妻
7.19.31.43.55.67</td>
<td>太陽陷
34-43 壬子
子女
6.18.30.42.54.66</td>
<td>武曲平 破軍平 天魁
44-53 辛亥
財帛
5.17.29.41.53.65</td>
</tr>
</table>

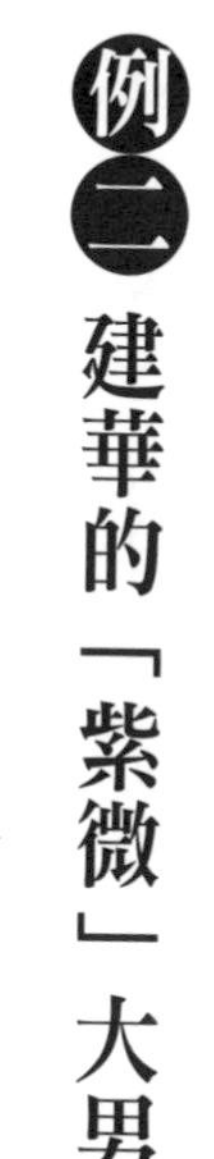

例二 建華的「紫微」大男人故事

出生：農曆六十六年五月八日六點卯時

命局主要吉凶批解——命宮之三會、四正，身宮在遷移宮

＊命宮「紫微旺、貪狼利」

馬上讓人感覺到一陣「才華洋溢、盛氣凌人」的高貴感，幸好是在「癸卯」宮位中，會有感性溫柔浪漫的一面，否則這種氣焰是會讓人感到有距離的。

貪狼主桃花和才能，因此在才氣的烘托下，贏得眾人的喜愛是必然的現象，才會讓淑臻如此地深愛著建華。但是也怪不得淑臻廉貞多疑、不安的心會如此強烈，因為建華的桃花的確也是滿旺盛的。

＊官祿宮入「廉貞利、七殺廟、文曲旺、文昌利、擎羊廟」

幾乎都是吉星也偏旺相，更加能相助紫微主星的才能，所以在事業上的發展會具有滿大格局的野心，也會往特殊專長行業的領域來進展，所以若是在醫藥領域上發展，的確是非常適合。

＊財帛宮「武曲平、破軍平、天魁」

都是較動態的星宿，所以對於理財的觀念也會很積極，不斷想要投資創業，不是保守理財的類型，可以看到很大的欲望和野心。因為官祿宮很不錯，所以賺到財富是可以預期的，至於會不會有破財或投資失利的凶運，就要進一步看大運星宿的吉凶。

在官祿宮中可以看到廉貞出現，表示建華也有相當程度的偏執、多疑和暴躁，只是不會太嚴重，若是和淑臻來合婚對應，也算是還可以的速配。

*身宮和遷移宮同宮入吉星天鉞

偏向靜態，表示往後在工作上不會太複雜和多變化，與人相處單純但不隨和，這跟命宮紫微的高傲孤僻也有很大關連。

感情婚姻吉凶批解（夫妻宮、對宮——官祿宮）

「天府廟」吉星對於夫妻的感情是正面多於負面，表示妻子的品行和能力也不錯，而且重道德和家庭感，不會有隨便任性的行為，能夠帶來安穩的感情婚姻生活。只是「鈴星得」，也有內心陰沉、多疑的特性，所以和妻子相處時，要能完全敞開心胸，有話就說，才不會造成彼此的猜忌不安和言語口角的衝突。

與家人、朋友的互動關係（父母宮、兄弟宮、子女宮、僕役宮）

父母「巨門陷、化忌」，兄弟「天機得、太陰旺化祿、地劫」，子女「太陽陷」，僕役「天馬、左輔」，這其中和父母的互動關係最不好，彼此間的口角意見特別多，而且是非批評不滿也會很多，最好少在一起相處才能減少紛爭。

兄弟間的心思也滿複雜的，因為「天機、太陰」都具有心思敏感、想法多的特性。不過建華倒是可以常和兄弟們商量事情，因為化科、化祿的影響，都可以使建華在事業上的投資發展，得到很正面有利的幫助。只是其中的凶星地劫，也會使錢財稍有損失，若是要和兄弟合夥投資，金額絕對不能太大。

和子女的因緣相對就淺薄了很多，紫微和太陽都是尊貴的王者星宿，所以和子女的意見行為衝突在所難免。尤其「太陽陷」，小孩會過於好動、急躁，個性也不是很好相處和教養。

僕役宮的星宿很好，對應於官祿宮，表示建華在事業發展中，也會得到得力下屬的支持和幫忙。

身體健康（疾厄宮、對宮——父母宮）

疾厄宮中無凶星出現，只有「天同平、化權」，表示身體狀況沒什麼大礙，意外重病、急症都不會發生。對宮的巨門陷，要注意的只有是非紛爭引起的煩惱和氣憤而已。

置產和居家品質（田宅宮、對宮——子女宮）

田宅入「天梁廟、火星廟、祿存廟、右弼」，也幾乎都是吉星偏旺的吉相，所以置產是不成問題的，甚至還會對房地產投資有很大的興趣。

對於居家品質也是一般，天梁、火星都是較著重於外象的豪華氣派。

興趣嗜好和福報（福德宮、對宮——財帛宮）

福德宮中的「天相得」是印星，具有慈悲的本性和深厚的佛緣根性，所以對於宗教信仰是可以接受，但是旺度不夠，又有「陀羅陷」的雜亂心思來干擾，因此也不會很深入虔誠地信仰修行。

大運、流年運勢簡單批論

此命局大運四至七十三歲由命宮（壬寅）逆行至遷移宮（己酉），其中都是吉星較多，只有凶星破軍在四十四至五十三歲，和太陽陷三十四至四十三歲。影響較大的是三十四歲後和子女的互動關係，這一段時間也會比較喜歡往外面活動，可以看到太陽的熱度和活躍性，對於社團活動會很積極投入，甚至有往政治發展的傾向。

另外在二十四至三十三歲大運的夫妻關係，也是非常地當運旺盛，結婚的機運很高。

四十四歲後大運的破軍和命宮的貪狼，會帶來一段小桃花的波折，但是因為夫妻宮有「天府廟」的吉星守住，所以不會嚴重到發生婚姻離異的厄運。

真實故事分享

如故事所說的，建華長得高大帥氣，為人又有才華，是會讓女孩喜歡的類型，對於事業也很積極投入，唯一的缺點就是脾氣衝了一點，而且也滿高傲臭屁，常常會批評公司主管和一些政治時事。所以和淑臻在一起，也是有時很多情、激情、浪漫，有時又很看不慣淑臻的一些作為和個性，跟淑臻起口角時也不會溫柔退讓，一定是力爭到底，才會屢屢爆發讓人受不了的衝突。

命局重點評析

※偏好的宮位有：命宮、田宅宮、官祿宮、僕役宮、疾厄宮、夫妻宮、兄弟宮。

※偏凶的宮位有：父母宮、子女宮。

※吉凶參半的宮位有：福德宮、遷移宮、財帛宮。

以命盤吉凶宮位來看，建華的吉宮位是多於凶宮位，所以算是偏向好命的命局。就像看八字命局，老師初步也是會教讀者在命局七個星宿當中，看看有幾個吉星、幾個凶星。

※吉星：正財、偏財、正官、正印、食神。

※四大凶星：偏印、傷官、劫財、七殺。

※吉凶參半：比肩。

而紫微斗數的吉凶初步判斷稍微複雜一點，要先判斷星宿吉凶，然後再看十二宮位的吉凶，再論述整個命局的大概吉凶。

紫微斗數 謝文宏命盤案例三

太陰陷 祿存廟 天官 臨官 亡神 病符 86-95 財帛 癸巳 2.14.26.38.50.62	貪郎旺 擎羊陷 帝旺 力士 將星 96-105 子女 甲午 3.15.37.39.51.63	天同平 化祿 巨門平 天月 衰 青龍 106-115 夫妻 乙未 4.16.28.40.52.64	武曲得 天相廟 天姚 病 小耗 喪門 116-125 兄弟 丙申 5.17.29.41.53.65
廉貞利 化忌 天府廟 文曲得 冠帶 地煞 寡宿 76-85 疾厄 壬辰 1.13.25.37.49.61	農：55年8月19日23點子時 姓名：謝文宏 陽男 屬馬 生年：丙午〈水〉 命局：火六局 命主：文曲 身主：火星 子年斗君：巳 天同：化祿 天機：化權 文昌：化科 廉貞：化忌		太陽平 天梁得 紅鸞 天貴 死 將軍 6-15 命宮 丁酉 6.18.30.42.54.66
鈴星利 右弼 恩光 天喜 沐浴 咸池 天德 旬空 66-75 遷移 辛卯 12.24.36.48.60			七殺廟 文昌陷 化忌 龍池 墓 華蓋 官符 16-25 父母 戊戌 7.19.31.43.55.67
破軍得 封誥 長生 大耗 白虎 56-65 僕役 庚寅 11.23.35.47.59	火星得 養 病符 天煞 龍德 46-55 官祿 辛丑 10.22.34.46.58.	紫微平 陰煞 天哭 天虛 胎 喜神 災煞 大耗 36-45 田宅 庚子 9.21.33.45.57.69	天機平 化權 地劫 左輔 天魁 天空 絕 劫煞 26-35 福德 己亥 8.20.32.44.56.68

謝文宏的「太陽」浪子博士故事

出生：農曆五十五年八月十九日二十三點子時

命局主要吉凶批解——命宮之三會、四正，身宮在命宮

*命宮入「太陽平、天梁得、天鉞」，並無其他凶星

算是很陽光平穩的吉運命局，稍有不足的地方是天梁和太陽都不旺，而且這兩個星宿在特性上，稍有落差過大的衝突現象，因為太陽主動、天梁主靜，動靜變化過大，所以會造成在運勢發展的過程中，起伏變化也會很巨大。

*官祿宮在事業、學業上的發展入「火星得」

火星屬於「智慧」，表示學習能力很強。但是火星也是凶星，所以在學業和事業上的發展一定會波折很多，常有意氣、情緒上的違逆行為發生，很難平順如意地一路發展。

*財帛宮入「太陰陷、祿存廟」

算是吉凶參半的現象。以官祿宮來看，不穩定的「火星得」，加上陰沉變化不定的「太陰陷」，對於財富的管理和累積也會非常不穩；但是有一個財富大吉星「祿存廟」，表示縱使事業收入不穩定，終究還是會有福報庇蔭，錢財生活經濟上還是不用過於擔心。此宮中也沒有破財的凶星，對於理財是屬於內斂保守、不亂投資揮霍的吉象。

＊遷移宮入「鈴星利、右弼、旬空」

也是吉凶星參半的現象，尤其鈴星會顯現出和人相處有強烈的喜好偏見，態度也很陰沉內斂，並不是廣結善緣、隨緣大方型的，所以往往得罪了人自己還不知道。

綜觀此命宮四正的星宿，強烈出現吉凶參半、動靜落差、心性陰沉矛盾的情形，這對於一個人的運勢發展算是較不好的一種現象。這時大運星宿的吉凶影響，就會變得非常重要了！

感情婚姻吉凶批解（夫妻宮、對宮——官祿宮）

夫妻宮入「天同平化祿」、「巨門平」，因為天同本就是財星又加上化祿，更可增加它的財運，因此可以得到妻子在財務上滿大的幫助，只是也有囉唆的巨門在夫妻宮，還好沒入陷！所以偶爾給老婆碎碎念一下可能是免不了的。整體的夫妻關係還不錯。

與家人、朋友的互動關係（父母宮、兄弟宮、子女宮、僕役宮）

父母、兄弟宮位中的星宿為「七殺廟、文昌陷化科、武曲得、天相廟」，都是一些吉星，所以父母家人都很優秀，與家人的互動也很好，並沒有什麼凶星在干擾。

子女宮入「貪狼旺、擎羊陷」，貪狼優點是小孩很有才華，很得人疼愛，但是擎羊的凶星會來造成意外的傷害，因此對於小孩的照顧，要多注意意外方面的事件。

僕役宮入「破軍得」再加上官祿宮的「火星得」，可以瞭解在事業上的發展，不是屬於公司型態的規模，而是傾向個人工作室、研究室的方向，和下屬、同事的互動不會很好，甚至也會因為人緣不好而惹來小人、口舌是非。

身體健康（疾厄宮、對宮——父母宮）

疾厄宮入「廉貞利化忌、天府廟、文曲得、陀羅陷」也是吉凶參半。廉貞和陀羅會產生心性多疑、不安，屬於精神方面的病症，因為吉星天府很旺，所以不會發生身體上的意外和重症，而且對應的大運又是在七十六歲以後，更是不會有其他異常疾病發生。

置產和居家品質（田宅宮、對宮——子女宮）

因財帛宮入「太陰陷、祿存廟」，加上田宅宮的「紫微平」，都是屬於保守的理財類型，會有很好的置產機運，甚至可以得自娘家和父母的支持庇蔭，很順利就可以擁有自己的住家房產，或是藉由父母的資助來置產。

對住家的要求有其品味，紫微的才能會發揮在居家的裝設上，會有讓家人、朋友很羨慕的居家設計環境。

興趣嗜好和福報（福德宮、對宮——財帛宮）

「天機平化權」在所謂興趣嗜好上的表現，屬於靈活、善變、有機巧，反而比事業上的表現要好很多，顯現出在工作波折多、壓力大，而在興趣上較能充分發揮其才能。又有左輔表示有共同興趣的朋友，可以融洽相處、互相幫忙。

大運、流年運勢簡單批論

大運起於命宮六至十五歲順行，這其中的星宿凶運有十六至二十五歲的「文昌陷」，會嚴重影響到功課學業。雖然有其學識才智，可是會因為文昌入陷，又有官祿宮的火星衝動，太陰、陀羅的心性不定，而導致學業的坎坷不順，要到三十三、三十六歲後進入紫微星的運勢內，才會轉為吉運。

四十六至五十五、五十六至六十五歲的大運都是凶星當運，火星和破軍都會帶來不可預期的傷害，幸好凶星都沒入陷，所以應該只是有驚無險吧！

真實故事分享

這位謝師兄目前在台南某所技術大學當老師，也是一位準博士，修的學業是「觀光旅遊」。會來找老師批論命盤，是因為對未來發展非常惶恐，一直有種無法畢業拿到博士學位的憂慮感，而且學校也停了好幾堂他所教的課程，使得上課節數明顯減少，所以在生活經濟上也開始有壓力產生。

在聊天中發現，謝師兄的父母在台南地區非常成功，算是事業有成的人士，資產也滿豐厚的，兄弟姊妹幾乎都是高學歷、高收入，若是以平常的經濟水準來看，有如此的家庭背景，根本是完全不需要擔心的！再深入瞭解才發現，問題是在謝師兄本人身上。因為他的求學階段非常不順利，高中就轉了三所學校，大學也是勉強讀完，研究所是當兵退伍後才又繼續讀的，會攻讀博士是因為要在學校裡取得穩定的講師資格，也不全是自己的興趣專長所在。可以體會到這位師兄的心性起伏變化很大，情緒有點悲觀憂慮，但是有時又會有某種驕傲的自信感，真如命宮的「太陽、天梁」一般矛盾。

老師大概分析完他的命局後，再以未來的大運、流年來看他的學業和事業發展，流年四十一歲在兄弟宮「武曲得、天相廟」，大運在三十六至四十五歲的田宅宮「紫微平」，所以斷定要取得博士學位會在九十六年下半年。而且四十三歲（九十七年）流年「七殺廟」，會為他的事業帶來一波這輩子最大的發展，因為大運、流年星宿「紫微平、七殺廟」，就是發展專業性技能和大格局的事業規模。

一聽老師說完，謝師兄感到不可思議地說：「好準！」因為他的父親和一些合作的好朋友，這一、兩年一直計畫要去大陸投資發展旅遊觀光業，但是因為政府還未完全開放，而且規畫管理的人才也一直尚未確定，以至於父母不斷在問他何時可以畢業，也因此造成在學業上有很大的壓力。不過現在一聽老師說完，未來對他的運勢發展是有利的吉運，甚至非常契合整個發展情勢，所以心情都輕鬆了起來。

老師也很客觀地鼓勵謝師兄，命局裡的起伏變化雖然存在，但是稍做努力抓住方向，還是可以順著局勢往好的方向進行。畢竟在顛簸中能讀到博士也是非常不容易，這表示心性上的不穩矛盾還是可以受到控制掌握的，所以目前只要專心讀書取得學位，甚至也不必過於在意學校的上課節數收入，以後當上大老闆的機會大得很，資產收入絕對大於當講師的收入。

命局重點評析

※偏好的宮位有：父母宮、田宅宮、夫妻宮、兄弟宮。

※偏凶的宮位有：僕役宮、遷移宮。

※吉凶參半的宮位有：命宮、福德宮、官祿宮、疾厄宮、財帛宮、子女宮。

此一命盤明顯吉凶參半的宮位比較多，尤其是命宮三會宮，都是屬於較不穩定的狀況，此時大運星宿的影響就顯得特別重要，也可以進一步驗證此人一生的工作、學業的確變化很大。從一個叛逆、愛幻想、憂鬱不讀書的青少年，變成一個大學講師，又能夠讀到博士學位，幾年後還可能成為某個觀光企業集團的主管，這也是命運因果下所產生的神奇吧！

另外關於精神不穩定，有以下幾種情形：

1.命宮、遷移宮、疾厄宮等宮位，同宮中落入主星的特性衝突落差太大。

●**最動態的星宿**：太陽、七殺、破軍、貪狼、武曲。

●**最靜態的星宿**：太陰、天梁、天相、天同。

如「太陽、太陰」、「太陽、天梁」、「七殺、天相」、「破軍、太陰」等組合，都會產生精神不穩多變化的情形，嚴重的話甚至會產生憂鬱症、躁鬱症、精神分裂等精神疾病。

2.命宮、遷移宮、疾厄宮等宮位，落入本身就具有精神疾病因子的星宿。

●**入太陰**——最典型內斂陰沉、變化無常的星宿，若是入陷又在以上三個宮位中，幾乎都會有精神疾病的傾向。反應為：多疑、不安、對生命、生活憂慮，也很容易被沖煞，驚嚇、虛驚、害怕。

●**入廉貞**——精神容易緊張、神經質的星宿，而且會有七殺衝動暴力的躁鬱症傾向。反應為：焦慮、神經質、心頭鬱悶放不開，對事情緊張、杯弓蛇影，容易頭痛、失眠，也是容易被沖煞。

●**入破軍**——精神容易亢奮激動不安，所以很容易憤世嫉俗，看什麼都不順眼，具有破壞改革的力量。反應為：易激動、憤慨、很焦躁、心性浮躁不安、坐不住，容易被激怒而發飆。

紫微斗數 莊月霞 命盤案例四

<table>
<tr>
<td>巨門旺
化祿
地劫
癸巳
26-35
福德
9.21.33.45.57.69</td>
<td>廉貞平
天相廟
天魁
甲午
36-45
田宅
8.20.32.44.56.68</td>
<td>天梁旺
乙未
46-55
官祿
7.19.31.43.55.67</td>
<td>七殺廟
陀羅陷
丙申
56-65
僕役
6.18.30.42.54.66</td>
</tr>
<tr>
<td>貪狼廟
文昌得
化忌
鈴星陷
壬辰
16-25
父母
10.22.34.46.58.</td>
<td colspan="2" rowspan="2">農：60年8月5日12點午時
姓名：莊月霞
陰女 屬豬
生年：辛亥〈金〉
命局：木三局
命主：文曲
身主：天機
子年斗君：亥
巨門：化祿
太陽：化權
文曲：化科
文昌：化忌</td>
<td>天同平
祿存廟
丁酉
66-75
遷移
5.17.29.41.53.65</td>
</tr>
<tr>
<td>太陰陷
火星利
右弼
身宮
辛卯
6-15
命宮
11.23.35.47.59</td>
<td>武曲廟
文曲陷
化科
擎羊
戊戌
76-85
疾厄
4.16.28.40.52.64</td>
</tr>
<tr>
<td>紫微旺
天府廟
天鉞
旬空
庚寅
116-125
兄弟
12.24.36.48.60</td>
<td>天機陷
辛丑
106-115
夫妻
1.13.25.37.49.61</td>
<td>破軍廟
陰煞
庚子
96-105
子女
2.14.26.38.50.62</td>
<td>太陽陷
化權
左輔
天馬
己亥
86-95
財帛
3.15.37.39.51.63</td>
</tr>
</table>

●入陀羅——做事無厘頭、心無頭緒、茫然不安，就像陀螺般轉啊轉、轉不停！反應為：心神恍惚、失神遲鈍，無法清楚明白事情的重點和生活的目標。

入鈴星、陰煞、天空等星宿，也都稍帶有影響精神意識方面的特性。

例四 莊月霞的「太陰」女同性戀故事

出生：農曆六十年八月五日十二點午時

命局主要吉凶批解——命宮之三會、四正，身宮在命宮

＊命宮入「太陰陷、火星利、右弼」

出現主星太陰入陷的凶相，太陰就是月亮，在星座中月亮是主管內在心思感情的，斗數中的太陰跟月亮星座一樣，也是具有內在情緒的星宿。本來月亮就有陰晴圓缺複雜多變、不穩定的情形，入陷更會加重這一種陰晴不定、多疑不安的嚴重性。

因此女命太陰若是入陷，且入於命宮、夫妻宮，對於男女感情都會有很不好的凶相，例如婚姻離異、成為第三者、婚外情，或是女同志等。

其中又有火星的陽剛衝動性，和身宮同宮，更加重太陰凶性的影響。

*官祿宮入「天梁旺」

天梁是喜歡單純、樸實、淡泊無爭的星宿，是所有主星中最不利於事業的星宿，又處於「未土」宮位上，因此最適合單純的上班工作，或是往田園、農莊發展最適合。

*財帛宮入「太陽陷化權、左輔、天馬」

「太陰、太陽」最不利於同宮，或是在對宮、三會、四正宮中，這會產生陰陽衝突互變的大凶相，而且又是雙雙入陷，更是凶上加凶。所以此命局勢必會發生心性、人格上的分裂衝突矛盾，成為此生最大的破局厄運所在，行為上會有同性、同志的現象發生。

至於財富上的吉凶相，太陽、天馬都具有多變化、發散性的特性，所以是不會累積財富的類型，身上有多少錢就花多少，對於錢財也較不罣礙。幸好有另一吉星左輔的幫助，能得到好友的贊助幫忙，生活上應該還可以過得下去。

*人際互動關係的遷移宮入「天同平、祿存廟」

表現出和財帛左輔良好的互動關係，更加清楚顯現出錢財乃得自朋友的幫助，因為「天同和祿存」都是財星吉星。人緣相處互動很持穩、溫和、有禮，所以不安穩的是自己內在的精神，而不是外在的人際相處。

感情婚姻吉凶批解（夫妻宮、對宮——官祿宮）

感情婚姻又是「天機陷」，呈現出強烈的不穩定感。天機本來就有心思投機、變化的特性，一入陷更是凡事往負面、壞處思考，這樣對於男女感情互動的恐懼感會很嚴重。所以若是結婚也會每天活在坎坷不安的驚慌亂想之中，終究造成精神憂鬱症，以離異分開收場。

與家人、朋友的互動關係（父母宮、兄弟宮、子女宮、僕役宮）

父母宮是「貪狼廟、文昌得化忌、鈴星陷」，可見此人成長過程中受到父母的影響很大。父母宮中的星宿也是凶星旺盛，雖然貪狼廟有其才藝的表現，但是仍然顯現出複雜的一面，尤其是關於思緒精神方面的星宿，如太陰、天機、鈴星、陀羅都入陷，而廉貞也不旺，所以整個精神情緒都是很不穩定的現象。

兄弟宮出現「紫微旺、天府廟、天鉞」，對命局本身完全幫不上忙，吉星雖旺，卻與宮位不相稱、不當運，優秀走好運的是兄弟或其他別人，不是自己。

子女宮入「破軍廟」，單一主星入宮，和其他夫妻、命宮相對應，更是可見其破軍的特異性。破軍的突破改革性，表示出其子女會來自領養、收養，而非傳統性的親生，不過此一小孩應該會滿優秀的。

僕役宮的屬下、朋友關係入「七殺廟、陀羅陷」，因為官祿不旺、不利於事業，所以和屬下的關係不會存在，而是以和朋友互動論斷。也是有其陽剛和多變、複雜的特色，交往的朋友關係不單純。

身體健康（疾厄宮、對宮——父母宮）

疾厄宮入「武曲廟、文曲陷化科、擎羊」，武曲有陽剛性烈的特性，在健康上並不是好現象，再加上擎羊的血刃性，一生中會有幾次的血光開刀病厄，幸好武曲入廟為吉相，所以不會有過於凶險的病症發生。

置產和居家品質（田宅宮、對宮——子女宮）

因為官祿和財帛都不是很好，所以田宅宮的星宿必須要很好的吉星，今生才有置產的可能。田宅宮入「廉貞平、天相廟、天魁」吉星，所以是有置產的機會，但要很努力，因為這三個星宿都不具有財星，所以財氣都不旺，但是都有吃苦耐勞的特性，所以辛勤打拚還是會有所成的。

一般財星是「天同、祿存、天府、武曲、天機」，能堅持吃苦的星宿是「天梁、天相、廉貞」。

興趣嗜好和福報（福德宮、對宮——財帛宮）

福報和興趣出現的是「巨門旺化祿、地劫」，地劫是很標準的損財星宿，可見會因自身的興趣而花掉許多錢財，在錢財上的福報也很少、薄。倒是巨門顯現出的興趣是什麼呢？就是「說話、聊天、論是非」。

本身命局就有複雜多變的心思，不好好發洩表達出來，豈不是會把自己給悶死了。所以談天說地、泡茶喝咖啡，應該就是每天很重要的一件事了，可能比上班工作都來得重要呢？幸好巨門入旺化祿，不會隨便亂說話惹人討厭，所以還不至於造下太多的口業來。

大運、流年運勢簡單批論

大運從命宮三至十二歲順行，十三至二十二歲父母宮星宿對其成長的影響很大，往後並沒有見到太凶險的凶星，可見具有命局凶、大運吉相的格局，其中田宅宮是在三十三至四十二歲，所以在四十二歲前應該會有屬於自己的房子吧！

真實故事分享

這位莊師姊今年（九十五年）三十六歲，並沒有固定的工作，在家人或是朋友處打工，對於物質經濟生活不會很注重，最重要的是和朋友談她的心事、見解，和對人生不同的觀點看法，算是滿「吉普賽」的一位流浪女子。

莊師姊來找老師是想要學命理，進一步瞭解自己的心性和未來的人生規畫。在聊天中發現，莊師姊言行舉止滿男性化的，甚至也坦承自己是一位「同性戀」者，有幾位固定的女朋友，不喜歡和男人相處，覺得和男人談感情是一件很噁心的事，所以當然不會想和男人結婚。

對於生命充滿不安和懷疑的感覺，但是又無法定下心來接受宗教或是很肯定的哲學論述，所以心性一直非常徬徨無頭緒。在老師對命盤的解說下，稍能明白自己的心性，而且對於命理學的準確性有一點驚訝，不明瞭為何一個命盤就可以馬上清楚她的心性，所以想要進一步學習八字、紫微命理學。另一方面也覺得老師能夠將命理學和佛學結合，不像一般談論佛學那般虛幻、空無不實際，更不像一般算命師那般神奇鬼怪、胡說八道。

命局重點評析

※偏好的宮位有：福德宮、田宅宮、遷移宮、兄弟宮。

※偏凶的宮位有：命宮、財帛宮、夫妻宮。

※吉凶參半的宮位有：父母宮、官祿宮、僕役宮、疾厄宮、子女宮。

以一個女人而言，命宮和夫妻宮偏凶，對婚姻感情的影響一定非常大。可是凡事有壞的一面，相對也會有好的一面，一般人重視婚姻感情才會覺得這樣的凶運不好，可是莊師姊本人反而覺得婚姻根本不重要，絲毫不會罣礙，倒是對於自己矛盾的心性、人生的意義，感到需要清楚瞭解。只是客觀來看，每個人幾乎都會有其煩惱的一面，如「家家有本難念的經」般，這也是顯現出命理學所內涵的另一「哲學性」。

紫微斗數 鄭妮玲 命盤案例五

<table>
<tr>
<td>武曲平 化忌 破軍平 地劫 天鉞 旬空
36-45 田宅 乙巳
12.24.36.48.60</td>
<td>太陽旺
46-55 官祿 丙午
11.23.35.47.59</td>
<td>天府廟 火星利
56-65 僕役 丁未
10.22.34.46.58.</td>
<td>天機得 太陰得
66-75 遷移 戊申
9.21.33.45.57.69</td>
</tr>
<tr>
<td>天同平 文昌得 右弼
26-35 福德 甲辰
1.13.25.37.49.61</td>
<td colspan="2" rowspan="2">農：51年7月22日12點午時
姓名：鄭妮玲
陽女 屬虎
生年：壬寅〈金〉
命局：金四局
命主：祿存
身主：天梁
子年斗君：子
天梁：化祿
紫微：化權
左輔：化科
武曲：化忌</td>
<td>紫微旺 化權 貪狼利 鈴星得
76-85 疾厄 己酉
8.20.32.44.56.68</td>
</tr>
<tr>
<td>天魁
16-25 父母 癸卯
2.14.26.38.50.62</td>
<td>巨門陷 文曲陷 左輔 化科 陀羅廟
86-95 財帛 庚戌
7.19.31.43.55.67</td>
</tr>
<tr>
<td>天馬
身宮
6-15 命宮 壬寅
3.15.37.39.51.63</td>
<td>廉貞利 七殺廟 紅鸞
116-125 兄弟 癸丑</td>
<td>天梁廟 化祿 擎羊陷
106-115 夫妻 壬子</td>
<td>天相得 祿存廟
96-105 子女 辛亥</td>
</tr>
</table>

在十二宮位中你的凶星煩惱，不見得是別人的煩惱，或許他覺得不罣礙、不重要，所以十二宮位中絕不可能都是吉相的星宿，一定是有吉、有凶參雜在一起的，非常公平。就像「五行六親生剋關係」，我會被父母生，也會去生小孩，會被長官所剋，也有被我所剋的妻財、屬下，沒有一個人可以完全占便宜而不吃虧的。

例五 鄭妮玲的「無主星、天馬」通靈乩身故事

出生：農曆五十一年七月二十二日十二點午時

命局主要吉凶批解——命宮之三會、四正，身宮在命宮

＊命宮沒有看到主星的出現，只有甲級輔星「天馬」

雖然可以將對宮遷移宮的主星作為主星，但是也因此顯示出「命宮無主」的跡象來，許多思緒想法沒有一定的主軸觀念，很容易受到外界人、事、環境的干擾。若是遷移宮有再出現屬於精神情緒的星宿入陷，如太陰、陀羅、廉貞、天機等，將會引發精神上的病症。

*遷移宮入「天機得、太陰利」幸好沒入陷

但是落於命宮對宮，也相對顯現出其思想情緒敏感、善變的特性，對於無形靈界的感應能力，應該會比一般人來得更加敏銳。

與人的互動相處，因為天機機巧靈敏和好言詞的顧問專家特性，讓周遭的朋友喜歡請教她的意見，可以得到許多人的信任依靠。而太陰則有其陰沉深思的一面，或是說與另一面靈界眾生互動的相關因子。

*官祿宮入「太陽旺」

可以和天機相互輝映配合，而成為其專業領域中的主管或領頭人物，但是因為命宮無主星，所以想要從事一般的公司事業經營可能較不適合。太陽又有強烈的宗教公益傾向，所以往宗教方面發展，應該會有很好的表現。

*財帛宮入「巨門陷、文曲陷、左輔化科、陀羅廟」

化科星主要表現在關於名聲方面，並不重現實的利益財祿，而且主星又都入陷，所以此一命局的財富情形不是很好，若是想要累積錢財，必會引來「巨門陷」的口角是非災禍，甚至還會有官訟的災禍；幸好還有左輔吉星來支持，平常的生活都可以得到朋友的贊助支持，或是領取固定的薪水最適合。

感情婚姻吉凶批解（夫妻宮、對宮——官祿宮）

和先生的感情互動是「天梁廟、擎羊陷」，先生算是顧家老實的典範，但是可能會枯燥無聊到不行，天梁是最老實、單調、簡單、木訥的農夫特性，對於細膩的感情互動關係根本完全沒辦法。

擎羊有刀刃血光意外，所以可能會常常受到意外傷害。但是天梁是一個長壽大吉星，對於病症、意外有很大的剋制力量，所以這個擎羊凶星沒什麼大影響性。

與家人、朋友的互動關係（父母宮、兄弟宮、子女宮、僕役宮）

父母入天魁，也是沒有主星入宮，所以和父母緣淺、互動一般。

兄弟入「廉貞利、七殺廟」，和兄弟姊妹的互動有其堅持良好的關係。七殺有強烈講義氣的氣魄，廉貞也有執著的特性，所以會有硬挺支持兄弟的情感，而且不管兄弟的行為觀念是否正確、守法，都會支持到底。

子女入「天相得、祿存廟」，難得的吉星落在子女宮中，所以子女會很聽話乖巧，因此對子女的照顧會很用心，就像把錢財都投資在子女身上一樣，老年之後可以適度地依靠子女的奉養。

身體健康（疾厄宮、對宮——父母宮）

疾厄入「紫微旺化權、貪狼利、鈴星得」，紫微吉星入宮中，所以身體健康應無什麼問題。只是貪狼具有情色的星宿，可能關於泌尿、生殖系統會稍有異樣，鈴星又有「暗疾」的意思，所以要多注意這一方面的小疾病，有癥狀一定要趕快醫治，免得因拖延而變成慢性病就會醫不好。

置產和居家品質（田宅宮、對宮——子女宮）

是否能置產？田宅入「武曲平化忌、破軍平、天鉞」，沒有很旺的吉星入到宮中，雖有武曲財星可是不旺又化忌，相應於官祿和財帛，整體的財運並不旺盛，所以想要置產會比較困難，而且過程也會有許多的波折，不建議花太多的心思在家產上。

興趣嗜好和福報（福德宮、對宮——財帛宮）

福報有「天同平、文昌得、右弼」，都是吉星入宮但是也不旺，感覺沒有太強烈的個人興趣傾向，就是很一般的平穩生活，和子女宮相對應可見出老年運勢很平穩。

大運、流年運勢簡單批論

大運由命宮四至十三歲逆行至僕役宮七十四至八十三歲，主要凶星大運是在四十四至五十三歲「巨門陷、文曲陷」，是非小人官訟之災會比較嚴重，但是整體命局凶星沒入陷，凶性不旺，所以應該沒有太大的問題，只是多增添煩惱罷了。

真實故事分享

這位鄭師姊早年做過許多事業，都不是很順利，曾經開過小吃店、餐廳，當過保險員、直銷業務員，雖然人緣很好，和朋友在一起就像大姊頭一樣，但在事業方面一直很難穩定下來，財運也是一般而已。

直到三十三歲那年，大運在夫妻宮「天梁廟、擎羊陷」，流年在遷移宮「天機得、太陰利」，和朋友一起去南部寺廟進香拜拜，竟然就在廟裡面起乩了，宣說「王母娘娘」降駕，並且領接天命。所以回來後就和幾位共修師兄姊設了一個宮廟祭拜，一段時間後也開始起乩降駕，為附近的信眾辦事，處理一些沖煞、心中疑問等問題。

據鄭師姊所說，在通靈降駕的辦事過程中，有時也會發生無法請駕下來的問題，或是所感應到的訊息不是很清楚明確，以至於在答覆信眾的問題時，心中也會有惶恐的茫然感。因為許多事情的處理或是預測，常常會發生不準或是錯誤的現象，所以才會想要另外學《易經》卜卦，看是否能彌補這一方面的不足。

在經過一番瞭解之後，鄭師姊的命盤的確非常適合從事「神職」的工作。命宮無主星，對宮有太陰，算具有陰性的體質，所以在某個適當的機運下，就會被神明附身降乩，成為神明的代言人。

但問題是，人的氣運磁場是會轉變的，或是說，人的心態觀念有時也會起邪念、貪欲，這些因素都會使通靈的磁場失效，無法每次都能被附身請駕，當然就會造成為信眾辦事時的大問題了。

尤其一般宮廟的師父，為了維持其尊貴的神明代言神祕性，不可能承認會有無法請駕或是有了邪念而神明已經不來降駕的事實，所以就會亂說一通、胡說八道。好一點的情形就是像鄭師姊一樣，透過其他方法如趕緊學習卜卦，繼續自己的修持功課，為信眾辦事服務。

師姊當年（九十五年）四十五歲，通靈已經將近十餘年，為何無法請駕下來的現象呢？是否這幾年內有發生什麼事情嗎？這是老師對鄭師姊所提出的疑問。因為四十三歲走「巨門陷、文曲陷」，大運剛好也要交至財帛宮，都算具有凶運的情形，會有投資、文書、錢財上的糾紛發生。果然沒錯！

在鄭師姊幾年的乩身通靈服務中，和許多信眾、同修相處得還不錯，三年前和幾位知心的信眾合夥創業開公司，師姊的先生也在公司裡負責財務管理，沒想到竟然偽造文書挪用公款，而被其他股東告上法院，甚至被判刑確定，目前還在上訴中。整個宮廟的收入和人氣因此差了很多，所以才會想另外尋求一個出路。

這樣的情形其實在一般的宮廟、算命界中，是非常容易見到的現象，畢竟欲望與權勢的誘惑是令人很難抗拒的。許多剛通靈的師父，或許剛開始的確有一顆熱忱、虔誠的心，想好好為眾生服務，可是漸漸信眾多了、供養收入多了，而其所謂的修行又不像佛法的修持，一定要接受「皈依、受戒」等約束，時間一久心思大都會偏邪掉，假借神意來謀求自己的利益。

所以在佛門中也傳著一個笑話：「一日修行、佛在我心中。二日修行、佛在我門邊。三日修行，佛已遠在天邊。」就是在說人心的怠惰和被魔考誘惑的退轉性。

對於此位師姊，老師當然勸她要好好善用這樣的通靈因緣，不要隨便濫用、誤用求取自身的利益，因為《易經》卜卦其實也要先請神，祈求神明菩薩以卦象來回答我們的問題，並不是隨便一卜卦就會準確的。若是心態沒有徹底改變，就算學了《易經》，還是卜不出準確的卦象來，菩薩還是不會理睬妳的求問。

而且師姊的大運四十四至五十三歲都在「巨門陷、文曲陷」的厄運中，老師建議她不要再為人辦事服務了，只會惹來更多的是非、麻煩罷了。還是好好專心清修，放下財利欲望心才是正途。

命局重點評析

※偏好的宮位有：福德宮、官祿宮、僕役宮、疾厄宮、子女宮。

※偏凶的宮位有：命宮、父母宮、財帛宮。

紫微斗數 杜志慶 命盤案例六

<table>
<tr>
<td>天相得 天鉞
身宮
26-35 丁巳
夫妻
5.17.29.41.53.65</td>
<td>天梁廟 右弼 陰煞
16-25 戊午
兄弟
6.18.30.42.54.66</td>
<td>廉貞利 七殺廟
6-15 己未
命宮
7.19.31.43.55.67</td>
<td>火星陷 左輔 天馬
116-125 庚申
父母
8.20.32.44.56.68</td>
</tr>
<tr>
<td>巨門陷 化權 旬空
36-45 丙辰
子女
4.16.28.40.52.64</td>
<td colspan="2" rowspan="2">農：52年5月12日22點亥時
姓名：杜志慶
陰男 屬兔
生年：癸未〈金〉
命局：火六局
命主：武曲
身主：天同
子年斗君：未
破軍：化祿
巨門：化權
太陰：化科
貪狼：化忌</td>
<td>鈴星得
106-115 辛酉
福德
9.21.33.45.57.69</td>
</tr>
<tr>
<td>紫微旺 貪狼利 化忌 天魁
46-55 乙卯
財帛
3.15.37.39.51.63</td>
<td>天同平 地劫
96-105 壬戌
田宅
10.22.34.46.58.</td>
</tr>
<tr>
<td>天機得 太陰旺 化科
56-65 甲寅
疾厄
2.14.26.38.50.62</td>
<td>天府廟 擎羊廟
66-75 乙丑
遷移
1.13.25.37.49.61</td>
<td>太陽陷 祿存廟 紅鸞
76-85 甲子
僕役
12.24.36.48.60</td>
<td>武曲平 破軍平 化祿 文昌利 陀羅陷
86-95 癸亥
官祿
11.23.35.47.59</td>
</tr>
</table>

※吉凶參半的宮位有：田宅宮、遷移宮、夫妻宮、兄弟宮。

此命局官祿事業宮，算是一個滿好的宮位，如果能夠好好發揮，其實會有很好的事業規模出來。只是太陽比較傾向於公益宗教的領域範圍，又是單一主星入宮，無其他主星和甲級星來助，會有孤星無力的感覺。

而且命宮和財帛宮又沒有吉星入宮，所以對於一般事業的發展會有起伏不定，或是曇花一現的凶運。最好還是從事宗教事業最適合，而且絕對不能牽扯到財利的貪欲心，因為財帛宮是她很大的是非凶宮地。

例六 杜志慶的「廉貞」從軍破財故事

出生：農曆五十二年五月十二日二十二點亥時

命局主要吉凶批解——命宮之三會、四正，身宮在夫妻宮

＊命宮入「廉貞利、七殺廟」

是個執著、負責任和積極有動力的格局，非常適合從事軍警公職人員。可是廉貞會限制七殺的格局，因為其心性較陰沉不開朗。

*官祿有「武曲平、破軍平化祿、文昌利、陀羅陷」

對於軍警公職的發展不是很有利，雖然從事軍警的工作傾向很強烈，但是其中的波折變化會很多。因為此宮中的星宿吉凶交雜，尤其破軍是最不利於公職的一顆凶星，陀羅的不穩定性又會加重破軍的傷害性，因此若從事軍警工作也會很難維持太久。

*財帛的吉凶是有「紫微旺、貪狼利化忌、文曲旺、天魁」

和官祿宮一樣也是吉凶參雜，會隨著事業上的變化，使財富經濟也出現起伏很大的吉凶變化，因為「貪狼化忌」勢必會有錯誤投資的大損失發生。

幸好「紫微旺」，對於一生的財富給予很大的保障，應該會有一技之長的專業技能，或是較為穩定的長期退休保障，像是紅利、退休金等，可以維持基本的生活所需。

*人際關係為「天府廟、擎羊廟」

有其主管權威的一面，相對交往的社會層次也會比較高一點，算是滿好的一個宮位。

感情婚姻吉凶批解（夫妻宮、對宮——官祿宮）

夫妻宮入「天相得、天鉞」，顯示出此命局妻子的個性有「母性」的溫和、慈悲、善良，而且和身宮同宮，對於夫妻的感情會很深緣、罣礙，相對受到妻子的影響也會很深。

與家人、朋友的互動關係（父母宮、兄弟宮、子女宮、僕役宮）

父母入「火星陷、左輔、天馬」，和父親相處互動很火爆、關係不良，而且有天馬，表示聚少離多，或是父親的工作不穩定，時常隨著地點變換在遷移；但有左輔，反而可以得到父親的友人、叔伯較多的幫助。

兄弟入「天梁廟、右弼」，兄弟間的感情很樸實、單純，不是很親密，但也不疏遠，而且兄弟為人正直可靠不虛華。

子女入「巨門陷化權」，和子女之間的互動常有口角，小孩會較叛逆、不聽話，而且個性強硬有主見，也具有管不住、聚少離多、緣淺的關係。

僕役宮入「太陽陷、祿存廟」，對於屬下有其大方開放的個性，可是和朋友、同事間的互動，有人很好相處，有人可就很不好相處了，落差會滿大的。

身體健康（疾厄宮、對宮——父母宮）

疾厄入「天機得、太陰旺化科」，並無凶星入宮，所以不會有嚴重的急症發生。只是要注意太陰為具有陰沉、暗疾或是沖煞、因果的星宿，所以若有診斷檢查不出的病症，應該會跟因果沖煞有關係，要趕緊到寺廟祈求菩薩保佑化解。

置產和居家品質（田宅宮、對宮——子女宮）

住家田宅入「天同平、地劫」，和官祿、財帛一樣吉凶星參雜，波折起伏不斷，會有置產的吉運，但是也會因為投資錯誤而面臨房子被抵押的危機，會有幾次購屋、賣屋的變化。

興趣嗜好和福報（福德宮、對宮——財帛宮）

福報、興趣有哪些呢？入「鈴星得」，表示常會為突來的事情煩惱不堪，沒有太多的閒情來休閒找興趣，或是會往玄學、神鬼的方面研究。一般屬精神、陰沉的星宿，如太陰、陀羅、鈴星、破軍等，都會對宗教命理、玄學鬼神特別有興趣。

大運、流年運勢簡單批論

此命局大運由命宮六至十五歲逆行至遷移宮六十六至七十五歲，這其中的凶星在三十六至四十五「巨門陷」，會有嚴重的口角小人、官訟災禍，甚至會影響到早已經不是很穩定的官祿事業。四十六至五十五「貪狼化忌」，對於投資和桃花會有不好的凶運發生，關於桃花因為夫妻宮是入天相，比較不用擔心。投資方面財帛吉星不旺，所以損失可能在所難免。

真實故事分享

此人來找老師批論命盤，是在九十五年四十四歲走「火星陷、左輔、天馬」的流年運時，而大運是三十六至四十五「巨門陷、旬空」的運勢中，可見運勢並不是很好，一開口就問老師他適不適合以算命來賺錢。

細看他的命盤，其實不是很適合。原來杜師兄四十二歲才從軍職退休下來，除了升官不容易之外，最大的原因是和部隊中的輔導長不合，常有口角是非發生，所以在長官的協調下退下來，甚至還被安排進台北市政府擔任雇員，可見其人事背景還滿不錯的，這也是遷移宮中的「天府廟」帶來的吉運。

但是一退下來厄運就接連發生。妻子從事某直銷工作，被上線欺騙，為了業績而買了許多貨品，借了許多錢，連房子都被抵押貸款。當年銀行透過協商扣抵了他三分之一的薪水和退休金，所以才想要找另一個技能，利用下班時間來賺點錢還債。

以其官祿宮和財帛宮來看，起伏變化如此強烈，此兩宮中都是吉凶星參雜出現，幸好不是很凶險，所以只是小有負債，還沒糟糕到家破妻離的程度，而且也是受到妻子的牽連，還可以一起打拚還債的。

如果以未來的大運四十六至五十五歲「紫微旺、貪狼利化忌、文曲旺、天魁」來判斷，師兄是可以有東山再起時，能夠真正賺到錢應該是在這個財帛大運裡，是要以專業的才華技能取勝。「紫微、文曲」都具有文職重思考的特性，所以是否適合從事算命的工作，就需要再深入研究，因為是有相當大的機會。

不過再怎麼規畫，下一個大運起碼都是偏向吉運的。

他的小孩也有來給老師看過。看完命盤老師就明確點出，這小孩是會往八大行業發展的，而且相當任性、不聽父母的話。一聽老師說完，就看到他兒子仰著頭不屑地對他爸爸說：「你看，連黃老師都這麼批斷了，你還不讓我去那裡上班。」

原來小孩當年剛從國中畢業，非常不喜歡讀書，就和幾個同學一起被找進某個幫派，要去KTV上班，氣得他老爸想斷絕父子關係也沒用。這也是應了「命由業造」的報應，他的子女宮中不就有這樣的因果嗎？

命局重點評析

※偏好的宮位有：命宮、夫妻宮、遷移、疾厄、兄弟。

※偏凶的宮位有：子女宮、父母宮。

※吉凶參半的宮位有：官祿宮、財帛宮、田宅宮、福德宮和僕役宮。

由以上的宮位星宿吉凶來總結評析，此命局還是吉宮多於凶宮，就像人的福報多於業力一般。最不好的就是和子女、父母的關係，最特別要注意的是「吉凶參半」的宮位偏多，這會造成一生的起伏變化很波折，是個難以有平靜生活的命局，因此後天的修為和改運，對於命局就會有很大的影響性，例如透

紫微斗數 方莉青 命盤案例七

<table>
<tr>
<td>巨門旺
天鉞
35-44 乙巳
子女
6.18.30.42.54.66</td>
<td>廉貞平
天相廟
文曲陷
25-34 丙午
夫妻
5.17.29.41.53.65</td>
<td>天梁旺
化祿
紅鸞
15-24 丁未
兄弟
4.16.28.40.52.64</td>
<td>七殺廟
文昌得
天馬
5-14 戊申
命宮
3.15.37.39.51.63</td>
</tr>
<tr>
<td>貪狼廟
火星陷
45-54 甲辰
財帛
7.19.31.43.55.67</td>
<td colspan="2" rowspan="2">農：81年9月17日3點寅時
姓名：方莉青
陽女 屬猴
生年：壬申〈金〉
命局：土五局
命主：廉貞
身主：天梁
子年斗君：午
天梁：化祿
紫微：化權
左輔：化科
武曲：化忌</td>
<td>天同平
115-124 己酉
父母
2.14.26.38.50.62</td>
</tr>
<tr>
<td>太陰陷
天魁
癸卯</td>
<td>武曲廟
化忌
陰煞
陀羅廟
庚戌</td>
</tr>
<tr>
<td>紫微旺
化權
天府廟
右弼
65-74 壬寅
遷移
9.21.33.45.57.69</td>
<td>天機陷
地劫
75-84 癸丑
僕役
10.22.34.46.58.</td>
<td>破軍廟
鈴星陷
左輔
化科
擎羊陷
身宮
85-94 壬子
官祿
11.23.35.47.59</td>
<td>太陽陷
祿存廟
旬空
95-104 辛亥
田宅
12.24.36.48.60</td>
</tr>
</table>

過修行改善自己的個性。畢竟個人背景不差，吉星也滿旺的，只要能得長官的支持與人和，其實可以在事業有很好的發展。或是可以透過一些改運物品的輔助，改善一些磁場，增進祥和之氣，也會有幫助的功效。

方莉青的「七殺」殺生業重、病厄故事

出生：農曆八十一年九月十七日三點寅時

命局主要吉凶批解——命宮之三會、四正，身宮在官祿宮

＊命宮入「七殺廟、文昌得、天馬」

七殺表示個性很剛烈、有氣魄，但也是一顆帶有殺氣的星宿，所以落於命宮對身體健康的影響，會來得比較直接有殺傷力；幸好是入廟所以會輕微很多，縱使有意外或是血光也可以醫治，不會造成生命的危險。

有文昌，在學業方面會有很大的幫助，雖然不旺，但是維持中等以上不成問題，做事學習也較有智慧。

＊官祿事業有「破軍廟、鈴星陷、左輔化科、擎羊」

幾乎都是凶星和動態的星宿入宮，因此以後會往較特殊的工作職業發展，如演藝、才藝、模特兒、工作坊或是宗教修持等類型，不會從事一般行政、公司、公務機關等靜態的工作類型。而且工作上的是非變化也會很多，應該會常變換工作，很不穩定。

＊財帛入「貪狼廟、火星陷」

和官祿對應得很相稱，幸好都是入廟很旺，所以可以在才藝發展方面有其成功的吉運，雖然收入也不很穩定。建議有錢財收入最好要多置產，不能一時衝動和朋友投資，因為「火星陷」會有破財的大厄運發生。

＊遷移宮入「紫微旺化權、天府廟、右弼」

是非常好的一個宮位，和其互動相處的人士是具有權勢和專業技能的人，而且社會地位也很高，可以得到很好的支持幫助而名利雙收，財富事業都很成功。

感情婚姻吉凶批解（夫妻宮、對宮——官祿宮）

婚姻感情是「廉貞平、天相廟、文曲陷」，「廉貞」以婚姻來看略有些因果業力的負面影響，所以會比較晚婚、感情多波折。不過結婚後就可以開始過安穩平靜的生活了，因為天相是標準的「母星」，對於家庭有著強烈的責任感。

與家人、朋友的互動關係（父母宮、兄弟宮、子女宮、僕役宮）

父母入「天同平」，是很平穩一般的家庭生活，沒有很貧乏，也不富裕。父母性情溫和、有愛心，所以還是可以得到很好的照顧，和父母相處親密、緣深。

兄弟入「天梁旺化祿」，兄弟姊妹間的感情也是很平穩踏實，不會彼此侵擾傷害，在有困難時可以互相幫助。

子女入「巨門旺、天鉞」，小孩會很活潑，言詞敏銳機伶，有屬於口才方面的才能，可以成為優秀的講師、律師等，或是往傳播界發展。

僕役宮入「天機陷、地劫」，與人相處間的口舌是非會很多，而且常會因錢財借貸起紛爭。因具有個人事業，或許沒有屬下的問題，但是會有助理或是同事的問題，絕不能隨便將心事祕密說給助理聽，不但會成為八卦謠言，甚至他們所提供的建議也是不當、負面的居多。

身體健康（疾厄宮、對宮——父母宮）

疾厄宮入「太陰陷、天魁」，這是很危險的現象。太陰本就是一顆陰沉、暗靜、陰煞的星宿，會有精神或沖煞上的問題，入於疾厄宮是最不好的運勢，尤其又入陷，更是凶上加凶。若是父母宮和福德宮沒有吉星來助，因果病和暗疾重病大概都免不了。

命宮又有七殺，顯示前世「殺生業」也是滿重的，所以今世有因果病的干擾煩惱，無法逃避。

父母宮入「天同平」，福德宮入「武曲廟化忌、陰煞、陀羅廟」，這兩個宮中的吉星幫助力量不大，不過也可以稍微舒緩太陰的凶性。雖是有些難醫的遺傳或因果病，但可以被穩定地治療。

置產和居家品質（田宅宮、對宮——子女宮）

田宅入「太陽陷、祿存廟」，再對應官祿、財帛的吉星，有祿存大財星來加持，輕鬆置產是不用懷疑的。

不過因為「太陽陷」也會有多處住家、到處變換住所的現象，雖不能說是凶相，但也會很煩人的。住家品質有太陽，所以會很耀眼豪華、富麗堂皇，可是談不上什麼內涵和個人文化，只是一個辦宴會的交際場所罷了。

興趣嗜好和福報（福德宮、對宮——財帛宮）

有「武曲廟化忌、陀羅」，配合命宮「七殺」，所以興趣會傾向戶外的活動，像是看球賽、游泳、水上活動、旅遊等，而且也會常常變換嗜好，不會很專注在某一個興趣上。

大運、流年運勢簡單批論

大運由命宮五至十四歲逆行至遷移宮六十五至七十四歲，這其中的凶星在四十五至五十四歲「火星陷、貪狼廟」，會有一時衝動的投資損失，和桃花的糾紛。五十五至六十四歲「太陰陷」，疾病開始發作影響，而且會很嚴重，不過應該沒有生命的危險。

吉星大運二十五至三十四歲「天相廟、廉貞平」，且是夫妻宮當運，姻緣運正旺時，所以可以遇到一個很好的因緣來結婚，開始當一個賢慧的妻子和母親。

真實故事分享

這個小女孩當年十五歲，是一個慈濟的師姊介紹她的媽媽來佛堂找老師，因為小孩在年初就不去上學，情緒變得很壞、易憤怒，有一天甚至關起門在房間裡鬧自殺，嚇得父母親不知該如何是好。

如果以命宮七殺和疾厄宮「太陰陷」來看，被沖煞附身的機率是很高。幸好遷移宮中的吉星很旺，只要找到適合的貴人師父，就可以很快化解了。當下老師在佛堂向菩薩求取「大悲水」，也教這位師姊如何持誦「大悲咒」化製大悲水，每天加在開水中給小孩喝用，最好也要「以身作則」，在家中每天誦念佛號、持咒，帶領小孩一起來做，自然就可以慢慢化解這樣的沖煞影響。

如果情形還是嚴重，就要請佛寺裡的師父正式開壇辦「梁皇寶懺」的法會，來制化陰煞並為其超渡。

在聊天中得知，這小女孩一出生後身體毛病就特別多，二歲因不會講話，舌頭去開刀剪舌根，四歲因中耳炎嚴重到開刀治療，目前耳朵已經開了二次。現在還有心悸的問題，去檢查說是心瓣膜閉鎖不全，醫生還在觀察是否要開刀。

女孩外表長得很清秀漂亮，學校老師同學都很喜歡她。她在外面很害羞內向，不會和大家嘻嘻哈哈玩在一起，可是一回家就對爸媽脾氣很壞，簡直是判若兩人。

經老師跟她的母親解釋命盤後，媽媽的心情才稍微輕鬆起來，其實女孩未來的發展是吉運多於凶運的。媽媽也很認同老師的評述，因為她女兒人算是長得漂亮，很喜歡唱歌，歌聲也很好聽，有一副好歌喉，所以往後要朝演藝界發展是很有可能的。

命局重點評析

※偏好的宮位有：命宮、遷移宮、父母宮、兄弟宮、子女宮。

※偏凶的宮位有：疾厄宮、僕役宮。

※吉凶參半的宮位有：官祿宮、財帛宮、田宅宮、夫妻宮。

很明顯此命局最大的厄運就是在疾厄宮健康上，另外往後和屬下、朋友的互動關係也會有很多麻煩，會有被欺瞞出賣的危險，而惹來許多無妄之災。

紫微斗數 鄧珠麗 命盤案例八

天機平 癸巳 23-32 福德 9.21.33.45.57.69	紫微廟 火星廟 陰煞 天魁 甲午 33-42 田宅 8.20.32.44.56.68	鈴星利 乙未 43-52 官祿 7.19.31.43.55.67	破軍得 地劫 陀羅陷 丙申 53-62 僕役 6.18.30.42.54.66
七殺廟 紅鸞 壬辰 13-22 父母 10.22.34.46.58.	農：60年11月15日18點酉時 姓名：鄧珠麗 陰女 屬豬 生年：辛亥〈金〉 命局：木三局 命主：文曲 身主：天機 子年斗君：亥 巨門：化祿 太陽：化權 文曲：化科 文昌：化忌		祿存廟 身宮 丁酉 63-72 遷移 5.17.29.41.53.65
太陽廟 化權 天梁廟 辛卯 3-12 命宮 11.23.35.47.59			廉貞利 天府廟 擎羊 戊戌 73-82 疾厄 4.16.28.40.52.64
武曲得 天相廟 左輔 天馬 天鉞 旬空 庚寅 113-123 兄弟 12.24.36.48.60	天同不 巨門不 化祿 文曲廟 化科 文昌廟 化忌 辛丑 103-112 夫妻 1.13.25.37.49.61	貪狼旺 右弼 庚子 93-102 子女 2.14.26.38.50.62	太陰廟 己亥 83-92 財帛 3.15.37.39.51.63

在基本命局中，命宮和對宮遷移宮是整個好命的重心，所以縱使有許多健康、事業、感情、婚姻的問題，將來都會迎刃而解。另外可見和家人間的互動很親密，是個可以得到家人支持依靠的好命局。其餘關於事業、財運、感情，波折起伏是在所難免的，也都有吉星可以化解一些小麻煩，整體來看，還是會有圓滿的好人生。

例八 鄧珠麗的「太陽」前世出家故事

出生：農曆六十年十一月十五日十八點酉時

命局主要吉凶批解——命宮之三會、四正，身宮在遷移宮

＊命宮入「太陽廟化權、天梁廟」

宮位中同時落入這兩個動靜落差這麼大的星宿，極可能會造成心理矛盾分裂的情形。雖然太陽和天梁都是吉星，但太陽主熱情、積極、喜歡與人交往，而天梁主單純、自我性強、不喜歡複雜，所以會給他人和自己，造成心性冷熱多變、不穩定的觀感，這樣的矛盾心態也會牽連影響到其他宮位的吉凶發展。

*官祿宮入「鈴星利」

凶星入宮，事業上的發展不是她的主要目標。而且鈴星陰沉、犯小人的凶性，會使本人在工作上不是那麼平順，偶有是非挫折、精神不振的現象，只是勉強上班支持著而已。

*財帛宮入「太陰廟」

在財富方面有「未雨綢繆」事先積蓄的心態，所以不會有錢財這方面的煩惱。而且理財態度也是以保守儲蓄為主，投資賺取偏財或是破大財的凶運都不會發生。

但是「太陽、太陰」同在三會宮中，這兩個星宿又會產生比「太陽、天梁」更嚴重的矛盾現象，對於內在精神上的困擾，會比外在的工作生活來得嚴重。

*遷移宮入「祿存廟」，又和「身宮」同宮

表示本人也會重視和他人的相處關係。「祿存」有「正財」的特色，就像負責盡職的老管家、公務員，對人很有禮、客氣、謹守本分，但也不會過於親密隨便，一般大都可以贏得大家的信任。

感情婚姻吉凶批解（夫妻宮、對宮——官祿宮）

夫妻宮入「天同不、巨門不化祿、文曲廟化科、文昌廟化忌」，四化星有三個在同一宮中。星宿

組合的概念是最不喜歡同一宮中有太多主星擠在一起，這會造成特性搭配過於複雜，性情會起伏變化糾葛很大，以此命局的夫妻宮而言是個很不好的現象。而且主星宿又都不旺「入不」，會因為命宮三會中「太陽、太陰、天梁」的矛盾性，使婚姻感情的運勢坎坷不平，甚至難以有圓滿的歸宿。

「文曲、文昌、巨門」入宮，表示其偏好文藝界、公職或老師等具有文化內涵品味的交往對象，而不是做事業的業務人或生意人。

與家人、朋友的互動關係（父母宮、兄弟宮、子女宮、僕役宮）

與父母互動為「七殺廟」，父親的格局很大，像是高階軍警主管之類，所以在互動上也有其剛毅有魄力的特色，不像一般父母親那樣親密溫柔，家庭生活較為嚴謹有規矩。

與兄弟的關係為「武曲得、天相廟、左輔、天馬、天鉞、旬空」，這幾個星宿在一起，給人的感覺就像是一個到處奔波的軍職隊長。武曲就是最佳的軍警人員，又有天馬到處走動、調動，所以和兄弟的互動是不常相聚，不會很親密；但是有天相，所以有事和需要時，也一定會彼此相幫助。

與子女的感情為「貪狼旺、右弼」，是凶星又不會太凶的情形，展現出有才能、才華的特性。母子感情就像野狼的幼狼一樣，幼時和母狼親密偎依，但是長大後就會各奔前程，為了追求自己的欲望和前途，會和父母變得很疏遠。

和屬下的交情是僕役宮「破軍得、地劫、陀羅陷」，很不好的一個宮位運勢，幾乎都是凶星入宮。

上班中的單位若有屬下，可能很難管理指揮他們，個個都有主見和想法，而且閒言是非特別多，所以在工作上能不麻煩他們的話，最好是自己做就好，免得給自己招惹一堆莫名的煩惱問題。

身體健康（疾厄宮、對宮——父母宮）

身體健康狀況為入「廉貞利、天府廟、擎羊」。廉貞是個很神經質的星宿，有點像處女座，對許多事情會很在意罣礙和龜毛，所以極容易導致神經衰弱、胃腸不順的問題。擎羊偶爾會有意外刀傷，幸好有吉星「天府廟」，這一切問題都可以平安無事來化解。

而且命宮有「天梁廟」，是紫微中最佳的「長壽星」，所以健康不用過於擔心，應該還會滿長壽的。

置產和居家品質（田宅宮、對宮——子女宮）

是否能置產呢？田宅入「紫微廟、火星廟、天魁」。因為財帛宮是太陰，屬很保守的理財觀念，所以置產是無庸置疑的，而且對於居家品質會有其獨特的品味設計，展現出此命局的才華所在。

興趣嗜好和福報（福德宮、對宮——財帛宮）

興趣嗜好是什麼？福德宮入「天機平」，大概就是偶爾幫人家出出意見，沒什麼特別的休閒興趣。

應該跟田宅宮有關，所以整個生活的重心都會在家庭的生活營造上。

大運、流年運勢簡單批論

命局大運由命宮三至十二歲，順行至遷移宮六十三至七十二歲，這其中的大運凶星只有五十三至六十二歲的「破軍得、地劫」。破軍主傷害或改變，所以會在此一大運中辦理退休，畢竟工作也不是她的重心所在，然後全心投入公益或宗教修持活動。不要忘了，太陽是一個很旺盛的「公益之星」，加上本人有嚴重的因果意識分裂矛盾的干擾，所以往宗教上的修持皈依，是能夠安住心性最好的選擇。

真實故事分享

這位師姊當年（九十五年）已經三十六歲了，在公家單位上班算是個小主管，工作上除了一些小問題外，麻煩並不大。會來找老師，是因為看到老師的另一本著作《4 SOP搶救天生壞命大作戰》中，有詳細提到「偏印」是精神病的發病因子，會為當事人帶來婚姻感情上和精神疾病的干擾。

鄧師姊當年就是面臨著這兩大問題，當時婚姻感情還空白未婚，晚上睡覺時會不自覺很緊張地咬緊牙根。醫生說她再不改善，牙齒可能再二年就會完全壞掉了。而且平常會有莫名的驚嚇，精神恍惚、焦慮，失眠也很嚴重。

以命盤來看精神方面，是命宮三會有「太陽、太陰、天梁」互相干擾的矛盾現象所引起的，幸好旺度是「入廟」，所以不至於嚴重到神經病或是精神分裂的程度。而且疾厄宮有「天府廟」大吉星拱住了，一切都會被化解的。因此老師建議鄧師姊回去開始拜懺，並且皈依在觀音菩薩的法門下，藉由依靠菩薩保佑，自然可以平撫不安驚嚇的心情。

至於感情婚姻的問題，可就麻煩得多了，夫妻宮和對宮官祿宮吉星都不旺，這樣的凶運影響顯示出因果業力的沉重，而在大運二十三至三十二歲、三十三至四十二歲、四十三至五十二歲，也都沒有像「天府、天相、天同」的吉星進來，所以對於婚姻恐怕不能抱太高的期望。

幸好鄧師姊自己也看得很開，還笑著說自己早就是「尼姑命」了，對於一些公益活動和修持的功課，近來也都很積極地參加。

命局重點評析

※偏好的宮位有：命宮、財帛宮、田宅宮、遷移宮、疾厄宮、兄弟宮。

※偏凶的宮位有：夫妻宮、僕役宮。

※吉凶參半的宮位有：父母宮、福德宮、官祿宮、子女宮。

此命局的吉相宮位明顯偏多，所以在一生的財富上會有很穩定的吉運，這跟師姊能當上公職人員有穩定的工作，有著相當大的關係，而且對錢財也保守不亂投資。

紫微斗數 黃世表 命盤案例九

<table>
<tr>
<td>巨門旺
旬空
105-114 己巳
夫妻
2.14.26.38.50.62</td>
<td>廉貞平
化祿
天相廟
鈴星廟
115-124 庚午
兄弟
3.15.37.39.51.63</td>
<td>天梁旺
文曲旺
文昌利
天鉞
5-14 辛未
命宮
4.16.28.40.52.64</td>
<td>七殺廟
天馬
15-24 壬申
父母
5.17.29.41.53.65</td>
</tr>
<tr>
<td>貪狼廟
火星陷
95-104 戊辰
子女
1.13.25.37.49.61</td>
<td colspan="2" rowspan="2">農：43年9月9日6點卯時
姓名：黃世表
陽男 屬馬
生年：甲午〈金〉
命局：土五局
命主：武曲
身主：火星
子年斗君：未
廉貞：化祿
破軍：化權
武曲：化科
太陽：化忌</td>
<td>天同平
25-34 癸酉
福德
6.18.30.42.54.66</td>
</tr>
<tr>
<td>太陰陷
擎羊陷
85-94 丁卯
財帛
12.24.36.48.60</td>
<td>武曲廟
化科
陰煞
35-44 甲戌
田宅
7.19.31.43.55.67</td>
</tr>
<tr>
<td>紫微旺
天府廟
地劫
右弼
祿存廟
75-84 丙寅
疾厄
11.23.35.47.59</td>
<td>天機陷
天魁
陀羅廟
身宮
65-74 丁丑
遷移
10.22.34.46.58.</td>
<td>破軍廟
化權
55-64 丙子
僕役
9.21.33.45.57.69</td>
<td>太陽陷
化忌
45-54 乙亥
官祿
8.20.32.44.56.68</td>
</tr>
</table>

健康的問題，應該是自我星宿基因間的因果關係所產生，可以在穩定的生活下，慢慢透過修行的功課來化解掉。

例九 黃世表的「天梁」事業百變故事

出生：農曆四三年九月九日六點卯時

命局主要吉凶批解——命宮之三會、四正，身宮在遷移宮

＊命宮入「天梁廟、文曲旺、文昌利、天鉞」

為人個性執著、能堅持、有耐性，而且文曲、文昌會使其具有優秀的學習能力和理解力。但是天梁的缺點就是在少年時反應會比較遲緩，因此在正式學歷上不會很高，要到年紀大一點以後才會開竅，變得融通人情事理充滿智慧。另外天梁也是很標準的宗教修行星宿，往後會對宗教信仰有很深的因緣。

＊官祿事業入「太陽陷化忌」

是一個極不穩定、常有變化的現象，太陽本就有發射、發散不穩的情形，又因入陷會造成許多工作無法長久維持，若是有它宮吉星旺相，才不會導致凶運的連連產生。

＊財帛財運為「太陰陷、擎羊陷」

也為很陰沉的財運走勢，太陰雖有聚財保守的特性，但是和太陽同在三會宮中雙雙入陷，意味著不是財富變化很大，就是會有「陰財、鬼財」的因果影響。從事關於宗教或是與亡靈有關的工作，即可得到豐盛的財富，比較無法經營一般的事業工作。

＊人際關係遷移宮入「天機陷、天魁、陀羅廟」

天機有廣結善緣的隨和特性，但是也有重酒色的享樂欲望，所以會喜歡和友人在酒色場所中交際應酬，閒聊亂扯說是非，很喜歡參加社交團體的活動，如扶輪社、獅子會等。

而且身宮又和此宮同宮，所以對於人際相處也會特別有興趣和重視，但是損友多、益友少，也會因為和朋友的互動引來許多口舌是非，甚至受到誘惑欺瞞，有錯誤的投資財務損失。

感情婚姻吉凶批解（夫妻宮、對宮——官祿宮）

和妻子的婚姻感情關係是「巨門旺、旬空」，表示妻子在事業上會有很大的幫忙。巨門與口舌說話、業務遊說有直接關係，因此妻子應是事業上很重要的幫手，但是對於兩人間的感情可就沒有親密的感覺可言，甚至還會有許多囉哩叭嗦讓人心煩的相處關係。有句空也表示因緣淺薄、聚少離多，這也是讓此人喜歡在外和友人吃喝玩樂的原因之一。

❈ 與家人、朋友的互動關係（父母宮、兄弟宮、子女宮、僕役宮）

和父母的關係「七殺廟、天馬」，也為聚少離多的關係，但是彼此的親情還不錯，而且父母的心胸格局很大，為了工作也有四處奔波的現象。因為「七殺、天馬」都為動態的星宿，一般都像是常在外調動工作，或是業務性工作，也是需要外出打拚的運勢類型。

和兄弟的互動為「廉貞平、天相廟、鈴星廟」，這三個星宿都傾向靜態、不擅交際的特性，但是都能謹守本分、重視道德和內涵。所以互動不親密，也不會互相干擾傷害，遇到困難有需要幫忙時，還是可以信任和得到幫助。

和子女的親情為「貪狼廟、火星陷」，兩個都是凶星入宮中。雖然貪狼算是有才華的表現，但是也擁有強烈如野狼般的原始欲望本性，因此子女長大成年後，會較注重自己本身的欲望追求，跟父母之間的互動會以物質金錢為重。因此和子女的親情較疏遠。而且其中又有火星，更加重子女個性的暴躁，和父母互動時偶會有不滿情緒的衝突，發生激烈火爆的現象。

和僕役屬下的互動為「破軍廟化權、左輔」，是滿詭異的關係。破軍是一顆革命、創造之星，卻在僕役宮由屬下來帶動，有著凶中帶吉的好現象。若說官祿事業都有很不穩定的變化，卻又有屬下能分擔協助，積極幫助新事業開發，那又何嘗不是一件大好的事情呢？完全彌補了其事業上的缺陷，可以得到得力的人員來幫助開創其事業發展。

身體健康（疾厄宮、對宮——父母宮）

健康問題為「紫微旺、天府廟、地劫、右弼、祿存廟」，十二宮中最好的星宿都在這裡了。再加上命宮「天梁旺」，所以長壽百歲、健健康康是沒什麼問題的。

置產和居家品質（田宅宮、對宮——子女宮）

能否置產呢？「武曲廟化科」，充滿動力幹勁的武曲在田宅宮，不是只有置產而已，還會非常積極從事房地產的投資規畫，或是從房地產投資中賺取許多財富。

不過「化科」是什麼意思呢？會把置產的土地用來舉辦宗教修持或是公益活動，而得到眾人的讚許。或是會將自己的房產屋舍，做某一種品味風格的布置裝設，而形成一種特別的風味，也由此得到大家的認同稱許。

興趣嗜好和福報（福德宮、對宮——財帛宮）

有什麼興趣和福報呢？「天同平」算是稍有生活品味的人，主要會在美食、口福方面的享受，不會有太特殊強烈的興趣。但是綜合以上的評析，往後不是仍然沉迷於和友人酒色交際的活動，就是會轉向宗教修持的方向，當然也是和官祿宮的太陽有很大的關係。

大運、流年運勢簡單批論

大運由命宮五至十四歲，順行至遷移宮六十五至七十四歲，這其中的大運星宿，凶星在四十五至五十四歲「太陽陷化忌」，和六十五至七十四歲「天機陷、陀羅廟」。

「太陽陷」會造成事業上很大的變動，若是沒事先妥善處理，可能會有破財大厄運的發生。而六十五歲大運的「天機陷」，更要注意因為朋友的錯誤建議而造成很大的損失，甚至會有官訟是非的凶運發生。

真實故事分享

這位黃師兄算是白手起家、苦拚出身，父母親當年是空手從大陸來到台灣，家庭背景並不富裕，因此年少時就不再讀書，出來開創自己的事業。到目前為止已經從事過五、六種不同的事業，每一種事業的時期都不會太長，也很熱衷於投資房地產，買賣了不少土地。

會來找老師，是因為這一、兩年突然對佛教信仰產生很大的興趣，在台中市自己的透天住家花許多錢布置了很莊嚴的佛堂，平時也請出家師父帶領一些朋友在共修。

只是在修持的過程中，一直覺得傳統的佛教修持方式，好像不是那麼切合目前大眾的需求，所以一直想要尋找突破。在此情形下，剛好看到老師的著作，認為老師將命理和佛學結合來弘法，甚至極力推廣地藏法門的「占察木輪相法」，深有同感，所以才請老師一同來他的佛堂推動共修和上課弘法。

概略瞭解後，就可以體會到命宮天梁的宗教情操！因為黃師兄今年（九十五年）五十四歲，剛進入四十五至五十四「太陽陷」的大運中，整個累世的因果意識都被發動，而且事業也進入一個轉型期，所以才會開始積極想要往宗教修行上發展。但是「太陽陷」這樣的轉型可能不會很順利，心意不會那樣堅定，有一點像被烏雲遮住的太陽一般，忽隱忽現，不定地變化著。

聽黃師兄聊起，他在早年二十幾歲時曾經遭遇過很多劫難，住家曾發生火災，一個小孩往生、家產全部報銷，也曾經為了救助重病的母親，向神明祈求而得到強烈的感應，在神明降駕作法後，使母親從加護病房中康復出來。這些都是使他深信因果和菩薩神明的存在，所以才會想弘揚推廣佛法，來幫助眾生解脫痛苦。甚至也花費近千萬元，在家中布置了非常莊嚴神聖的佛堂，就是為了要實現他對菩薩神明所許下的願力。

否則在這之前，因為生意事業的關係，客戶朋友特別多，所以交際應酬也很多，每晚幾乎都是在餐廳、KTV、酒廊之中度過，哪裡會想到吃齋、念佛、做功課呢？不過應該是時間到了，所以就不再往交際場所跑，專心修行做功課了。

命局重點評析

※偏好的宮位有：命宮、福德宮、田宅宮、僕役宮、疾厄宮、夫妻宮、兄弟宮。

※偏凶的宮位有：官祿宮、子女宮。

※吉凶參半的宮位有：遷移宮、財帛宮、父母宮。

命盤好壞、因果業力半點不假，一個人能夠生在現在的台灣，其實老師認為已經是福報大於業力了。許多人的命盤都是好的宮位多於壞的宮位，甚至幾年來幫幾乎上千人占察過，真正從三惡道「畜牲、鬼道、地獄」來投胎轉世的不到幾個，大部分都是從人道再轉世到人道來，而「天人道」來轉世約有五％，「阿修羅道」來轉世約有一五％。

因此我們要有信心，人世間絕對沒有百分之百都是好命的格局，紫微十二宮位中也絕不可能都是入吉星，一定都會有凶運、凶星來煩惱我們，這當然也是因果業力的現前。當凶運來的時候，可以趕快尋找其他宮位中的吉星來相助。

這吉星可能是在**遷移宮：**外在認識相處的朋友。

●**父母**、**兄弟宮：**自己的家人們。

●**僕役宮：**我們的屬下、同事。

●**福德宮：**仙佛菩薩、神明的指引，或是所發願的願力。

而在吉運事事順利時，也不能得意忘形，許多凶運不是不報，只是時候未到而已。當一個凶星基因存在於我們命中時，凶性的發作只是時間的問題罷了。

其實關於宗教修持的星宿，在紫微中有以下幾個：

「太陽、太陰、天梁、破軍、天相」不管是入廟或入陷，若是落於命宮、事業宮、夫妻宮、遷移宮，都會對宗教修持產生很大的興趣，這也是前世因緣因果所帶來的影響。

入廟，參與宗教修持的過程會比較平順，也比較容易得到家人朋友的支持認同。

入陷，通常會在遭遇重大苦難之後才來接觸宗教的修持，或是較不易得到家人的認同，阻礙會較大。

對於身體健康問題，我們可以歸納為以下幾類：

一、意外血光：

以七殺為主，破軍、貪狼為輔，若是落入命宮、遷移宮、疾厄宮、福德宮中，都較會發生。其中以「入陷」最凶險，會有生命的危險，若有吉星「天梁、天府、天相」入於同宮或是大運中則有救。

二、身體重病：

以貪狼為主，破軍、七殺為輔，若是落入命宮、遷移宮、疾厄宮、福德宮中，較會發生如癌症等病症。其中以「入陷」最凶險，會有生命的危險，若有吉星「天梁、天府、天相」入於同宮或是大運中則有救。

三、精神疾病：

以太陰為主，七殺、破軍、太陽、廉貞為輔，一般精神疾病和因果業力以及星宿間的動靜特性落差過大有關係。

所以太陰不宜入陷又在命宮、遷移宮和疾厄宮、福德宮中，也不宜和太陽同在命宮三會宮中，容易產生矛盾衝突性格，而導致精神不穩、多疑，甚至有容易被沖煞附身的情形。

若是以吉星「天梁、天府、天相」入於同宮或是大運中則有救。

因為天梁、天相是斗數中的壽星，對於化解疾病意外最有效。

而天府是菩薩神明星宿，比較可能會有菩薩來庇佑。

斗數的歷史淵源

翻開今日坊間關於紫微斗數的書籍，有些作者為了求一門學術傳承的完整性，或多或少都會專論斗數的起源及演變。可是綜觀各家的說法，我們會發現，其由來及歷史沿革卻如多頭馬車般雜亂分歧，沒有一定的說法。

有人甚至上溯考古到「紫微斗數星術學」是發祥於美索不達米亞平原的巴比倫和亞述文明之所在；也有一說「紫微斗數是源於西域傳來的印度星相法」。斗數和印度占星即使沒有直接的關係，也有間接的關係，因斗數源自中國星占學，而星占學代表作《果老星宗》和《星學大成》又是之前中西星學交流後的產物。

由此繼續上溯其源，中國最早和占星術有關的經典，即印度高僧不空所著的《宿曜經》。但在之前，印度星占學其實早在西元三世紀就開始傳入中國，《摩登伽經》和《舍頭太子二十八宿經》都是印度星占觀念傳入中土的證據。

也有說斗數是「源自戰國時代的鬼谷子」；也有說斗數根本直接傳自於道教。

面對眾說紛歧，各位不免要懷疑，到底何者才是真的呢？其實中國的所有命理學，其根本都是早在黃帝之時就已立下了基礎。黃帝創下干支、陰陽、五行就是最清楚的實例，所以陰陽五行才會形成整個中國命理學的主軸。古籍記載：「黃帝使羲和占日，常儀占月，臾區占星氣，令倫造律呂，六撓作甲子，隸首作算術。」甚至正式立一官職來掌管天文曆算。後世經過春秋戰國百家爭鳴的創作時期，傳到漢朝、唐朝、宋朝、明朝，使得《易經》、命理、星占等命理學說，才有了更加長足的進步和完整的架構。

所以這些學問都是歷經許多先賢聖哲的編纂、註解，絕對不可能單由一個人來完成。像《易經》歷經遠古伏羲、神農、黃帝，和上古夏商周三代，才在周朝由周文王重新集結編定成目前的基礎架構，又再歷經孔子和三千年來無數人的註解，才有了今天的面貌。四柱八字命理學和紫微斗數命理學，幾乎也都是歷經了同樣的演變傳承，因此所蘊含的都是中華民族數千年來無數人的智慧結晶。

命理學到了西漢末期，因為道家符命學說大行其道，也給命理占星學說一股強大的刺激力量，乃至先哲立論輩出。經唐代的發揚延續，至宋代更行完備，而將上古歷代以來的命理學說完成定論，因此有了徐子平所編著《淵海子平》、《子平真詮》，成為目前我們所熟知學習的「子平四柱八字命理學」。

另由華山道士陳希夷（陳摶，字圖南，號扶搖子，宋太宗賜號「希夷先生」，人稱「陳摶老祖」）職掌國家的天文曆法工作，更將實星和虛星加以擬人化的安排，以陰陽五行和四柱八字的神煞星架構，另用數理的方式整理出紫微斗數，以諸星宿來定出吉凶特性，幾經修訂編纂出紫微斗數命理學說。其後經道長白玉蟾增補修訂，傳至陳希夷的第十八代孫陳道，又於明朝嘉靖年間由進士羅洪先寫序文收撰，共計四卷，繼承了陳摶的體系，就是今日所流傳的《紫微斗數全書》。而後再經清朝青城道士繼續研究發揚光大，到今天才有我們所看到紫微斗數的完整架構。

另外目前廣被眾多研究者所接受的另一說法是，紫微斗數的演變過程中，也曾經由道家的一位始祖呂純陽所演繹運用出來，所以部分斗數星宿的論述，曾記載於呂祖所著的《道藏經》中，如：「術天機、太乙金井紫微斗數。」只是當時的內容不夠完備詳盡，例如還未演化編譯出四化星宿，後來因學問傳承時空的變遷，由陳希夷繼續加以註解，也加上了四化星宿，來增補斗數論述的缺失，才正式成為如今我們所學習的「飛星紫微斗數」。

雖然以上對於紫微斗數的沿革傳承有了一個初步的說明，但是由於命理學說的正史記載開始於漢朝，今日才可在史書中找到關於命理占星術的記載。不過紫微斗數因年代過於久遠，傳承演變的過程也很複雜，由於斗數從宋末到清初曾出現斷層時期，《四庫全書》也找不到它可考的記載，使得紫微斗數的沿革出身發生不明的懷疑。

現今除了兩本古籍《紫微斗數全書》和《紫微斗數全集》外，可說沒有其他的參考古籍。如此的情況再再加深了紫微斗數的神祕性，而我們目前也無法從史籍中得到更多實證資料，來佐證其最初的起源。因為這已是個不爭的事實，所以我們唯有期待往後的研究者，能發現更多的史料加以證明。

我們也可以把紫微斗數這幾個字拆開，用原始的文字意思來分析，應該也能更清楚深刻地解釋這門學問的由來。

＊紫微

《宋史・天文志》曰：「紫微垣在北斗北，左右環列，衛之象也。」

《晉書・天文志》：「北極五星，鉤陳六星，皆在紫宮中。紫宮垣十五星，其西蕃七，東蕃八，在北斗北，一曰紫微，大帝之座也，天子之常居也，主命主度。」

以現代的說法，紫微星就是地軸中心向北延伸線位極點的那一顆星，也叫北極星。

由於天體運行與地球自轉的原理，地球由西向東自轉，我們所看到的星體諸如月球、太陽、星星等，皆由東方升起、西方落下，只有北極星看起來是靜止不動的，眾星皆圍繞著它旋轉，使紫微星地位看來尊崇如帝王一般。

＊斗數

《紫微鏡銓》一書中，對斗數有這樣的釋義：「斗，量也，斗宿也，乃宿也，乃用斗宿數尊卑量計吉凶也。數，算術也，定命之如氣數、劫數，認定命可以用算術推算也。」

紫微斗數口訣第一句說「希夷仰觀天上星，作為斗數推人命」，不正開宗明義地道出其由來？

現時紫微斗數派系可分為：透派、綜合派、隔山派，及王亭之先生的中州派。其間之分別在於：

1. 起大運的方式。
2. 定五行局的方式。
3. 天干四化星的不同。
4. 看盤重點，宮位意義的不同。

四明居士簡介和學佛改運心得分享

＊俗家姓名：黃仕銘，法號「四明」。台中大甲出生，五十二年次。

＊俗家經歷：大學資訊，建築，企管經理人研究班，外銷電機公司總經理，室內建築設計公司負責人，保險經紀公司主管。

求道經驗

◎一九八〇年，十八歲

機緣偶遇「少林寺」俗家師父「青雲師父」傳習《易經》，建立了《易經》、八字、五行、風水等學理基礎。

◎一九八四～一九九〇年，二十二～二十八歲

因家中開設外銷電器工廠，而忙於公司業務和成家立業，偶爾求訪諸家名師，習練道法和五行術數，但並未專心於修行習道上。

◎一九八九年，二十七歲

八月和前妻陳淑娟結婚，定居於苗栗縣苑裡鎮。隔年二月生下大女兒黃怡婷，一九九二年十一月生下二女兒黃怡蓓。

一九九〇年，二十八歲

離開父親的公司自行創業，至台中市開設建築設計公司，並代理行銷國外廚衛精品。

一九九一年，二十九歲

另於大甲外埔「王工文」老師處，繼續研習《易經》課程，再次精進。

一九九五年，三十三歲

家庭婚姻突生巨變，與妻子離異，台中建築設計公司也結束營業。人生頓時陷入窮苦負債的艱難地步，本想於台南甲仙「六化寺」剃度出家，那晚卻因一段慈悲因緣，被女鬼幽魂附身，當時得「地藏王菩薩」顯化指示俗緣未了，須入世行渡化之便。以致未出家又回到台中，正式皈依入佛門，研習《金剛經》、《心經》，並受傳「觀音法門」、「準提法門」等佛法法門的修持。

一九九六年，三十四歲

從佛光山「星雲上人」受菩薩戒，並謹遵「觀音菩薩」的法旨指示，發願弘揚佛法和《易》學，開始免費在各地教習《易經》、八字與佛法，由三義、銅鑼、苗栗、台北等地，四處開班授課，學員幾近二千員以上。其中劉師兄、李師兄、張師姊、徐師姊等多位學員師兄姊，皆已學有所成，各自開館為眾生服務。本人也隨時於各地禪寺、佛堂，為人免費解惑，指點迷津，引渡亡靈，解愆化厄。

◎一九九八年，三十六歲

在眾多學員的支持要求下，在三義鄉成立「易學佛堂」，有了固定的場所來上課及為眾生服務。

◎二〇〇一年，三十九歲

十月又在「觀音菩薩」的顯化指示下，正式辭去所有俗世工作，接管三義鄉的「玉倫宮」，並將其改建為佛寺「玉倫禪寺」，供奉「西方三聖、觀音菩薩、地藏王菩薩」，專職護持三寶、弘揚佛法，普渡更多眾生。

◎二〇〇二年，四十歲

六月「易學佛堂」網站正式成立，提供詳細完整的《易經》、八字教學資料，另設有免費的卜卦網頁服務網友。

◎二〇〇三年，四十一歲

四月至七月於「觀音法門」準提觀音菩薩的「準提法」閉關修持圓滿後，遂將近十年來的講義著作集結成書，預計出版書籍有：《易經入門初階講義》、《易經中階晉級講義》、《易經中高階晉級講義》、《八字入門初階講義》（由星座來看八字）、《命由業造——八字中階晉級講義》、《真正改運的實務經驗心得》（深入《了凡四訓》和準提法）、佛門占卜專書《佛門照妖鏡——淺談「占察善惡業報經」》。

◎二〇〇三年，四十一歲

二月於台中市設立「易學佛堂」台中講堂，發願弘揚教化地藏法門《占察善惡業報經》之「木輪相法」，並於研修「占察木輪相法」後，得

「地藏王菩薩」開示並賜法號「四明」。

二〇〇三年，四十一歲

十二月在觀音菩薩指示下，至大陸桂林參加相親，和認識四天的「曾志群」小姐結婚。

二〇〇六年，四十四歲

一月在十幾位學員護持下，將「易學佛堂」搬移至台中市健行路上，七月開始受邀至台北開課，成立「易學佛堂」台北講堂於台北市忠孝西路一段七號上，開始在台北講課。

二〇〇七年，四十五歲

三月開始受邀至台南開課，成立「易學佛堂」台南講堂於台南市友愛街二〇一巷七號。

二〇〇七年，四十五歲

十二月因累世業障深重，無法避免地遭受到果報現前的業力，而暫時離開佛堂、家庭，開始二年的閉關苦牢生活。期間家人受到菩薩庇佑和眾多中階學員的幫助，均能維持穩定的經濟生活，和過著健康和諧的日子。

二〇一〇年，四十八歲

三月開始籌備成立「中華易學佛院文教協會」，五月開始受邀至高雄開課，成立「易學佛堂」高雄講堂於高雄市中山二路五〇七號上。

二〇一〇年，四十八歲

十月九日「中華易學佛院文教協會」正式成立，北、中、南、高雄四地區分會也同時成立。

二〇一一年，四十九歲

六月在台北和高雄會員師兄姊們的發心護持下，於台北市中山北路一段二號五樓五〇一室，正式成立「易學佛堂」台北佛堂。於高雄市仁德街三〇三號二樓，正式成立「易學佛堂」高雄佛堂。

二〇一二年，五十歲

二月在台南會員師兄姐們的發心護持，和陳淑真師姐發心無私的奉獻，捐出其住家場所，於台南市中西區友愛街201巷7號4樓，正式成立「易學佛堂—台南佛堂」。

一位《易經》老師的學佛心得——根本改運之道

如何知命，進而改命呢？

對於一位出身清貧，又對《易經》、命理有興趣的人而言，絕對是非常想要從「知命」而到「改命」的。但是老師從十六、七歲起，不斷尋訪名師、鑽研經典，卻一直無法從《易經》中瞭解到，該如何才能改變自己不好的「未來」。

災運、痛苦、失敗、負債、婚變，一一在命中應驗

老師就如同一般人一樣，從學校畢業、當兵、結婚、創業、生子，也面臨了工作不順利、公司經營

不善、負債被騙、婚姻起變化，種種人世間的悲、歡、離、合、苦、痛、哀、樂，真有如老師對自己命局大運的推算一般，一一應驗。

印象最深刻的是，當我決定要與女朋友結婚時，青雲老師對我勸誡說：「你真決定要結婚了嗎？她對你剋得非常的厲害，尤其在走大運三十三歲時，『傷官、傷官』透干大凶運，你的氣運根本制不住她，會有離異的事情發生呢！」

還記得很清楚的是，我回答老師說：「愛上了，又有什麼辦法呢？到時候再說了。」真如青雲老師所料。三十三歲，我經歷了一段痛不欲生的婚變折磨，最後還是與認識了十五年的妻子離婚。

體悟《了凡四訓》，皈依佛門

民國八十五年，一個落魄、負債、潦倒的生意人、學過《易經》的人，在讀過《了凡四訓》後，終於有所體悟而皈依了佛門，開始學佛、拜懺、當義工，從此慢慢改變了我的一生，不再如同命局、命運中那樣宿命的悲慘、不順。工作愈來愈順利，義工也愈當愈有興趣。八十七年終於還清了債務，開始不再受到財務上的困苦。

也因此能將自己的心得、歷程與眾生結緣，希望大家都能像我一樣，走出惡業、壞運的擺布，在行善助人、佛法的修持中，真正掌握自己的人生和運勢。

以下節錄幾段在十幾年的上課中，與學員師兄姊的學佛心得分享。

如何正確學佛

老師在二十幾年的《易經》學習中，深刻體認到，《易經》命理雖然可以將一個人未來的吉凶發展，批解得十分準確，但是又該如何化解不好的厄運呢？

不論是卜卦、八字、風水，甚至是符咒，似乎都無法提出根本解決一個人的災厄或不好習性的辦法來。雖然仍有許多所謂大師，誇口標榜透過「改名」、「擺設風水」、「戴開運水晶、天珠」，或是刻個「改運印章」……但幾乎都無法徹底改運，有的甚至還斂財騙色，胡作非為。

但是在佛法中卻有真正的根本解決方法。所以為何再怎麼「算命」，都絕不是根本究竟，唯有佛法才能徹底治本，改變一個人累世的惡習、業障和壞運。

佛法若是沒有效，試問，自從「釋尊」傳法二千五百多年來，願意皈依、出家相信佛法的人，已經數億萬難以計數了，難道這些人都是「迷信」嗎？歷代這麼多高僧大德，都是空有其名嗎？當然不是，他們再再印證了佛法的可信性，以及可被重複印證的「科學性」。

我個人在民國八十五年正式皈依成為佛弟子。其實讓我對佛法開始有認識，是從一套漫畫版的《佛陀傳》和《了凡四訓》開始的。因此一個初入佛門的弟子，絕對不能不讀《佛陀傳》，它應該比任何佛經都來得重要吧！

看完《佛陀傳》和《了凡四訓》後，接著看南懷瑾大師所寫的《金剛經說什麼》。因為南大師也寫了許多有關《易經》的書，如《易經雜說》等，所以也就從他的相關著作看了起來。

可是面對三藏十二部、八萬四千法門、五宗十派，如此繁複的佛門經典派別，又該如何來學佛呢？其實這也是一般大眾有心想要學佛時最大的盲點。

有些人會開始讀誦《心經》、《普門品》、《金剛經》、《地藏王菩薩本願經》，或是每天努力地持誦咒語，如「六字大明咒」、「大悲咒」，或是很虔誠相信師父所說，一門深入地念著「阿彌陀佛」佛號，祈求能被接引到西方極樂世界。

剛開始老師也是這樣隨俗努力地做著這一些功課，但是後來卻覺得好像不應該是如此，在讀了更多經典和高僧大德的著作後，才體悟到原來佛門就像是一所「大學」學院啊！

當我們想開始學佛時，就像當初我們剛進大學，要開始一個新的學習沒兩樣，所以有幾個基本態度是要先建立起來的。

1.要先註冊——也就是皈依。

2.要做必修基本功課——拜懺、念佛、持咒。

3.開始讀佛書、佛經——《佛陀傳》、《了凡四訓》和一般佛經。

4.法門的傳法修持——皈師傳法，發願濟世助人。

一、要先註冊

就是一般所說的「皈依」，把自己的學習心思和學習方向先確立下來，正式皈依註冊為「佛門弟子」，並且開始守校規——五戒、十戒、菩薩戒，然後再開始選課，找老師教授，規畫往後的學習課程和進度。

一般皈依只要有供奉佛菩薩的寺院、佛堂，都可以請求師父為我們辦理，並非皈依在哪一個宗派或是師父之下，而是註冊皈依到佛門來。我們的校長就是「本師釋迦牟尼佛」，諸菩薩就是我們的系主任，而幫我們皈依的師父，只是一位引導師。

更不是如一般人的錯誤想法，一聽到「皈依」，就緊張地問是不是要「出家」？要「吃素」？要「離開家人」？或不能「行房親熱」？根本都完全不是以上的意思，在生活上也不必有太大的改變，只是一個要來學佛的心念，和學習目標的確定罷了。

二、要做基本必修功課

就像每個科系都會有基本必修的課程一樣，佛門學習修持，也有其必修的功課，就是：拜懺、持咒、念佛。

因為每個人在學習上，都會有不同的因緣和累世的習性，佛門裡的法門派別，就像大學裡有那麼多科系一樣，也是為了因應各個不同學生的學習興趣而規畫。所以在還沒有很清楚自己的興趣往哪個法門學習時，就一定要先把基礎給建立好，因此一定要先從「拜懺、持咒、念佛」做起。

【拜懺】

可從簡單的「地藏懺」做起。「易學佛堂」幾年來一直都在推廣弘揚持拜「地藏懺」，也運用ＣＤ音樂來引導大家禮拜，和拍攝剪輯教學ＤＶＤ，歡迎大家索取觀看學習。

所謂「修行」，就是要從自己累生累世的劣根習性，和不好的觀念行為來改變修正起。因此時時檢討、懺悔自我不好的習性和業障，才能隨時提醒自己不斷精進。所以在自我拜懺和拜懺的法會跪拜儀式中，反省、檢討自我的惡習和罪業，才是拜懺最重要的目的！這也是許多高僧大德不斷強調，修行改運的第一步就是要從「懺悔」做起。我們將此「懺悔」的功課，就稱為「拜懺」。

「地藏懺」是屬於個人懺，要求一定要「每天」持續做，每一階段至少要四十九天，甚至一年或是三年以上不間斷，才能發揮其功效。至於在拜懺修持中會產生的諸多反應，會另外在其他書中詳細解說。

其實佛教中的「拜懺」，和基督教中的「禱告」、「告解」是完全一樣的道理，在懺悔中祈求神的庇佑救贖。

【持咒】

在佛門中有許多「咒語」，又稱為「真言」，也有人將「咒語」視為宇宙的自然音。其最重要的作用，就是和諸佛菩薩產生音頻和磁場的共鳴，而得到菩薩和我們的感應或是能量的加持。

一般每一尊佛菩薩或是每部佛經中，都有其特定的真言咒語，像大家熟悉的觀音菩薩「六字大明咒」、「大悲咒」，地藏王菩薩的「滅定業真言」，以及「百字明咒」、「藥師佛咒」，和最有名的《楞嚴經》「楞嚴咒」。

持咒可以隨時隨地，不拘場所地點，坐車、走路、等人、休息時，都可以不斷地持誦，使自己的心念磁場和菩薩接續，自然就可以產生感應。甚至在遇到一些危難，或是在不好的場所、醫院、陰森地時，或是心生害怕恐懼時，都可以透過持咒，祈求菩薩庇佑我們，安穩我們的心神情緒，常會有不可思議的功效。

對於咒語，不需要去瞭解其內容語意，重點是在音頻聲調的調和順暢，也不要刻意強調一定要如何發音誦念，無所謂什麼藏音版、梵音版、漢音版、日音版誰才會有最大功效，這都是錯誤的觀念。

【念佛】

其實念佛的意義和持咒差不多，都是要和諸佛菩薩產生共鳴，和收攝自己的雜亂心性。但是誦念佛號是要對佛菩薩產生絕對的信心和歸屬感，就像一個小孩對母親的繫念和呼喚，自然就能感受到佛菩薩像母親一樣，隨時在我們身旁照顧我們，而能不害怕、不恐懼地面對許多的災難、厄運。

一般誦念佛號可以持誦「阿彌陀佛」、「本師釋迦牟尼佛」、「藥師佛」等，也可以依個人修持的法門和因緣，持誦「觀世音菩薩」或是「地藏王菩薩」聖號，並沒有規定一定要持誦哪一句佛號才是對。

有時習慣上會將念佛和持咒合在一起持誦，如每回先念三聲「南無大慈大悲觀世音菩薩」，再接著念二十一或四十九聲「六字大明咒」，如此持續三至七回。

三、開始讀佛書和讀佛經

【看佛書】

除了自己在家念經，或在共修、法會誦念各種佛經外，更應該要看讀包含各種傳記，如《佛陀傳》、《了凡四訓》、《歷代高僧傳》、法師心得小品……等相關佛書，才能使我們對於佛法的觀念、認知，有更廣泛的充分瞭解。

因為佛陀當時在傳法時，佛經中所記載，幾乎都是針對不同學生的問題，隨順因緣契機施教，對於許多問題其實並沒有所謂的標準答案。所以同一個問題，阿難來請示，和須菩提來請示，可能會不同的答覆喔！

因此在讀誦佛經之前，老師都會建議可以先把《佛陀傳》看幾遍，瞭解當時的一些時空背景，佛陀跟諸多弟子間的人事互動關係，很快就可以明瞭經文中所要傳達的智慧，才不會陷入文字障的法執中。

這也是為何會有「捻花微笑，不立文字，教外別傳」的禪宗法門產生。就是因為有太多人在學佛修持中，往往將佛經裡的文字視為神聖不可違逆，過於注重字意表相，而忽略去深思其內涵的意義。

【讀佛經】

讀誦各種佛經，如《心經》、《普門品》、《地藏經》、《阿彌陀經》等，這是一般大眾最普遍的學佛功課，但也是最容易造成錯誤觀念的地方。因為大家覺得好像把佛經拿起來看一看、念一念，不就是已經在「學佛」了？不就可以「改運」了嗎？

比如我們到書局買本《家庭醫學百科》回來看，就已經算是在「學醫」了嗎？當然不是囉！只能說是開始建立起一般的醫學常識而已。所以說，想要由只是像常識般的佛法來改運求解脫，可能就不是那麼地容易了。

因此一開始老師才強調，這就像是在一所大學裡讀書，要有階段、程序、步驟的。尤其對於許多佛經的內容道理，一定要有實修的人生體驗，要能夠懂得經文中的智慧，不是單純地一味讀誦就能通達的。而所謂的「實修」，就像是許多大學科系所安排的「實習」啊！

所以切莫再認為一直誦經，是有什麼功德福報的，若是無法瞭解其中道理然後實行在生活中，也只不過是讀死書罷了。

老師常常最喜歡問人家，說說看讀經後的心得感想，若是您也說不來什麼感想的話，那就要更加緊努力用功，或是檢討自己的學習方法和態度，是否已經有所偏差了呢！

四、法門的傳法與修持

經由「拜懺、讀經」，建立了對佛法的基本認識後，其實就要進入「心法的修持」，才能更進一步的，徹底改變我們的累世習性和業障，或是和佛菩薩起感應，得到智慧的開啟。

在法門的修持中，最基本要建立的正確心態觀念，就是「發願皈師」和「行善濟世」，而一般佛弟子最熟悉的法門，莫過於「觀音法門」了。

經過上述基本功課所建立的基礎後，一般都能夠對佛法有所體悟，也能夠大概知道自己的佛緣根性所在，看自己和哪位菩薩有較深的累世因緣，就可以進一步深入「選修」法門了。就像在大學要進入研究所，準備要選修哪門研究主題，和跟隨哪位指導教授學習了。

所以，這幾年來接觸了許多師兄姊，發現他們都好可惜，雖然有人已經皈依佛門，念經、拜懺了好幾年，卻始終沒能為自己帶來更好的運勢改善，就是因為沒有好的機緣，能更進一步來修持菩薩心法，所以終究無法很根本地改善自己的惡業和障礙、煩惱。

以上四個階段，是我們入門學佛要循序漸進的功課，否則只是拿本佛經一直看，每天早晚課一直做，法會經懺一直趕，其實都是很片面，很難開智慧的。

尤其有許多人會問老師說，參加法會、誦經、持咒，然後迴向出去，不是功德福報很大嗎？其實這是很糟糕的錯誤觀念。

所謂拜懺、持咒、誦經、念佛等功課，或是吃素等，都只是著重在修養自己的心性，開啟自己的智慧，是跟自己本身有關係，哪有什麼福報功德啊？福報功德是在「利益眾生」上。

所以這一些功課，都只是基礎能力的培養，有了能力然後進一步去利益眾生，去行善濟世，才能夠累積福報，才能夠化解因果業力。所以佛門中才會說「積福消業，修慧造命」，兩者都要並重啊！

「一門深入」有廣義的解釋，就是「佛門」。甚至就是「勸人為善，諸惡莫作，眾善奉行」的法門，都可以讓我們堅持不退地奉行修持。

世間善法都值得我們去學習弘揚，當然不會只有「佛教」一派而已。所以學佛之人絕對要注意不要有任何的「法執心」，認為只有現在正跟著師父在念經、學習的法門，才是獨一無二的。

尤其是在每個人的學習過程中，更是要不斷地去充實、去瞭解各種不同的學派理論，才能知曉最適合自己的機緣在哪裡。

就像我們從小到大，難道只會跟隨一位老師學習嗎？因此在佛門學習上，也不建議一輩子就只跟著一個老師學習，那會很容易犯上「我執心」，眼界、心胸都會變得很狹隘。像佛陀的本生前世為善財童子時，也要向五十三位大菩薩、善知識請益學習的。

因為在佛界中有許多師父的宗派、教門不同，師父為了要拉住護持禪寺、師父的信眾，而有意、無意地曲解了「一門深入」的意思，雖說是讓弟子不要心思不定，不要隨意亂求法，卻也泯沒了很多佛弟子的正確求知心。

因此，若是此弟子機緣在此，當然要鼓勵他好好一門深入地學習，自然就能一法通、萬法通。

眾生無邊誓願度。煩惱無盡誓願斷。

法門無量誓願學。佛道無上誓願成。

為何要發願「法門無量誓願學」呢？以我個人的學佛心得來建議，還是要多方去看、多學、多體會，不要為了一些宗派或傳法師父的法執心，而誤了自己的學習境界。

佛法有八萬四千門，當有一種法門，只要是適合你的學習機緣，那祂就是你的「最佳不二法門」了，而不是哪一位師父所標榜鼓吹的法門喔！

佛法中有教佛弟子卜求吉凶禍福的法門嗎？有教求財、求官、求事業、求健康的法門嗎？

佛法有八萬四仟門，佛經有三藏十二部，概略也可以分為「出世間法」和「入世間法」。所謂「入世間法」，就是在這人世間幫助我們解決當前問題的方法。最直接的就是「入人世間的人道善巧三法」：

一、地藏王菩薩所說的《占察善惡業報經》。就是專為占察「三世因果」，求卜吉凶禍福，業報輕重的占卜法。

二、東方琉璃藥師佛所傳的十二願法門和「藥師咒」，就是專為解病厄、求健康、延壽命的法門。

三、準提菩薩所傳的「準提咒心法」，就是專為世人求官、求財、求福報、求子、延壽、求健康的修持法門。

中國佛教的傳法自從唐宋以後，較偏重於「出世間法」的顯教淨土宗和禪宗法門。淨土宗所強調的「一心念佛」，自能脫離此世間的苦樂、煩惱、病痛，而於往生後到達「西方極樂世界」，對佛弟子修持而言，的確是非常好的簡便法門。禪宗法門則如《金剛經》、《心經》中所闡釋的「空性」，和「放下一切，出此世間」的不執觀法門。

由於淨土宗和禪宗大盛於中國，加上宗派之間我執心的互相排斥，以至於上述善巧三法，除了「藥師咒」在民間稍有所聞外，其餘兩大法門根本就很少有法師願意修持、傳法、開示，當然其他的佛門弟子更是無此機緣去瞭解修持。這當然是此世間人道中的眾生一個很大的損失。

略說準提咒心法

準提佛母菩薩的「準提咒心法」，在一般佛經典籍中很少介紹，因為這是屬於密部中的密法修持法門。祂在中國的傳揚是因為一則相當有名的改命公案，那就是袁了凡的《了凡四訓》。雲谷禪師傳授給袁了凡「準提咒心法」的修持，顯示了「準提心咒」對於許願求官、求子、求財、求感情有莫大的神通力。

而準提佛母菩薩是觀音菩薩在六道中，專為了渡化人道眾生，而顯化出另一能滿足世人俗世間願望的大菩薩。其中祂專屬的「準提鏡」，更是為了要與眾生能盡速相感應，特別專有的修行法器，是其他菩薩法門中所沒有的特色。

但是要修持準提心法「準提咒」有兩大基本要求：

一為「三業清淨」，一為「發心行大願」。

在「準提心法」的修持中，許多人有著很大的誤解，認為這個法門可以順遂滿足我們的祈求，就拚命地持咒修持，其實這是不對的態度。

為何要將「準提法」收錄在「密部」之中，而在修法時一定要有老師或是法師的傳法教導呢？因為要修「準提法」時，一定要先「三業清淨」，或是要先「發大願」。畢竟天下沒有白吃的午餐，否則當準提佛母菩薩應允了你的所求，而你卻沒有適當地迴向、回饋付出，那可就是一件很不公平的事了，你認為這樣合理嗎？

在「準提咒」的修法中，有兩個最特別的地方，這是與一般其他法門最大的不同點，就是：以「準提鏡」來和準提菩薩快速相應；以及「白衣修持法門」。什麼是「白衣」呢？就是俗稱的「在家人」，一般的在家居士、世俗百姓，就稱為「白衣」。

在佛法中有許多法門都非常好，但是規矩、戒律很多，像要求吃素、夫妻分房、要閉關等。比如修「大悲咒心法」就有這種規矩，所以許多人都修不好「大悲咒心法」，就是不能完全照規矩來修持。而「準提咒心法」就完全沒有這一方面的要求，所以稱為「白衣法門」，不用吃素、夫妻分房和閉關，是最適合一般在家眾修持的法門，也是佛門中最符合一般世人修持的「入世法」。

以上略述老師的學佛心得。近十年來，老師始終將《易經》當成幫助人的法門之一。因為透過《易經》的學習瞭解，讓老師的心靈能更充分與佛菩薩溝通，在佛菩薩的指引下，讓智慧更加成長，許多不好的習性和行為也改進了不少。或許這就是高僧禪師們常說的，在生活中活出自己、活得自在、活得有智慧，所謂的修持吧！因此透過《易經》的教學和書籍的傳承，希望能夠幫助更多眾生解脫他們的痛苦，這也就是本人最大的快樂和心願了。

「易學佛堂」所有的出版書籍，都歡迎各界大眾免費索取傳承。若有對老師的肯定和支持，也歡迎能夠隨緣捐助或助印，所有捐助款將用於社會救濟和弘法經費，謝謝大家的支持，感恩，阿彌陀佛。

《占察善惡業報經》與地藏木輪相法

佛門占卜專書

「為何佛門中，沒有像《易經》這種為人指點疑惑的好法門呢？」

在二十幾年的《易經》學習和占卦服務中，深刻地體認到，《易經》的確可以將一個人未來的吉凶發展，批解得十分準確，是一種非常能夠幫助眾生解決問題的好法門。

可是我個人在民國八十五年正式皈依成為佛門弟子開始學佛，卻常聽到師父們說：佛教是不能夠卜卦、算命的……縱使遇到困難、煩惱、疑惑時，也只能請示更有德性的大師，或是更加精進努力地修行、懺悔，自然會有菩薩來加持、保佑。

但是當我對佛法開始有些認識和瞭解後，卻感覺應該不是這樣的。尤其是觀音菩薩那種「願為千萬種人，開千萬種法門」，隨緣渡化眾生的大慈悲心，更是令人感動。而就我個人對《易經》、八字的瞭解和心得，這就是一種能夠非常有效、迅速，隨緣渡化眾生、親近眾生的好法門。尤其《易經》的卦理、卦象，更是能夠用來檢視自己的行為觀念是否有所偏差、入邪不當的好方法，並不是單純只用來批論吉凶算命的。那為何卻被佛門所禁止呢？似乎總覺得，以世尊、佛菩薩如此的大智慧，應該不會捨棄這樣好的一個法門。

很幸運的，在民國九十年的一個機緣中，認識了「洪師兄」，跟他提起心中這個疑惑時，在他的解說介紹下，竟然在佛門三藏十二部經典中，非常清楚、明白地有一部經典《占察善惡業報經》，就是專門以占察木輪相法，來占卜審察佛門弟子和俗世眾生，修行是否清淨、業報是否輕重、所行所為吉凶如何的一部占卜經書。雖然占察方法與《易經》不同，但是那種意義卻是完全一樣的。此時的我，真是對佛菩薩的大智慧，佩服感動到無法言喻的心坎裡，也對佛法的真實和信心更加堅定，尤其對佛法的廣博精湛和包容無礙，更加肯定。

在這幾年的學佛感受中，常覺得當有信徒、弟子遇到一些俗世間的煩惱、困難時，師父總是一味地鼓勵誦經、做功德、積福報、要用功精進，似乎很難對問題有直接的指引和幫助。讓人深深覺得，難道佛法就是要放下一切，事事無所求嗎？這樣實在與我們的生活很難貼近、契合。尤其當遇到一些對於經典、修持上的疑問，更被師父駁斥為邪思妄想、旁門左道，只要「一門深入」專心念佛、精進拜懺，自然就可以業障消除，悟道成佛，往生極樂世界。

但是這樣的觀念想法，不就違背佛菩薩廣開千萬法門的大願了嗎？經典也不必有三藏十二部那樣的浩瀚廣博無窮。所以，以我個人的粗淺心得，應是可將法門概略分為「出世間法」和「入世間法」，然後針對佛門弟子或眾生的資質因緣，來善巧方便演說。主要應該是看該弟子當下的業障疑惑，為他指引一條有效的解決方法，才能展示世尊、佛菩薩的廣大神力，和大智慧的法門應驗。

佛門照妖鏡

個人在《占察善惡業報經》的研讀修持中，發現明末清初的高僧「藕益大師」，對於此經也是非常推崇弘揚，先後著有《占察玄疏》三卷和《占察行法》一卷。不同於其他大師的看法和見解，他認為這是地藏王菩薩三部經典——《地藏王菩薩本願經》、《地藏王延命十輪經》和《占察善惡業報經》中，最能入世渡人、親近眾生的一部經典。及至民初的弘一大師，也延續認同藕益大師的看法，對此經的修持更是精進不已，甚至還親自雕做了「占察木輪」，來教導信眾如何占察，以及行占察懺法。目前精研此經最深的弘揚者就是「夢參大師」，有多篇關於此經的傳述、講記和心得。

明末高僧藕益大師對這部經典推崇備至。他認為這部經典是渡化末法時期眾生，特別微妙殊勝的法門，所以為這部經典寫了《占察善惡業報經玄義》、《占察善惡業報經義疏》和《占察善惡業報經行法》，來注解弘揚這一部經典。

這部經與其他算命的方法有非常不同的地方。因為這部經不但告訴您吉凶禍福是如何形成的，而且還進一步指出如何扭轉惡業和惡運的具體方法。更重要的是，它能讓我們明白「三世因果」的善惡、苦樂和吉凶等狀況，所以它能使我們智慧大開，行為導正。

照著這部經典的「木輪相法」去修持、占卜，我們可以明白一百八十九種三世果報善惡的情形。例如，它可以使我們知道前一世是從地獄轉來的，還是畜牲、餓鬼、阿修羅、人道或天道；由前世所帶來的業障，或是福報的情形如何。我們前世是在家還是出家？有沒有聞法修行或供養聖賢？

木輪卦相不但可以澄清我們對過去世和來世的疑惑，而且幫助我們解決現在世的許多重要疑難。例如我們可以透過它明白：某一個人是不是善友？所聽的法是否正法？某一個人是否有實德或無實德？所瞭解的義理是否有錯誤？

所修的法門是否正確？所證的是否真實？所學的是否契機？所學的是否有障礙？

所做的事情能否成功？所求的財富官位是否能獲得？壽命是否能延長？求男求女是否能如意？

所期待的人會不會來？對方是不是平安？所求的事物多久可得到？所懷疑的事物是否為真實？所遇的人物是否吉利？所遺失的東西能否找到？

危險能否脫離？疾病能否痊癒？所找的醫師能否醫好病人？住處是否平安？農民能否豐收？夢境是否吉祥……等。

除此之外，「木輪相法」還可以讓我們明白過去累世的善、惡、業障因果的多寡，以及現在世所造十善或十惡（貪、嗔、痴、兩舌、惡口、綺語、妄語、殺生、偷盜、邪淫）的強弱、輕重。

「木輪相法」無論在生活或修行兩方面，對於我們的確幫助太大了。因此希望各位能早日研修、學習這部《占察善惡業報經》，更進而弘揚推廣這個如此善巧的好法門。

《占察善惡業報經》的確是一部值得我們發心深入研究、修持的入世好經典。因此個人淺陋地將近年來對於《占察善惡業報經》的修持心得，和《易經》的精神相呼應，野人獻曝地發表一些淺顯的心得。

也效法學習前賢高僧藕益大師著作《周易禪解》，將佛學與《易經》兩相呼應論述，充分展示大師事事無礙、一心菩提，以佛入儒、以儒引佛，無宗派法門、經典的界限，一切都以眾生所求所須為本的大慈悲菩薩心。將佛法救人、渡人、悟人的精神，完全務實地在世間法中推行。

為何在歷史上，自隋朝「菩提登三藏法師」翻譯《占察善惡業報經》以後，也沒有什麼人來看，這個法門也很少有人注意，但是在《大藏經》裡卻很完整地收錄著呢？

我個人覺得有兩個最大的原因：

一、世尊曾在戒規中，不准佛門弟子卜卦、算命。

但我認為這是一般佛門弟子不夠用功，沒有把這一部經典瞭解透徹，去體會世尊的智慧和用心，否則就不會拘泥於戒律，而無法深入研習修持這部經典。不然《金剛經》也提到所有的有為法，都如夢幻泡影一般，結果許多佛門弟子，還不是把許多經典每天抱得死死的在念、在讀誦，這是要讓我們多體會學習隨順性和圓融性的。

二、應該是人的天性「心虛」吧！

因為占察木輪就有如「照妖鏡」，如果所有的信眾、弟子都學會了，木輪裡頭有許多的輪卦相，大家看看這一百八十九種輪相就知道。

比如說我親近這個師父，聽他講經或跟他學法，或皈依他，他是不是有真實修持的道德呢？我跟他學什麼？讓弟子們來占察看看，師父有德沒德？沒德就不要跟師父學，等於是暴露自己。這也是「木輪相法」宏揚不開來的一個重要原因，所以我個人才會稱它為「佛門照妖鏡」。

在禪寺裡，我曾經跟住持師父聊起這部經典，住持師父說他曾經讀過這部經，但是沒有木輪，也不知道該如何來占察。我說：「師父，我大概有一點心得，自己也拜過菩薩、行過懺，也自己占察過，那種菩薩的感應，的確是不同於《易經》的卜卦。」我問師父，要不要讓我來幫他占察一次呢？結果師父趕忙說做晚課時間到了，一溜煙就走掉了，從此再也沒有和我談起這部經。

這不就是人性嗎？連已經出家慈悲修持三十幾年的住持師父，都有如此的心態，更何況是一般人呢？其實這個根本就沒關係的。你說師父沒德性，還有三業因果的業障在，那師父可以好好來修持啊！甚至可以帶著大家一起拜懺、精進共修。這樣不是更好，更值得弟子們尊敬嗎？

這也就是世尊為何直到快涅槃時，趕緊迎請地藏王菩薩來說這部《占察善惡業報經》的佛門照妖鏡。為的就是請地藏王菩薩作主，讓我們能夠照亮自己修持的心，看是否已經清淨，沒有雜思、污濁。是否在看起來清淨的外表下，仍然還包藏著利欲的禍心呢？是否道心都已經被邪魔入侵、干擾，卻還不自知呢？

甚至還可以直接以木輪相法，來與地藏王菩薩請示溝通，在菩薩以占察木輪時時刻刻的指引下，讓自己的智慧更成長、行為更端正。根本就不用痴心妄想地求感應。

所以我常對信眾、學員說，根本就不用求啥「感應、神通」，木輪一擲，不就直接通到地藏王菩薩那邊去，比打行動電話還快，哪還需要什麼感應呢？把一個模糊的感覺猜個老半天的。

因此我想，我們是否該好好地共同學習修持、弘揚這個法門。因為現在信眾的疑惑好多，好多的事情都認識不清，很迷惘。比如說老師或師父要發心設個大道場，但沒這個力量，那怎麼辦呢？請地藏菩薩來指示我一條出路。或是說我想去買樂透彩，不是為賭博，也不是為幹啥，而是為要弘揚佛法，或者是要來做其他的善事業，如果占察出來是可以的，是相應的，那就是你的福報，是菩薩對你有保佑、感應。

因此大家得要知道這個占察木輪，還有個關鍵：什麼叫「相應」？什麼叫「不相應」呢？並不是你隨便把木輪一擲一求就會有答案的。這一定要熟悉瞭解經文，不是一知半解就能來隨便亂說的，否則會犯很重的「口業」。

地藏王菩薩渡人善巧次第法門

地藏王菩薩所說的法門，跟其他菩薩的說法有所不同，是有階段性，有次第的。

第一階段：先用「占察木輪相法」讓你得到印證，讓你馬上就可以知道吉凶、正邪、真假，這是善巧方便的第一階段。

第二階段：教我們如何行「占察懺」，誠心誠意地懺悔、用功精進，並且還可以隨時用「占察木輪」來查驗，三業障因果是否已經清淨。

第三階段：是更進一步深入到「一實境界、兩種觀行」的大乘修持方法。因為在拜懺還未達三業清淨之前，不能「打坐」、「禪坐」修「真如妙心」、「明心見性」的功課。這是第三階段的修持次第境界。

如果是一般法門的修持，你要修「一實境界、兩種觀行」，就會非常容易著魔。因為要等「三業清淨」再來「修定、修慧」，這時候一修就成了，否則有許多居士、出家眾，修持三、四十年，不只修不成「定、慧」，就是平常想要求個跟菩薩感應，往往都無法做到。

因為地藏王菩薩是善巧、入世的菩薩，講究的是先如何解決當下的問題和困難，再來和我們談更深入的「經論」道理。

三種輪相的簡單認識

第一輪相

有十個木輪，有善業、惡業之分：貪欲、瞋恚、愚痴（邪見）、殺生、偷盜、邪淫、妄語、兩舌、綺語、惡口。這叫十輪。這裡有包含過去世的，有現在世的，也有未來世的因果。

第二輪相

有三個木輪，為身、口、意。

第一輪相占察完了，再來進一步問問善業、惡業的輕重、遠近？占察第二輪相分為：身、口、意。這三個木輪不能一起擲，因為這裡頭還有個相應、不相應的問題。

第三輪相

有六個木輪，直接瞭解俗世間的各種問題。

每個木輪在三面上（留一面空白），依序寫著一至十八的數字，這是可以單獨占擲的，就是用來求問現在世的疑問。從一到一百八十九個輪相，包括很多我們會發生、遇到的各種問題。

我們可以先將問題寫好，再將六個木輪一起來占擲，共三次，將木輪上的數字合計起來的數目，就是我們所求問問題的輪相回應，共有一百八十九個輪卦相，看是哪一個輪相來解答我們的心中疑惑，就是菩薩對我們的指示。

「易學佛堂」的精神宗旨與近年發展計畫

四明老師一直有個理想，就是要將《易經》、八字命理的正確理念給發揚、推廣出來，而不只是單純地用來為人論斷吉凶、說好壞，如此才能真正回歸到這種經典學問教導人們向善、增長智慧的精神宗旨。最好是能夠再和佛理互相結合運用，以佛法來入理，《易經》命理來入事，從表裡的事物問題來解決，進而深入到業障因果的根本來提升解決。

以「《易》學為標」、「佛法為本」，為眾生開啟另一個學習修行法門，幫助眾生更積極、有效地解決人生的困難，不再徬徨無助，更加有堅定的信心來修佛、行善、發揚慈悲心。

所以才會設立「易學佛堂」，進而成立「中華易學佛院文教協會」，就是希望藉由「易學佛堂」的設立，幫助更多需要幫忙的眾生，也與更多的眾生、善知識結緣。

「易學佛堂」精神宗旨

一、以傳揚、教化正確觀念的《易》學和佛法為主，老師個人不收取任何學費，一切均由學員發心隨喜護持佛堂、協會。

二、積極透過網站資訊、書籍出版，來弘揚正確的《易》理、佛學。

三、不斷在學校、社團中開課、教學，教育出更多相同理念的人才，一起來推動佛堂的精神理念。

四、建立禪修道場，提供想進一步修持的同好、學員，有個溫暖、舒適的地方，共同精進努力，共同分享智慧，互相扶持的道場。

只是四明老師的這個理想，也需要很多社會大眾的認同和支持。大家若是能認同和共同來推動，老師當然會很感恩地歡迎大家一起加入。

發展計畫

一、九十年十月完成網站架設。

二、九十年十二月完成三義「玉倫禪寺」改建工程。

三、九十一年三月完成免費卜卦程式網頁設計。

四、九十二年九月至九十三年十二月，預計出版以下書籍：《易經入門初階講義》、《易經中階晉級講義》、《易經中高階晉級講義》、《八字入門初階講義》、《命由業造——八字中階晉級講義》、《真正改運的實務經驗心得》（深入《了凡四訓》和準提法）、佛門占卜專書《佛門照妖鏡——淺談「占察善惡業報經」》。

五、九十三年二月於台中設立「易學佛堂」台中講堂。

六、九十三至九十四年，計畫建立「準提菩薩地藏木輪禪修道場」。

七、九十三年九月，計畫發行出版《地藏占察木輪月刊》，弘揚推廣地藏王菩薩的「占察木輪相法」，並協助諸位善知識傳承弘揚他們的心得與著作。

八、九十九年十月，正式成立「中華易學佛院文教協會」，將命理善書免費贈閱結緣，並積極在北、南、高雄成立佛堂。

「易學佛堂」擴大招生感言

在多年教授《易經》、八字的課堂中，學生總是常問我一些問題：

「八字算命到底是什麼？到底準不準呢？」

「《易經》卜卦又是什麼？是不是算命呢？到底準不準呢？」

探知未來、瞭解自己、預測吉凶，似乎永遠都是人類的最大興趣，甚至是生活的意義和動力。可是對於中國文化五千年來，如此深入民間人心的《易經》、八字命理學，絕大多數的人都是朦朧無知的。在周遭生活中，它隨時都存在著，時時被談論著，但是又有多少人真正知道《易經》的精神在哪裡？又該如何運用《易經》中的卦象、卦意，來為自己引導出一條最正確的路呢？真是很令人惋惜呢！

「八字」的下場其實也比《易經》好不到哪裡去。或許，甚至連在滿街都是的命相館中，正滔滔不絕為你批解未來生死、吉凶的大師們，對於「八字」的精神是什麼，也都說得不清不楚吧？二、三十年來，這種感觸一直在心裡低低沉吟著。

這幾年好羨慕、好嫉妒「星座學」呢！那麼多書，那麼多節目，那麼多青年學生，不斷地在討論、學習著，連我這種食古不化的老人家，都趕緊買好幾本回來研究一番。結果，二、三十年來對《易經》、八字，那種失落的感觸又更加深了。

星座學和八字的邏輯道理幾乎是完全一樣的，只是所使用的名詞不同罷了。而且許多八字所談到的道理，更是星座所無法比擬、深入的。

因此可以肯定地說：星座和八字的入門基礎邏輯都是相同的，但是八字卻多了「陰陽五行」和「本命元神旺衰喜忌」的變化運用，使得推算未來吉凶的精準度，遠遠超過星座學。但是為什麼懂的人這麼少？難道真的如此難學嗎？還是那麼多學會八字的老師，都那麼自私，不願將自己的心得教授出來嗎？難道身為中國文化背景下的人，連命理學都竟然只會西方傳來的「星座學」嗎？

看著自己內心二、三十年來對《易經》、八字那種失落的感觸，我想實在不能再讓這種感觸再沉吟下去。所以對自己下一個決心，一定要將《易經》和八字的學問文化精神弘揚出來，期待有一天在各個校園中、電視節目中、青年學子中，大家也能夠興趣熱烈地討論著《易經》、八字。

有這個理想和願景，當然就要有實際的計畫和作法。開課、上課、開課、上課……從北到南，在社團，在社區，在佛堂，我不斷教授著學生。設立網站，著作出書，我不斷告訴著大家，什麼才是正確的《易經》和八字。多年來堅持著發心來護持佛堂，老師都將上課學費全部或是部分捐給佛堂，卜卦八字服務，個人也絕不收紅包，為什麼呢？因為這是我的心願、我的理想。

如果《易經》、八字和占察木輪，能更加廣泛地弘揚開來，能被更多人學會和瞭解，自然就會有更多的人受惠而得到幫助，或許這世上就會少幾個可憐、不幸的人吧！這是我的理想和願景。

所以，想學八字嗎？想學《易經》嗎？或是想研習地藏占察木輪相法？請盡量不要客氣，來佛堂找老師吧！

除了將所收上課學費一半捐給佛堂助印善書，我真正最想要收的學費還是：「學會後，來當三年的義務義工，用《易經》、八字、占察木輪來幫諸位家人、朋友和不認識的眾生服務。」

這就是「易學佛堂」的精神和宗旨。

我有信心，只要你肯用心學，循序漸進一步一步來，不怕學不會。就算是這一世或許只能學到第一階段，沒關係，下一世繼續來，一世一世學下去，一定可以學到透澈明瞭的。

有學生問我：「《易經》、八字要學多久才學得會呢？」

我說：「以我的個人經驗，在過去的四個輩子，再加上這一世的三十年，而且目前還在學習進行中，所以大家認為要學多久呢？」

因此菩薩在九十二年八月賜給我一個法號叫「四明」，四個世代的「明」，「明」就是「易」，就是「日月」，就是「陰陽」，就是要在永遠循環不變的真理中持續努力學習下去。所以才說「活到老，學到老」嘛！

所以請不要再去想著「多久」才學得會？隨時學著，隨時用著，就是隨時在「會」的當中。

在學習過程中，普遍發現一般學員有個很糟糕的心態，就是一直想著要如何才能將《易經》、八字給學會、學好，但是又不願意好好按照學習的階段來做功課。就是常常想著有沒有所謂的「名師」，有沒有所謂的「祕笈」，好像只要有魔棒點一點就統統會了。根本就都是偷懶不務實的愚痴想法。

學習永遠沒有「名師」和「祕笈」的，只有按部就班踏實地學習，才有可能學得會。

那什麼是學習的方法和階段呢？

老師通常會嚴格地要求學員，當晉級到中階時，就要為初級的學員教課當「小老師」，或直接為其他信眾、學員做卜卦、批解八字的服務，也要寫出自己的學習心得報告。這一些都是「行」的基本要求。

另外，還要有一個正確的觀念；不要以為這好像你是在為信眾「服務」，其實應該是這些「眾生」在當我們的「老師」呢！在這樣的實務經歷中，才有可能學習體悟到屬於你真正的智慧。所以老師常講一句名言：「天下間只有兩位名師，一是眾生，一是菩薩。」這是有心在《易經》、八字努力學習中的各位必須要有的體認。

易學佛堂簡介&服務說明和24HR線上預約

觀音法門之「以易學為用」

以八字、易經、姓名命理為善巧方法，引渡眾生了解自己，為眾生開啟另一學習修行法門，幫助眾生更積極、有效地解決人生的困難。

地藏法門之「佛法為本」

再以地藏占察木輪來查出三世因果，佛法修行來根本化解因果來改運！

公益免費服務項目

八字紫微靈數批論、易經卜卦、塔羅占牌、剖腹擇日、命名改名、地藏占察三世因果、通靈董事長靈療制煞。

服務費用隨緣發心

講堂所有命理服務，均是由義工老師免費發心服務，絕對不收任何紅包和供養，請隨緣發心助印善書佛經，和護持講堂即可。

講堂所有出版命理佛書等書籍，均免費歡迎索取，和助印、流通、分送。

請預約服務，不提供線上諮詢，只有命名、剖腹擇日有線上服務

因義工老師們每天需要在佛堂上課和服務，所以除了緊急狀況外，一般幾乎沒有多餘時間可在臉書或LINE網路上做服務回覆，也不方便接聽電話。

因此需要服務和請教課程上的問題，請直接和各地佛堂聯絡預約服務，將會面對面直接來幫您解答，若有讓您不便請多多見諒！

佛堂地藏占察因果・命理服務

- 為免耽擱到大家的時間，務必事先電話預約服務，讓佛堂行政專員為您安排。
- 亦可點選24小時線上預約網頁，自行安排方便的時段。

佛堂專注濟世助人，弘揚善法，非命理補習班。

上課老師均發心來教課，僅收取微薄車馬鐘點費，學員隨喜護持或分攤費用均和老師無關。

學員所隨喜護持或分攤費用均為維持佛堂基本開銷，不是在營利。

大家若覺得有得到幫助，請隨緣喜捐護持佛堂房租等基本支出開銷！

或是耕植佈施福田積陰德，來助印佛經善書，使助人善法更加廣為流傳！

地藏占察講堂	易學佛堂
www.diwong.org	www.kunde.org.tw

劉昇老師・八字線上錄音服務　https://tinyurl.com/yx9zmvot

台北預約服務	台中預約服務	高雄預約服務
https://kunde.simplybook.asia/v2/#book/	https://kunde2.simplybook.asia/v2/#book/	https://kunde3.simplybook.asia/v2/#book/

【易學佛堂（地藏占察講堂）各地研習課程、報名表】

填表日期：　　年　　月　　日

地區	地藏占察 服務時間	八字卜卦 服務時間	占察共修 上課時間
台北	每星期二至日 下午2點至6點	每星期二至日 下午2點至6點	初階課程 每星期三 晚上7：00至8：30
台中	每星期二至日 下午2點至6點30分	每星期二四六 下午2點至6點	初階課程 每星期六 下午4：00至6：00
高雄	每星期三 下午2點至6點30分	每星期三 下午2點至6點	初階課程 每星期三、四、六 晚上7：00至8：30
新加坡	每週六、週日 下午1：30至6：00		每月第四週 之週六、週日 晚上7：00至8：30
占察 三世 因果	說明 1、地藏王菩薩之占察木輪，占察三世因果和易經卜卦，占察者須備鮮花、水果來禮拜菩薩。 2、各地佛堂占察服務時間都不相同，請務必事先預約聯絡，以免無法為您占察服務。		

【上課地點】

台中班：台中市西屯區中清路3段183號 04-2426.1671 0955-583222
（近中清交流道附近、大雅花市斜對面）

台北班：台北市中山北路1段2號5樓5B-2室 02-2314.5216 0903-787376
（鄰近台北火車站、捷運總站，近中山北路邊，捷運台北車站七號出口）

高雄班：高雄市前金區仁德街303號2樓 07-201.0116 0936-377931

新加坡班：請和當地師兄姐聯絡確認 文傳利 +65 93801288

【上課報名資料】

姓名：＿＿＿＿＿＿＿＿＿＿ □男 □女 年齡：＿＿＿＿歲

住址：＿＿＿＿＿＿＿＿＿＿＿＿＿＿＿＿＿＿＿＿＿＿＿＿＿＿

＿＿＿＿＿＿＿＿＿＿＿＿＿＿＿＿＿＿＿＿＿＿＿＿＿＿

電話：＿＿＿＿＿＿＿＿＿＿ 行動電話：＿＿＿＿＿＿＿＿＿＿

E-mail：＿＿＿＿＿＿＿＿＿＿＿＿＿＿＿＿＿＿＿＿＿＿＿＿

大概工作職業：＿＿＿＿＿＿＿＿＿＿＿＿＿＿＿＿＿＿＿＿

報名班別：

□ 地藏占察初階 □地藏占察中階 □地藏法門高階靈修

【其他命理課程】

□八字、紫微、《易經》初階
□八字、紫微、《易經》中階晉級
□八字、紫微、《易經》中高階師資班
□地藏占察經佛學講座

時間表有效期為：109〈2020〉年1月至109〈2020〉年12月
講堂隨時都有在開新班上課，時間若有更動，請務必事先電話聯絡，預約服務時間，或是再確定上課班別時間。

心得筆記

心得筆記

心得筆記

國家圖書館出版品預行編目(CIP)資料

紫微斗數入門初階講義 / 黃四明著.
-- 二版 . -- 新北市：宏道文化出版：雅書堂文化
發行,2020.02
368面；23×17公分. --(命理館; 4)

ISBN 978-986-7232-83-0 (平裝)

1. 紫微斗數

293.11　　108023264

命理館 4

紫微斗數入門初階講義 增訂版

作　　者　易學佛堂 黃四明

總 編 輯　徐昱
出 版 者　宏道文化事業有限公司
發 行 者　雅書堂文化事業有限公司
郵撥帳號　19934714
戶　　名　宏道文化事業有限公司
地　　址　新北市板橋區板新路206號3樓
電子郵件　sv@elegantbooks.com.tw
電　　話　02-8952-4078
傳　　真　02-8952-4084

二版一刷 2020年2月

定價 380元